# Intelectuais, militares, instituições na configuração das fronteiras brasileiras (1883-1903)

CONSELHO EDITORIAL
Ana Paula Torres Megiani
Eunice Ostrensky
Haroldo Ceravolo Sereza
Joana Monteleone
Maria Luiza Ferreira de Oliveira
Ruy Braga

# Intelectuais, militares, instituições na configuração das fronteiras brasileiras (1883-1903)

Luciene Pereira Carris Cardoso

Copyright © 2016 Luciene Carris

*Grafia atualizada segundo o Acordo Ortográfico da Língua Portuguesa de 1990, que entrou em vigor no Brasil em 2009.*

Edição: Haroldo Ceravolo Sereza
Editora assistente: Camila Hama
Assistente acadêmica: Bruna Marques
Projeto gráfico e diagramação e capa: Gabriel Siqueira
Revisão: Júlia Barreto
Imagem da capa: Tratado de Madri, 1750

CIP-BRASIL. CATALOGAÇÃO NA PUBLICAÇÃO
SINDICATO NACIONAL DOS EDITORES DE LIVROS, RJ

C262i

Cardoso, Luciene Pereira Carris
Intelectuais, militares, instituições na configuração das fronteiras brasileiras (1883-1903)
Luciene Pereira Carris Cardoso. - 1. ed.
São Paulo: Alameda, 2016.
190 p.: il. ; 23 cm.
Inclui bibliografia

ISBN 978-85-7939-379-2

1. América - História. 2. Brasil- Fronteiras . I. Título.

16-30921                CDD: 970.01
                CDU: 94(7)'1883/1903'

## ALAMEDA CASA EDITORIAL

Rua Treze de Maio, 353 – Bela Vista
CEP 01327-000 – São Paulo – SP
Tel. (11) 3012-2403
www.alamedaeditorial.com.br

# Sumário

**Apresentação** 7

**Introdução** 9

## Capítulo 1

**Ideologias geográficas e a integridade territorial em fins dos Oitocentos** 17

## Capítulo 2

**Uma sociedade geográfica nos trópicos e um projeto de nação** 29

O Barão do Rio Branco e a Sociedade de Geografia do Rio de Janeiro 40

## Capítulo 3

**A questão de Palmas e o advento de um novo regime político** 49

## Capítulo 4

**Os colaboradores franceses do Barão do Rio Branco** 81

## Capítulo 5

**Militares, diplomatas e cientistas no Contestado Franco-Brasileiro** 107

## Capítulo 6

**Polêmicas fronteiriças e o imaginário territorial: o caso da Bolívia** 139

**Conclusão** 173

**Fontes básicas** 177

**Referências biliográficas** 179

**Agradecimentos** 189

# Apresentação

A obra da Doutora Luciene Carris Cardoso insere-se na recente, e muito bem-vinda, abertura de novos enfoques sobre a discussão da territorialidade brasileira. Como Luciene demonstra com muita clareza neste seu estudo, a consolidação do território brasileiro não foi apenas uma tarefa de estadistas e diplomatas, como Alexandre de Gusmão, Duarte da Ponte Ribeiro, Rio Branco, para me restringir aos três gigantes da diplomacia das fronteiras brasileiras. Foi, também, obra de exploradores e cientistas. Esses papéis, vale dizer, não eram claros. Muitas vezes se confundiam e alguns desses personagens, em um só fôlego, desbravaram as matas, participaram de discussões científicas, negociaram tratados e publicitaram as interpretações que convinham ao Brasil.

Os "Indiana Jones" das selvas, montanhas e rios brasileiros foram muitos e o presente trabalho tem o propósito de resgatar alguns nomes menos conhecidos, além de rememorar os que são de conhecimento mais geral: Barão de Capanema, Dionísio Cerqueira, Cândido Guillobel, Oscar de Oliveira, José Carlos da Silva Telles, Augusto Ximeno de Villeroy, Antônio Lourenço da Silva Telles Pires, João de Rego Barros, Antônio Leite Ribeiro, Frederico Ferreira de Oliveira, José Jardim, Sebastião Basílio Pinho, Teodoro Klene, José Garmendia, o barão de Ladário e Luiz Cruls, entre outros. Em sua maior parte militares, alguns deles sacrificaram a própria vida no cumprimento de sua missão.

Os homens de ciência também se fizeram presente. Desde cartógrafos como Cândido Mendes de Almeida, Conrado Jacob de Niemeyer, a sábios e publicistas das mais diversas especialidades, como José Caetano da Silva, José Frederico de Santana Nery, Torquato Xavier Monteiro Tapajós e Emílio Goeldi. A ciência, porém, é um empreendimento essencialmente coletivo com muita lucidez, a doutora Luciene Carris recuperou o importante papel das sociedades geográficas, em especial da Sociedade de Geografia do Rio de Janeiro, como instrumento na construção de um contra-discurso e de um saber geográfico autóctone que em favor da territorialidade se buscava afirmar.

É a partir da fundação dessa entidade científica, em 1883, que Luciene Carris constrói sua narrativa e desvela seu fio condutor – a intricada, e nem sempre clara, relação entre o conhecimento científico, a exploração no terreno e a atividade político-diplomática na construção jurídica da territorialidade. No caso brasileiro, a figura do barão do Rio Branco é incontornável, justamente porque ele, mais do que ninguém, entendeu e usou em proveito do Brasil essa trama entre a pretensa neutralidade dos velhos mapas e manuscritos e as exigências político-diplomáticas de cada momento. Assim, Luciene Carris, de forma original e instigante, leva seu leitor a acompanhar Rio Branco em sua participação decisiva na consolidação da territorialidade brasileira e finaliza sua exposição na obra maior do Barão, a resolução do contencioso territorial com a Bolívia. Em sintonia com Antonio Carlos Robert de Moraes, a autora ressalta que Rio Branco, para além de seu papel de negociador das fronteiras brasileiras, constituiu-se também em "um refinado geógrafo, um intérprete da formação territorial do Brasil". A escolha de Rio Branco para balizar essa pesquisa, à primeira vista, parece óbvia, mas surpreende por trazer um olhar fresco e profícuo sobre um personagem já muito explorado. Assim, registra-se também o aporte trazido pelo texto que temos em mãos para a renovação dos estudos sobre o Patrono da Diplomacia Brasileira, falecido há pouco mais de cem anos.

Outra importante contribuição deste livro está no resgate da importância fundamental das comissões exploratórias e de demarcação de limites. Um trabalho duro, arriscado, que muitas vezes cobrava a saúde ou mesmo a vida desses muitos brasileiros que desempenhavam o duplo papel de aventureiros e cientistas nas selvas, rios e montanhas, para conhecer e subsidiar pesquisadores, diplomatas e estadistas, ou para confirmar (ou desmentir) a factibilidade das linhas traçadas em mapas nas discussões diplomáticas.

A presente obra confirma Luciene como uma pesquisadora original, dona de um olhar multidimensional e abrangente, que traz nova inteligibilidade sobre temas pretensamente já conhecidos. Sem medo de transitar entre as fronteiras da investigações sobre a diplomacia, a política, a história e a geografia, ela desnuda a falsa neutralidade científica que o discurso das potências de então, como de hoje, usavam para mascarar seu interesses político-diplomáticos. Assim, ao investigar o período entre 1883 e 1903, inclusive pelas lições que nos entender a política internacional de hoje, Luciene Carris Cardoso nos brinda com um livro que vale a pena ser lido.

Luís Cláudio Villafañe G. Santos
Historiador e diplomata

# Introdução

O trabalho apresentado é resultado da pesquisa realizada durante o estágio pós-doutoral desenvolvido no âmbito da Faculdade de Filosofia e Ciências Humanas, da Universidade de São Paulo, sob a supervisão do professor Antonio Carlos Robert Moraes, no Laboratório de Geografia Política entre 2011 e 2013. Originalmente, os textos foram escritos independentemente com intuito de responder aos propósitos do plano do pós-doutorado. Porém, constatamos que reunidos poderiam trazer uma nova contribuição ao entendimento do processo histórico de demarcação das fronteiras do Brasil.

A nossa intenção foi examinar o complexo processo de demarcação das fronteiras nacionais com os países vizinhos no período entre 1883 e 1903. A escolha da primeira data não foi aleatória. Na verdade, ela corresponde a data de criação da Sociedade de Geografia do Rio de Janeiro na capital da Corte Imperial. Já o marco final refere-se ao fim da disputa territorial entre o Brasil e a Bolívia. Consideramos, entretanto, que esse recorte tornar-se-á flexível sempre que o fio condutor analítico exigir informações que sustentem os argumentos desse trabalho.

Vale ainda salientar que a nossa investigação é o desdobramento de um estudo já publicado sobre a trajetória institucional da Sociedade de Geografia do Rio de Janeiro entre 1883 e 1945. A criação de uma sociedade geográfica na América se inseria no movimento geográfico europeu de criação de diversas sociedades geográficas. No Velho Continente, a multiplicação de tais entidades estava diretamente associada a expansão neocolonial em curso na África e na Ásia. De uma maneira geral, nessas instituições se reafirmava o caráter utilitário e pragmático da disciplina. Como instrumento a serviço do Estado, eram patrocinadas pelos seus governos e pelas burguesias locais com fins notadamente científicos e comerciais.

No caso brasileiro, os princípios da congênere brasileira eram um pouco distintos. O impulso de criação não se vinculava aos desígnios imperialistas, mas ao interesse por viagens, explorações e pela sistematização de diversas informações sobre o vasto território nacional. Apesar das incursões de viajantes e naturalistas, das diversas obras publicadas sobre o território brasileiro em fins dos Oitocentos, grande parte do espaço brasileiro de dimensão continental era desconhecido.[1]

Assim, preocupada com a integridade territorial, a Sociedade de Geografia estimulou calorosos debates sobre o tema. Por meio do intercâmbio de periódicos, ela acompanhava e reproduzia notícias das sociedades geográficas europeias sobre as questões de fronteiras na América Latina, o que geralmente incitava alguma polêmica entre os seus associados. Ademais, a instituição incentivou explorações a regiões remotas e publicou memórias descritivas sobre os rios que compõem a hidrografia brasileira. Alguns desses rios inclusive servem como fronteiras naturais de vários países da América do Sul.

Aliás, o processo de demarcação das fronteiras brasileiras abrangeu a contestação das suas reais localizações e das distintas denominações que recebeu pelas metrópoles espanhola e portuguesa no período colonial, tornando-se alvo de inúmeras disputas e debates posteriores e levando à instauração de comitês mistos de demarcação pelos governos sul-americanos envolvidos em litígios de fronteiras. Os resultados dos trabalhos das comissões de demarcação de fronteiras compõem um rico material para a compreensão desse complexo processo, pois envolve conhecimentos científicos específicos de astronomia e geodesia, por exemplo.

Diários da campo, relatórios, correspondências oficiais, mapas, esboços cartográficos fornecem pistas valiosas sobre a natureza do trabalho dos integrantes de tais comissões. Por outro lado, revelam as agruras encontradas em terras longínquas: natureza selvagem, doenças, falecimentos, solidão. Quando publicadas, contribuíam para a formação de um imaginário territorial e para o fortalecimento do sentimento de patriotismo.

Desde a sua criação, a Sociedade de Geografia reuniu indivíduos de destaque do cenário intelectual e político da época. Integravam os quadros sociais da instituição militares, engenheiros, médicos, políticos, advogados, jornalistas, entre outros profissionais liberais. Uma dessas notabilidades foi o Barão do Rio Branco, nomeado sócio-correspondente em 1894 e presidente honorário em 1902.

Advogado, político, jornalista e diplomata, o Barão habilmente conduziu por meio da diplomacia a consolidação das fronteiras brasileiras. É notório que o processo de resolução de pleitos territoriais costuma consumir muito tempo, energia, recursos e até suscitar batalhas desnecessárias. Na América do Sul, por exemplo, não foi efetivamente

---

1    Sobre isso ver Luciene Pereira Carris Cardoso, *O lugar da geografia brasileira*: a *Sociedade de Geografia do Rio de Janeiro entre 1883 e 1945*. São Paulo: Annablume, 2013.

resolvida a demanda da Bolívia por uma saída para o mar com o Peru e Chile. Em relação ao Brasil, a situação da nossa soberania territorial foi resolvida no início do século XX.

Contudo, a resolução de antigas pendências com os nossos vizinhos latino-americanos derivou de um longo processo até então considerado pacífico, muito embora exista registros de violência nas faixas de fronteiras. Com a finalidade de decifrá-lo, priorizamos examinar três casos específicos que tiveram repercussão entre os associados da Sociedade de Geografia do Rio de Janeiro. Desse modo, abordamos as divergências de limites entre o Brasil e a Argentina, a Guiana Francesa e a Bolívia.

Decidimos, então, no primeiro capítulo, realizar uma apreciação analítica sobre a constituição do conhecimento geográfico ao longo do século XIX enquanto disciplina e a sua relação com a construção da nacionalidade. Buscamos compreender como o Estado brasileiro elegeu seu espaço geográfico como centro de referência da integração nacional, a partir da manutenção do território herdado da colônia. Desse modo, investigamos como a visão territorialista acompanha a formação da sociedade brasileira. Com a emancipação política em 1822, verificou-se uma ampla disponibilidade de espaços ainda não incorporados pelo Estado, chamados de "fundos territoriais", tais como as fronteiras e os sertões.

No segundo texto, analisaremos o processo de construção do estado nacional brasileiro e a formação territorial a partir de 1822, inserindo nessa discussão a criação de algumas instituições, do porte da já citada Sociedade de Geografia do Rio de Janeiro. Comprometida com a agenda do Governo, a entidade publicou em seus periódicos oficiais memórias e relatos sobre explorações dos rios da região amazônica, sobretudo os rios litigiosos, trazendo à baila informações sobre os recursos naturais existentes, as potencialidades de navegação e dados sobre a população local. Privilegiamos, ainda, examinar como a instituição corroborou para a construção da imagem do Barão do Rio Branco como um herói nacional.

No texto seguinte, versaremos sobre a controvérsia litigiosa entre o Brasil e a Argentina, denominada de "Questão de Palmas" ou de "Questão das Missões". Os dois países sul-americanos envolvidos nesta disputa, a Argentina e o Brasil, herdaram de suas respectivas ex-metrópoles espanhola e portuguesa dúvidas sobre os reais limites pactuados nos tratados do período colonial. Em fins dos Oitocentos, ambos governos concordaram com a criação de uma comissão mista de reconhecimento dos rios litigiosos. Sem sucesso, decidiram pela arbitragem do presidente dos Estados Unidos, Grover Cleveland. A esse cenário, ingressou o Barão do Rio Branco, que assumiu a defesa da causa brasileira em 1893 como ministro plenipotenciário e enviado especial.

No processo de solução do conflito territorial com a Argentina, o Barão do Rio Branco promoveu uma alentada pesquisa documental nos arquivos europeus. O empreendimento envolvia os representantes de diversas legações diplomáticas no exterior, a cooperação de algumas personalidades brasileiras e europeias que pertenciam ao seu círculo de sociabilidades. Nesse caso, no quarto texto, examinamos o intercâmbio epistolar entre Rio Branco e dois renomados geógrafos franceses, Emile Levasseur e Élisée Reclus, no desenrolar dos processos com a Argentina e da Guiana Francesa, desvendando suas trajetórias acadêmicas e os seus estudos sobre o Brasil. De acordo com Álvaro Lins, um dos mais respeitados biógrafos do Barão, ele seria o conselheiro desses dois pensadores sobre assuntos americanos.

No quinto capítulo, examinaremos o pleito territorial com a Guiana Francesa. Novamente, a negociação foi confiada ao Barão do Rio Branco como advogado da causa brasileira. Nesse processo, averiguamos a ingerência dos interesses imperialistas franceses na região através do envolvimento do geógrafo Henri Coudreau, então representante das sociedades geográficas francesas. Sob às ordens do Barão do Rio Branco, observamos a atuação do cientista suíço Emílio Goeldi, diretor do Museu Paraense, como consultor técnico, entre 1899 e 1900, na Europa.

O último texto corresponde ao exame da disputa litigiosa entre o Brasil e a Bolívia, a chamada "Questão do Acre", avaliada pelos estudiosos como um dos casos mais emblemáticos da história diplomática brasileira. Tratava-se de uma área produtora da borracha na região amazônica cobiçada por empresas internacionais, constituindo palco de inúmeros conflitos. Depois de intensas negociações, foi assinado o Tratado de Petrópolis, em 1903, durante a gestão do Barão do Rio Branco à frente do Ministério das Relações Exteriores. Ao longo desse estudo, apuramos, ainda, a contribuição de alguns dos integrantes das comissões de demarcação criadas, tais como Cunha Gomes, Barão de Tefé, Taumaturgo de Azevedo e Luiz Cruls, bem como as discussões que ocorreram na Sociedade de Geografia do Rio de Janeiro.

Para comprovar as premissas do trabalho, levantamos um conjunto documental e bibliográfico que compreendeu diversas instituições. O primeiro refere-se ao material oficial da Sociedade de Geografia do Rio de Janeiro, constituindo por atas de sessões, relatórios e outros papéis afins, além da coleção dos seus periódicos, a *Revista da Sociedade de Geografia do Rio de Janeiro*, editados entre 1885 e 1946.

O segundo conjunto corresponde ao material pesquisado no Arquivo Histórico do Itamaraty. Neste rol, examinamos ofícios e demais correspondências enviadas e recebidas pelos principais integrantes dos comitês demarcatórios e com os ministros das Relações Exteriores, e demais membros das esferas governamentais. Também investigamos documentos das comissões, além das cadernetas de campo, livros de atas, notícias de jornais brasileiros e estrangeiros e ainda relatórios do Ministério das Relações Exteriores, bem como o intercâmbio de missivas entre o Barão do Rio Branco e diversas personalidades, a exemplo do Barão de Capanema, Élisée Réclus, Dionísio Cerqueira, Henri Coudreau, Émile Levasseur, Candido Guillobel e Frederico José de Santana Nery.

Já no Arquivo do Museu Imperial, foi arrolada a documentação pertinente a Coleção do Barão de Capanema e ao Arquivo da Casa Imperial. Na biblioteca do Instituto Histórico e Geográfico Brasileiro, examinamos o Arquivo Pessoal do Barão de Capanema, bem como o conjunto da *Revista do Instituto Histórico e Geográfico Brasileiro*. Na Universidade de São Paulo, realizamos o levantamento de obras específicas, dicionários bibliográficos, dissertações de mestrado e teses de doutorado nas bibliotecas setoriais da Faculdade de Filosofia, Letras e Ciências Humanas e do Instituto de Estudos Brasileiros, indispensáveis ao desenvolvimento da pesquisa.

(...) Desde logo a geografia entra na ordem dos estudos necessários, como uma ciência, a que a humanidade se prende pelos laços mais íntimos, firmando não somente o dever de conquistar a Terra, como conhecê-la profundamente.

("Introdução", *Revista da SGRJ*, n. 1, t .1, 1885, p. 6-7)

# Ideologias geográficas e a integridade territorial em fins dos Oitocentos

No processo ideológico de afirmação e legitimação do Estado-nação, a geografia e a história tiveram um papel de grande destaque. O levantamento das riquezas naturais nacionais, o conhecimento dos grandes acidentes geográficos, a noção da extensão do espaço pátrio, a exaltação da diversidade paisagista existente, colaboravam para o enaltecimento do país e para o sentimento de pertencimento. A definição e a delimitação do território apareciam como condições essenciais para a construção da nação.[1]

As tentativas de se definir a nação se baseavam em critérios como a língua ou a etnia, passando também pela combinação de aspectos como o território e os traços culturais.[2] Criado no final do século XVIII, como um artefato cultural, o nacionalismo como ideologia haveria de ser encampada pela política. Em certo sentido praticamente todos os monarcas do século XIX tiveram de criar uma ideia de "fantasia" nacional, visto que quase nenhum deles havia nascido no país que governava.[3] Para Benedict Anderson, a nação surgia como uma comunidade política imaginada, limitada e soberana. Seria imaginada porque a maioria dos seus membros nunca chegaria a conhecer todos os demais compatriotas, mas no pensamento de cada um deles residia uma ideia de comunidade. Seria limitada, visto que suas fronteiras são finitas, muito embora elásticas. Seria soberana, pois surgiu quando a Ilustração e a Revolução Francesa erradicaram a legitimidade do reino dinástico hierarquizado e divinamente ordenado. Seria imaginada como uma comunidade, apesar da desigualdade e da exploração que pudesse prevalecer, pois a ideia de fraternidade se propagaria horizontalmente.[4]

No caso brasileiro, a integridade do território como condição fundante da nova nação avança quando o país rompe os laços com a metrópole e ganha corpo no período Imperial. Nesta concepção, a visão de império envolvia a ideia de grandeza, de conquista e de domínio territorial. De acordo com Lúcia Lippi, a nação brasileira foi pensada como espaço territorial, como natureza. Como na maior parte das nações

---

1 Demétrio Magnoli, *O corpo da pátria: imaginação geográfica e política externa no Brasil (1808-1912)*. São Paulo: Unesp; Moderna, 1997, p. 110.

2 Cf. Eric Hobsbawm, *Nações e nacionalismo desde 1780*. Rio de Janeiro: Paz e Terra, 1990, p. 15.

3 Cf. *Idem, A era dos impérios (1875-1914)*. Rio de Janeiro: Paz e Terra, 2009, p. 213.

4 Benedict Anderson, *Comunidades imaginadas: reflexiones sobre el origen y la difusion del nacionalismo*. México: Fondo de Cultura Económica, 1993, p. 25.

contemporâneas, o Estado construiu a nação. Coube ao Estado brasileiro a responsabilidade por garantir as fronteiras nacionais, mapear as riquezas e fomentar sua ocupação, assim como zelar pela conservação e integração da unidade entre áreas isoladas e distantes do *hinterland* nacional. Consolidar o território, as suas fronteiras naturais ou culturais e ocupar os espaços vazios fundamentam a relação entre o espaço e o tempo, ou seja, entre a história e a geografia.[5]

Vale acrescentar que no Velho Continente, o ensino da história e da geografia foi fundamental no processo de construção nacional. No caso da geografia, a disciplina foi ministrada pela primeira vez pelo filósofo Immanuel Kant. Entre 1755 e 1796, Kant ministrou na Universidade de Königsberg diversos cursos, entre os quais o de geografia física, esse em paralelo ao de metafísica e de lógica. Para ele, a geografia seria a única disciplina capaz de descrever racionalmente a superfície terrestre. A disciplina proporcionaria, no seu entendimento, uma descrição do mundo como um sistema organizado. Para além da geografia, ele se ocupou também de uma reflexão sobre o conhecimento histórico. Enquanto a primeira, descrevia os fenômenos do ponto de vista do espaço, a história seria uma descrição segundo o tempo. Assim, a história constituía de uma narrativa, visto que não haveria uma história da natureza.[6]

A sistematização da geografia ocorreu, de fato, no início do século XIX na Alemanha. Naquela época, o país se constituía de um aglomerado de feudos (ducados, principados, reinos) unidos por laços culturais comuns. A ausência de um Estado Nacional, de um centro organizador do espaço, incentivou o debate de temas como domínio e organização do espaço e apropriação do território entre os governantes, o que conferiu ao saber geográfico uma relevância especial. Coube aos prussianos Alexandre von Humboldt e Karl Ritter a sistematização da geografia. Definiram os conceitos como coordenadas geográficas, localização e extensão, que formavam as bases sistemáticas da disciplina. Além disso, como professores universitários investiram da implantação do ensino da disciplina no meio acadêmico e intelectual.[7]

No que diz respeito ao século XIX, porém, cabe salientar que o diletantismo era uma característica marcante dos intelectuais brasileiros. A dispersão, ou melhor, a fluidez

---

5   Lúcia Lippi Oliveira, "Natureza e identidade: o caso brasileiro", *Desigualdade & Diversidade*. Revista de Ciências Sociais da Puc-Rio, Rio de Janeiro, n. 9, ago./dez., 2011, p. 123-134.

6   Cf. Antonio Carlos Vitte; Alexandre Domingues Ribas. "O Curso de Geografia Física de Immanuel Kant (1724-1804): entre a Cosmologia e a Estética". *Revista Bibliográfica de Geografía y Ciencias Sociales*, Universidad de Barcelona, v. XIV, n. 844, 25 out. de 2009. Disponível em <http://www.ub.es/geocrit/b3w-844.htm>

7   Antonio Carlos Robert Moraes, *Geografia*: pequena história crítica. São Paulo: Hucitec, 1999.

do discurso geográfico entre as diversas instituições instauradas, como as sociedades científicas, demonstrava a necessidade das elites de aprofundar e sistematizar os conhecimentos disponíveis sobre a nação brasileira. Engenheiros e militares compartilharam o mesmo tipo de formação cultural e técnico científico, principalmente em relação à Academia Militar, mesmo após a criação da Escola Politécnica em 1874. O título de engenheiro geógrafo poderia ser conquistado em três anos, em detrimento dos outros currículos que duravam cinco anos. O que, de certo, influenciou a maior procura por essa especialização. A título de exemplo, entre os anos de 1874 e 1896, formaram-se 209 profissionais dessa especialidade na Escola Politécnica. O curso subdividia-se nas seguintes áreas: matemática, topografia, astronomia e geodesia, habilitando-os a realizar trabalhos abrangentes desde levantamentos topográficos até a confecção de cartas geográficas. Somente nas primeiras décadas do século XX, com o estabelecimento das faculdades de filosofia, seriam criadas os primeiros cursos formais de geografia, voltados para a formação de professores.

De todo modo, desde a vinda da família real e a abertura dos portos em 1808, D. João VI implementara uma série de medidas, como a criação de instituições que tinham por objetivo auxiliar o funcionamento do Estado, a exemplo da Impressa Régia e do Jardim Botânico, além da concessão de licenças para viajantes estrangeiros realizarem explorações pelo interior do país. Nos relatos desses estrangeiros destacavam-se, sobretudo, as descrições da natureza brasileira. A contribuição dos viajantes foi registrada através dos mapas, relatos e envio de objetos aos países de origem possibilitando, assim, o avanço das ciências europeias e por outro lado revelando importantes informações sobre o território brasileiro.

O deslumbramento e a exaltação, ao lado da ênfase na preservação do espaço físico, resenhavam o papel da geografia, cabendo-lhe promover a reconciliação entre a nação e a sua história. Se antes o saber geográfico era tomado como uma ciência auxiliar da história, doravante o discurso sobre o espaço tornava-se o centro do debate intelectual, fornecendo-lhe a moldura capaz de reenquadrar o passado.[8]

A colônia portuguesa, depois de três séculos do domínio lusitano não constituía uma unidade, exceto pela religião e pela língua. O território brasileiro era muito extenso e em sua maior parte inexplorado, ao contrário de outras nações europeias onde já se conheciam os seus limites geográficos, os seus climas, os cursos de seus rios, enfim o seu espaço territorial, a exemplo da França e da Alemanha. A ideia de Brasil não estava no horizonte mental de grupos locais e da população, mas na mente daqueles que conduziram o processo de independência.

---

8    Tânia Regina de Luca, *A Revista do Brasil: um diagnóstico para a nação*. São Paulo: Unesp, 1999.

A colonização, como um processo de relação entre sociedade e o seu espaço, envolveu a conquista, a expansão e a apropriação territorial, o que ensejou a abertura de rotas, o estabelecimento de povoações e fortificações, a apropriação de terras indígenas e a valorização econômica de novas áreas. Com a emancipação política alcançada em 1822, o país conseguiu libertar-se do pacto colonial, se assegurava a liberdade comercial, a autonomia administrativa e a manutenção da ordem estabelecida baseada no escravismo, muito embora ainda vinculada à legitimidade dinástica. Contudo, dependente da estrutura colonial de produção, passava-se do domínio lusitano para a tutela britânica. A nova ordem política foi construída sobre o arcabouço econômico e social gerado pelo período colonial.

A visão territorialista adotada consagrava a ideia de "país a construir", na qual reduzia o papel da população a um instrumento de edificação do país. Para tanto, o Estado brasileiro elegeu o território como centro de referência da integração nacional, identificando no seu povoamento a missão fundamental para o processo de construção do país. Como legado do passado colonial, o território brasileiro pode ser caracterizado como "território usado" ou como "fundos territoriais".[9] O primeiro corresponde a uma área efetivamente apropriada. Quanto ao segundo refere-se a determinados espaços da soberania nacional que não foram totalmente aproveitados pelo Estado. Nesse último caso, situam-se os "sertões", as "fronteiras" e os lugares ainda sob soberania incerta, como uma herança típica do expansionismo luso-brasileiro no continente.

Garantir o domínio e a integridade desses fundos constituía um objeto para esse novo estado e a forma do regime de governo adotado, uma continuidade da monarquia da Casa de Bragança, possibilitou a sua legitimação e o domínio sobre o território. As elites políticas identificavam essa monarquia nos trópicos como um prolongamento geográfico da civilização europeia, dotando-a de uma missão civilizatória, pensamento

---

9 Segundo Antonio Carlos Robert Moraes, a conceituação "território usado" surgiu nos últimos trabalhos de Milton Santos, mas foi pouco elaborado em termos epistemológicos pelo estudioso. O aprofundamento teórico surgiu algum tempo depois, quando Moraes, ao examinar a formação do território no contexto da independência brasileira e a instalação de um novo estado, vislumbrou o território como elemento de continuidade da construção do país. O "território usado" correspondia a um espaço econômico inserido na área de domínio estatal, regiões produtivas voltadas às flutuações do comércio atlântico. Aquelas porções que não constituíam como "território usado" foram qualificados de "fundos territoriais", ou seja, áreas de pretensão de soberania voltadas para uma ocupação futura. Vale acrescentar que o conceito de "território" é essencialmente político e vincula-se ao exercício da soberania sobre um âmbito espacial determinado pela assinatura dos tratados coloniais e ratificados, ou não, pelos estados independentes posteriormente. Sobre esse assunto ver Antonio Carlos Robert Moraes, *Território na geografia de Milton Santos*. São Paulo: Annablume, 2013, p. 121-125.

em voga no Velho Continente.[10] Segundo Antonio Carlos Robert Moraes, a existência desses vastos fundos territoriais marcou profundamente a formação social brasileira, dando à dimensão espacial (e à geografia, em consequência) um papel essencial no desenvolvimento da particularidade histórica do país.[11]

Nesta tarefa, almejava-se engendrar um território identificado e organizado, em que os habitantes estivessem integrados através de uma língua nacional, de costumes comuns, de interesses políticos e econômicos articulados, dentre outros aspectos. Observa-se que a ligação do território com a natureza nos Oitocentos é explícita, visto que se disseminava uma imagem do território como uma fonte inexaurível de recursos. Contudo, na construção dessa nacionalidade, o povo não figurou conforme constatou José Murilo de Carvalho. Ao longo do tempo, as imagens da nação brasileira variaram: a primeira, ausência do povo; a segunda, visão negativa do povo; e a terceira, a visão paternalista do povo. Tratava-se, na verdade, de nações apenas imaginadas.[12]

Isto pode ser observado através da análise das obras de intelectuais da época e das instituições que os congregavam. Desse modo, o território pode ser apreendido como referência à apropriação da natureza e às relações socioculturais, mediadas pelas relações de poder existentes na sociedade. Portanto, o território possui essa dupla conotação funcional e simbólica, pois se exerce o domínio sobre o espaço tanto para realizar determinadas funções quanto para atribuir significados.[13] Assim, nos países de herança colonial, a geografia e a história se aglutinaram na construção ideológica das identidades nacionais, cuja materialização decorreu do fomento de alguma forma de identidade, como a raça, a etnia, a língua ou território. Tais elementos suscetíveis de uma doutrinação patriótica imprimiram um sentimento de pertencimento a uma unidade política de base territorial.[14]

O argumento de "país a construir" aglutinava as elites regionais, ao passo em que se justificava a concentração de poder desse estado imperial, fornecendo um projeto nacional comum, o que implicava numa obra coletiva de interesse geral sobrepondo-se aos interesses locais e regionais. O pacto oligárquico sustentou as bases políticas desse estado, justificando o autoritarismo, o centralismo e o uso da violência. Com a

---

10   Cf. *Idem, Geografia Histórica do Brasil: capitalismo, território e periferia*, op. cit, p. 84-85.

11   *Idem, Território na geografia de Milton Santos.* São Paulo: Annablume, 2013, p. 125.

12   José Murilo de Carvalho, *Pontos e bordados: escritos de história política.* Belo Horizonte: UFMG, 1998, p. 233.

13   Rogério Haesbaert, "Concepções de território para entender a desserritorialização", In: Milton Santos (*et al.) Território, territórios: ensaios sobre o ordenamento territorial.* Rio de Janeiro: DP&A, 2006, p. 43-70.

14   A geografia e a história corroboram para afirmação das identidades nacionais através de um conjunto de valores e de práticas simbólicas comuns. Cf. Marcelo Escolar, "A representação patriótica", In: _____, *Crítica do discurso geográfico.* São Paulo: Hucitec, 1996.

centralização política e administrativa iniciada em 1840, com a maioridade antecipada de D. Pedro II, o país assegurava uma fase de estabilidade e a política externa brasileira adquiria consistência, marcada pela diretriz da diplomacia saquarema, que perduraria até o fim do regime monárquico.[15]

Pretendia-se conter qualquer turbulência que pudesse causar uma possível fragmentação territorial, a exemplo da Revolução Farroupilha ocorrida entre 1835 e 1845. A imagem negativa das repúblicas vizinhas foi usada desde a independência como argumento a favor da monarquia e da centralização como únicas garantias possíveis de estabilidade política, da ordem social e da própria civilização.[16]

Segundo Emília Viotti da Costa, a unidade territorial seria, no entanto, mantida depois da Independência, menos em virtude de um forte ideal nacionalista e mais pela necessidade de manter o território íntegro, a fim de assegurar a sobrevivência e a consolidação da Independência.[17] A constituição da unidade e do estado nacional, bem como a ideia de Império do Brasil, agregou as heranças e as tradições da colonização portuguesa. Os construtores do império forjaram uma unidade política a partir de uma denominação e de um território que herdaram. Seriam herdeiros de um nome (o "Império do Brasil"), de uma base física e de um povo.[18] A herança foi assumida com seu estoque de espaços e de recursos, legitimando a ordem político-institucional no Segundo Reinado e na República. Conhecer, conquistar, explorar e integrar o território preponderava no discurso ideológico dominante.

Com a emancipação política em 1822, o Brasil passaria a enfrentar diversas questões fronteiriças com os países vizinhos, principalmente, com aqueles estados surgidos após o desmembramento da América Espanhola. Manter a integridade do território herdado da colônia, com as fronteiras firmadas nos Tratados de Madri, Santo Idelfonso e Badajós, tornar-se-ia um dos pilares desse novo estado, ao lado conservação do escravismo.[19] Aliás, segundo Luís Cláudio Villafañe, a política externa adotada nas primeiras

---

15 José Murilo de Carvalho, *Teatro de sombras*. Rio de Janeiro: UFRJ; Relume Dumará, 1996, p. 229. Ver também, Ilmar Rohloff de Mattos, *O tempo Saquarema: a formação do estado imperial*. Rio de Janeiro: Access, 1994; Luiz Cláudio Villafañe G. Santos, *O evangelho do Barão*. São Paulo: Ed. Unesp, 2012.

16 *Idem, Pontos e bordados: escritos de história política. op. cit.*, p. 242.

17 Emília Viotti da Costa, *Da monarquia à república*: momentos decisivos. São Paulo: Unesp, 1999, p. 33.

18 Sobre esse assunto cf. Ilmar Rohloff de Mattos, "Construtores e herdeiros: a trama dos interesses na construção da unidade política". In: *Almanack Braziliense*, Revista Eletrônica Semestral, São Paulo, n. 1, maio 2005, p. 9-26. Disponível em: <www.almanack.usp.br> Acesso em 23 de nov. de 2010

19 Antonio Carlos Robert Moraes, *Território e História do Brasil*. São Paulo: Hucitec, 2002, p. 112-115.

décadas dos Oitocentos centravam-se em poucos temas, tais como: guerra e paz, limites, comércio, navegação e a resistência ao fim do tráfico de escravos.[20]

As elites brasileiras dispunham de um vasto território dotado de amplas reservas de espaços ainda não ocupadas pela economia e de uma população relativamente pequena, dispersa e excluída. A relação entre soberania e território foi basilar na constituição e na afirmação do Estado Imperial. Segundo Antonio Carlos Robert Moraes:

> (...) o Império do Brasil dispunha de um território (em grande parte ainda a ocupar), de um aparato administrativo (o Estado colonial), de um aparato administrativo (o Estado colonial), de uma forma de governo (a monarquia imperial), e de um argumento de legitimação de seu domínio territorial (a soberania dinástica).[21]

No plano externo, conduziu-se a um política intervencionista nos países limítrofes.[22] Assim, em 1850, iniciava as primeiras intervenções diplomáticas e militares na região platina, em especial no Uruguai e na Argentina. Na região do Prata, a foz oceânica encontrava-se sob controle da Argentina e as faixas de fronteira eram espaços de intenso contato demográfico, o que imprimia ao governo brasileiro uma ideia de insegurança, sem falar na intensificação da rivalidade entre ambos países decorrente de sua herança colonial e de percepções geopolíticas distintas sobre a região. Por outro lado, já na região amazônica, a foz encontrava-se sob domínio nacional e as faixas fronteiriças constituíam de um vazio demográfico.[23]

Empenhado na resolução destas questões, o governo brasileiro baseou seu estudos em aspectos jurídicos, sintetizado na tese de Duarte da Ponte Ribeiro intitulada "Apontamentos sobre o estado da fronteira do Brasil", datada de 1844. Representações cartográficas mais precisas do território brasileiro começavam a ser publicadas a exemplo da Carta corográfica do Império do Brasil, elaborada pelo coronel Conrado Jacob de Niemeyer (1846); do Atlas do Império do Brasil, de Cândido Mendes de Almeida (1868) e da Carta do Império do Brasil, apresentada na Exposição Nacional de 1875, organizada por Duarte da Ponte Ribeiro e pelo general Henrique de Beaurepaire Rohan.

---

20 Luís Cláudio Villafañe G. Santos, *O evangelho do Barão: Rio Branco e a identidade brasileira.* São Paulo: Unesp, 2012, p. 21.

21 Antonio Carlos Robert Moraes, *Geografia Histórica do Brasil: capitalismo, território e periferia. op. cit.*, p. 79.

22 Cf. Gabriela Nunes Ferreira, *O rio da Prata e a consolidação do Estado imperial.* São Paulo: Editora Hucitec, 2006.

23 Demétrio Magnoli, op. cit, p. 136.

O esforço para solucionar as antigas questões litigiosas previa o estabelecimento de espaços específicos, a exemplo do Instituto Histórico e Geográfico Brasileiro no primeiro quarto do século XIX e da Sociedade de Geografia do Rio de Janeiro em fim dos Oitocentos. Em meio a crises institucionais e revoltas que agitavam os primeiros decênios do século XIX, sob o patrocínio da Sociedade Auxiliadora da Indústria Nacional, fundava-se o Instituto Histórico e Geográfico Brasileiro em 1838.

Inspirado no modelo parisiense, desde a sua criação previa-se o intercâmbio permanente com associações congêneres estrangeiras e o estabelecimento de ramificações pelas diversas províncias do Império, a exemplo do Instituto Arqueológico e Geográfico (1862) e Pernambuco e do Instituto Histórico e Geográfico de São Paulo (1895). Incumbida da tarefa de preparar uma história pátria, a elaboração do projeto envolvia dificuldades específicas relacionados à questão da escravidão e a existência de sociedade indígenas. Fazia-se necessário a escrita de uma história única e coerente, demarcada por fatos e por simbolismos de uma história patriótica. Imbuído do espírito iluminista, concebia-se uma história como um desdobramento de uma civilização europeia nos trópicos.

Pertenciam aos quadros sociais do Instituto Histórico notórios homens públicos, era um frequentador assíduo o imperador D. Pedro II. Patrocinada pelo governo, o Instituto encetara um projeto de investigação nos arquivos europeus, cujo propósito era examinar, coletar e realizar cópias de documentos indispensáveis à escrita da história nacional. Missões oficiais foram enviadas ao Velho Mundo com objetivo inicial de levantar documentos, subsidiando a ação da diplomacia imperial na demarcação de limites.

Discutiam-se, nas reuniões do Instituto, quais acordos firmados pela antiga metrópole estariam ainda em vigor, diversas dúvidas ainda persistiam. Buscava-se, desse modo, contribuir na resolução de possíveis conflitos oriundos de antigas pendências dos tempos coloniais. Compulsar e copiar manuscritos importantes de arquivos estrangeiros foi uma incumbência também de diplomatas recomendados pelo Instituto Histórico. Em que pese a contribuição à pesquisa histórica, tal empreendimento contribuía para solucionar conflitos, a esse exemplo podemos citar o diplomata José Maria do Amaral, transferido da legação de Washington, nos Estados Unidos, para Madrid e Lisboa.[24] Porém, Amaral haveria de ser substituído por Francisco Adolfo de Varnhagen, cuja experiência antecedente na Torre do Tombo, em Portugal, garantiu-lhe o ingresso na carreira diplomática brasileira e alcunha de "pai da história brasilei-

---

24    Sobre a história institucional do Instituto Histórico e Geográfico Brasileiro, ver Lúcia Maria Paschoal Guimarães, *Debaixo da imediata proteção imperial: Instituto Histórico e Geográfico Brasileiro*. 2a. ed. São Paulo: Annablume, 2011; *Idem, Da Escola Palatina ao Silogeu: o Instituto Histórico e Geográfico Brasileiro: (1889-1938)*. Rio de Janeiro: Museu da República, 2007.

ra". Assim, contratado pelo governo, Varnhagen desenvolveu pesquisas nos arquivos ibéricos, levantando a documentação relativa aos tratados de limites da América Portuguesa.

A necessidade de delimitar definitivamente a posse territorial valia-se de documentos que validassem a presença portuguesa em territórios que pertenceriam ao seu legítimo herdeiro. Segundo Manoel Luiz Salgado Guimarães, o conhecimento histórico garantiu um papel de legitimação das decisões de natureza política, em especial às questões de fronteiras e limites, ligada à identidade e à singularidade da nação em construção.[25]

O compromisso com a organização da história pátria foi registrado no periódico oficial do Instituto, que publicava em seus boletins memórias, relatórios, documentos e demais contribuições. Nas suas páginas foi publicado um vasto material sobre a questão de limites e fronteiras, o que contribuía para a construção de uma identidade físico-geográfica, integrando conhecimentos sobre várias partes do país distantes do poder central e visando as potencialidades de exploração econômica. Não por acaso, observa-se um direcionamento para áreas de fronteira desde a sua criação, a exemplo da Colônia de Sacramento, da Guiana Francesa e da fronteira de Mato Grosso. A esse exemplo, em 1877, Francisco Ignácio Marcondes Homem de Mello, o Barão Homem de Mello, encaminhou ao Instituto Histórico uma coleção de documentos sobre a província do Rio Grande do Sul do período colonial, então coletados durante sua administração como presidente daquela província entre 1867 e 1868.

Considerado como o primeiro cartógrafo brasileiro, o Barão Homem de Mello foi advogado, historiador, cartógrafo, político e professor. Filho de Francisco Marcondes Homem de Mello, o Visconde de Pindamonhangaba, fazendeiro e coronel da Guarda Nacional, o Barão iniciou a carreira política depois de concluir o curso superior em Direito em São Paulo, elegendo-se presidente da Câmara Municipal entre 1860 e 1861. Foi professor de História Universal do Colégio Pedro II, exonerando-se em 1864. Foi presidente das províncias de São Paulo (1864), do Ceará (1865-1866), do Rio Grande do Sul (1867-1868) e da Bahia (1878), deputado pela província de São Paulo (1878 e 1881), além de ministro dos negócios do Império (1880) e ministro interino da pasta da Guerra (1880 e 1881). Também atuou como diretor do Banco do Brasil, presidente da Companhia Estrada de Ferro Rio-São Paulo (Estrada de Ferro D. Pedro II) e Inspetor da Instrução Pública Primária e Secundária do Rio de Janeiro.

Com o advento da República, afastou-se da carreira política, dedicando-se ao magistério, às ciências e às artes. Em 1889, foi nomeado professor de História Universal e de Geografia do Colégio Militar e, em 1896, passou a ministrar a disciplina Mitologia na Escola Nacional de Belas Artes, tornando-se catedrático de História das Artes. Foi presidente

---

25    Cf. Manoel Luiz Salgado Guimarães, Nação e civilização nos trópicos: o IHGB e o projeto de uma história nacional. *Estudos Históricos*, Rio de Janeiro, n. 1, v. 1, 1988, p. 5-27.

do Instituto Histórico e Geográfico Brasileiro, sócio do Instituto Histórico de São Paulo, do Instituto Geográfico Argentino, da Sociedade de Geografia do Rio de Janeiro e da Academia Brasileira de Letras.[26]

No exercício de suas atividades políticas, o Barão percorreu o território brasileiro, diferentemente de políticos daquela época que se restringiram aos seus gabinetes e à Corte imperial. Preocupava-se em atrelar o labor político com suas atividades intelectuais, tanto assim que a sua produção intelectual não se limitava às suas reminiscências pessoais, buscava levantar informações, devassar o território e as suas vicissitudes socioculturais, como se observa na passagem a seguir:

> (...) estabelecidas ali, em frente uma a outra, as duas populações guerreiras, portuguesa e castelhana, o sentimento de rivalidade das nacionalidades, a imperiosa necessidade de delimitar-se definitivamente a posse territorial de cada uma delas, trouxe lutas continuas, que influíram poderosamente nos hábitos e costumes dos habitantes dessas regiões.[27]

Durante o longo reinado de monarca D. Pedro II, diversas mudanças ocorreram na sociedade brasileira, a exemplo da transformação tecnológica, como a criação e a expansão da rede ferroviária, o desenvolvimento do telégrafo, a introdução do barco a vapor. Desenvolvimento de novas técnicas agrícolas na produção de açúcar e de café, a dinamização da economia brasileira, o processo imigratório, o estabelecimento de instituições de créditos e o processo de urbanização, entre outros fatores. Em face a essa nova complexa realidade, novos espaços de sociabilidades seriam criados, alguns com forte inspiração europeia, a exemplo da Sociedade de Geografia do Rio de Janeiro, como veremos a seguir.

---

26 Luciene Pereira Carris Cardoso, "Barão Homem de Mello", In: George Ermakoff (Org.). *Dicionário Biográfico Ilustrado de Personalidades da História do Brasil*. Rio de Janeiro: George Ermakoff Casa Editorial, 2012. Cf. José Airton Cavenaghi, *Olhos do Barão, boca do sertão: uma pequena história da fotografia e da cartografia no noroeste do território paulista (Da segunda metade do século XIX ao início do século XX)*. Tese (doutorado em História), FFLCH-USP, 2004.

27 Francisco Ignácio Homem de Mello. "Documentos relativos à história da capitania depois província, de São Pedro do Rio Grande do Sul". *Revista do IHGB*, Rio de Janeiro, t. 40, v. 50, 1877, p. 191-192.

(…) Aqui, porém, não nos reunimos para cultivar flores de retórica, senão para conversarmos familiarmente de assuntos graves e úteis.

(Frederico José de Santana Nery, "O povoamento da Amazônia", *Revista da SGRJ*, t. 3, 1887, p. 193).

# Uma sociedade geográfica nos trópicos e um projeto de nação

Tributária do contexto de um movimento geográfico que estimulou a multiplicação de instituições congêneres na Europa e no continente americano, a Sociedade de Geografia do Rio de Janeiro foi um dos espaços de sociabilidade intelectual que desfrutou do patrocínio de D. Pedro II, tal como Instituto Histórico e Geográfico Brasileiro. Originou-se de uma cisão entre os associados seção filial da Sociedade de Geografia de Lisboa que funcionou entre 1878 e 1888 no Rio de Janeiro. Uma orientação nacionalista estava em curso na congênere portuguesa. Um grupo intencionava nacionalizar a associação, enquanto outro defendia a sua fidelidade ao programa expansionista português.[1] A Seção, então, se dividiu e parte dos seus integrantes fundou a Sociedade de Geografia do Rio de Janeiro. A recém-fundada instituição privilegiava um programa de trabalho que buscava responder às demandas do Estado monárquico, por meio de práticas científicas, direcionadas para o melhor conhecimento do espaço físico do Império e de seus habitantes, por meio da publicação de seu periódico oficial.

Cabe destacar que as sociedade geográficas estabelecidas no novo continente possuíam características comuns, ou seja, pretendiam divulgar o conhecimento científico por meio do intercâmbio de publicações, da participação em congressos, das trocas de correspondências congêneres estrangeiras, principalmente europeias. Porém, seus objetivos se direcionavam para organização dos espaços nacionais. Semelhante às congêneres europeias, também se tornavam instrumentos específicos à serviço do Estado, pois, as informações levantadas auxiliavam no reconhecimento do território. Por outro lado, contribuíam também para a formação da identidade nacional das ex-colônias, favorecendo o sentimento de pertencimento às nações recém-criadas.

No último quarto do século XIX pouco se avançara no conhecimento dos limites da soberania nacional. Apesar da queda do regime monárquico em 1889, a instituição deu continuidade ao programa estabelecido por seus fundadores. Continuou a cooperar com as autoridades republicanas e a tomar iniciativas objetivando auxiliar o aperfeiçoamento da sociedade e despertar sentimentos cívicos na população. Entre as iniciativas tomadas, podemos salientar a promoção de conferências, o lançamento de publicações especializadas e a realização de trabalhos de campo, efetuados por expedições da Socieda-

---

1    Sobre a história da Seção Filial da Sociedade de Geografia de Lisboa no Brasil, ver Cristina Pessanha Mary, *Geografia Pátrias: Brasil e Portugal (1875-1889)*. Niterói: UFF, 2010.

de, que devassaram espaços até então inexplorados do território nacional, descortinando o Brasil aos brasileiros. O seu periódico nos fornece importantes elementos para refletirmos acerca do pensamento da intelectualidade do período sobre a ideia de fronteira e sua relação com a formação de uma identidade nacional.

O índice geral dos trabalhos publicados em seu periódico oficial entre 1885 e 1893 pode balizar qual corrente de pensamento predominava. As matérias editadas agrupavam-se em subdivisões geográficas de assuntos: história, geografia política, geografia física, hidrografia, coordenadas, viagens e explorações, minas, faróis, caminhos de ferro, telégrafos, indústrias, demografia (estatística e geografia médica), etnologia, astronomia, climatologia, instituições e generalidades.

Os debates acerca da integridade territorial, navegabilidade, recursos naturais, os limites e as fronteiras não constituíam uma novidade na pauta das reuniões da Sociedade de Geografia. Pelo contrário, incitavam calorosamente os ânimos de seus associados, contribuindo para formar um imaginário territorial e uma ideia de patriotismo amplamente divulgado em seus boletins oficiais. Desde do início da publicação de seu periódico oficial em 1885, a instituição contribuiu com informações sobre o tema. Não pretendemos realizar um estudo sistemático acerca dos limites físicos das fronteiras brasileiras do século XIX, mas lançar a luz alguns debates travados. Por esta razão, nos interessa compreender os elementos discursivos e retóricos presentes no campo do imaginário e das representações elaboradas pelos seus associados acerca de suas fronteiras.

Nos primeiros boletins observa-se o enfoque na publicação de memórias sobre as explorações e as viagens ao interior do território, incluindo-se a possibilidade da navegação interior e das vias auxiliares, o que demonstrava a preocupação com o domínio dos chamados "fundos territoriais". De certo, receberam atenção especial por parte de seus associados, que se empenhavam em descortinar a sua natureza pujante e defender a integridade do território brasileiro face aos interesses coloniais de antigas metrópoles europeias e das repúblicas vizinhas.

O surgimento de seus boletins dedicados ao conhecimento geográfico derivou do movimento colonial em marcha nos Oitocentos, um período marcado pelo predomínio do imperialismo econômico, como salientou o historiador Eric Hobsbawm. Inspirando-se nos boletins da Sociedade de Geografia de Paris, a congênere brasileira a partir de 1885 deu início a publicidade de seu periódico oficial. Além das motivações econômicas, religiosas e políticas da expansão colonial francesa, o movimento colonial estava intimamente ligado ao impulso nacionalista francês que se seguiu após a derrota na Guerra Franco--Prussiana. A França até o período napoleônico consistiu em uma potência continental. Em 1830, ocupou a Argélia e daí alargou os seus domínios africanos depois de 1878 na bacia mediterrânea, na Mauritânia, na África Ocidental, no Gabão, na ilha de Madagascar; no Pacífico, ocupou o Taiti, as ilhas marquesas e a nova Caledônia. No Oriente, dividia territórios com os britânicos, a chamada Indochina Francesa. Segundo a *Revista de Tours*, a França era o país com mais sociedades geográficas no mundo, totalizando-se vinte e nove entidades e cerca de vinte mil membros, sendo a congênere parisiense a maior com dois mil e duzentos associados.[2]

Logo após o conflito, a nação francesa envolveu-se na sua reconstrução, o que previa o aprofundamento da exploração colonial afro-asiática. Nesse caso, a geografia ganharia um papel fundamental. A transformação da disciplina em uma ciência autônoma relacionava-se ao seu processo histórico da época, marcado pelas necessidades políticas (defesa, ordenamento e expansão do território) e ideológicas (criação e reprodução da identidade nacional) provenientes das demandas de gestão dos Estados Modernos.[3]

Reconsiderava-se a possibilidade de restaurar o prestígio e o poder francês por meio das colônias. Pensava-se na colonização em outras partes do globo como uma necessidade nacional, daí a importância de um aparato complexo nas colônias que teve nas sociedades geográficas um dos seus baluartes.[4] Podemos observar que na relação entre o imperialismo e a cultura se assevera a importância do conhecimento geográfico e a primazia de uma ideologia de controle territorial.

Segundo Edward Said, o sentido geográfico promovia projeções imaginárias, cartográficas, militares, econômicas, históricas e culturais, o que possibilitou a construção de vários tipos de conhecimentos. Para ele, pensar em lugares distantes, colonizá-los, povoá-los ou despovoá-los: "tudo isso ocorre na terra, em torno da terra ou por causa da terra".[5] A era dos impérios foi um fenômeno, segundo Eric Hobsbawm, econômico, político e cultural, marcada por um período de grande desenvolvimento industrial e técnico-científico, no qual o saber geográfico desempenhou um papel basilar.[6] O discurso geográfico que justifica as fronteiras consistia no discurso do nacionalismo e para o filósofo Michael Foucault a geografia e a história são as bases desse discurso, responsáveis pela tarefa de enraizamento e de inculcação do espírito cívico e patriótico.[7]

---

2   SGRJ, "Sociedades de Geografia", *Revista da SGRJ*, Rio de Janeiro, n. 2, t. 6, 1890, p. 88.

3   Cf. Guilherme Ribeiro, Luta pela autonomia e pelo território: geografia e os estados alemão e francês na virada do século XIX ao século XX. *Mercator–Revista de Geografia da UFC*, ano 8, número 15, 2009.

4   Cf. Vincent Berdoulay, *La formation de l'École Française de Géographie (1870-1914)*. Paris: Bibliotheque Nationale, 1981.

5   Edward Said, *Cultura e Imperialismo*. São Paulo: Companhia das Letras, 1995.

6   Eric Hobsbawm, *A Era dos Impérios: 1875-1914, op. cit.*

7   Michel Foucault, "Sobre a geografia", In: _____. *Microfísica do Poder*, Rio de Janeiro: Graal, 1982, p. 161.

Luciene Pereira Carris Cardoso

No caso brasileiro, a Sociedade de Geografia do Rio de Janeiro surgia no meio do período em que se retomava o debate sobre a temática das fronteiras. Os seus fundadores consideravam a entidade como um centro de pesquisa útil do ponto de vista científico e prático, que cooperaria com as entidades existentes: a seção congênere portuguesa no Brasil e o Instituto Histórico e Geográfico Brasileiro. Não por acaso, observa-se nas páginas dos seus primeiros boletins oficiais a preocupação evidente em tornar conhecido regiões distantes do território brasileiro, em especial a região amazônica, reunindo aspectos geográficos e históricos.

Inspirada no axioma de que o papel da geografia era "conquistar a terra, conhecê-la profundamente", buscou-se tornar conhecido o vasto território, o que contribuiu para formar um imaginário territorial, enaltecendo e consolidando o estado brasileiro em seu aspecto territorial. Seguindo os estatutos de sua criação, a recém-criada entidade pretendia contribuir ao progresso das ciências, em especial da geografia. Com objetivo de apresentar o seu primeiro boletim, uma introdução foi cuidadosamente elaborada pela redação. Liderada pelo o conselheiro Tristão de Alencar Araripe,[8] integravam ainda o comitê da redação, o engenheiro Antônio de Paula Freitas,[9] o engenheiro tenente-coronel Francisco Antônio Pimenta Bueno[10] e Antônio Luiz von Hoonoltz, o Barão

8    Descendente de uma tradicional família cearense, era filho do tenente-coronel Tristão Gonçalves de Alencar Araripe e D. Anna Tristão de Araripe. A sua família envolveu-se na Revolução de 1817 e Confederação do Equador de 1824, movimentos de caráter republicano que ocorreram no processo de independência do Brasil. Depois de formado pela Faculdade de Direito do Largo de São Francisco, em São Paulo, ingressou no funcionalismo público e na carreira política. Foi chefe de política no Ceará, Espírito Santo e Pernambuco, presidente da província de São Pedro do Rio Grande do Sul, deputado provincial e geral pelo Ceará, além de desembargador, conselheiro e ministro do Supremo Tribunal Federal e ministro da Fazenda no governo provisório em 1891. Percorreu as principais províncias do país, tais como Rio de Janeiro, São Paulo, Rio Grande do Sul, Bahia, Pará, Espírito Santo e Ceará, o que certamente contribuiu para sua visão sobre o território brasileiro, sua história e geografia. Publicou diversas obras, a exemplo da *História da Província do Ceará*.

9    Considerado o introdutor da técnica do concreto armado no Brasil, o engenheiro Antônio de Paula Freitas foi professor da Escola Politécnica e responsável por alguns projetos importantes, tais como da Agência Central dos Correios (1877), da Imprensa Nacional (1877), na remodelação interna da Igreja da Candelária (1880) e do Pavilhão da Agricultura, esse último especialmente construído para a Exposição Nacional que seria realizada em 1908 para se comemorar o centenário da abertura dos portos. O Pavilhão seria ocupado pela Faculdade de Medicina da UFRJ, atualmente é a sede do Departamento Nacional de Produção Mineral.

10   Filho de José Antônio Pimenta Bueno, Visconde e Marquês de São Vicente e da Marquesa Balbina Henriqueta de Faria e Albuquerque. Formou-se pela Academia Militar, seguindo a carreira alcançando a patente de Coronel do Estado Maior de Primeira Classe. Participou de importantes missões, colaborou para os estudos de reconhecimento da região do Mato Grosso e em diversas obras militares, destacou-se como

de Tefé[11], que se distinguiram como conhecidas figuras do cenário da política imperial dos Oitocentos e em algumas explorações pelo território. Além disso, a redação buscava integrar o rol das nações consideradas civilizadas, tais como França, Bélgica, Alemanha, Inglaterra e Estados Unidos através da criação de uma sociedade geográfica nacional com fins pragmáticos, que viesse a contribuir para o desenvolvimento do país.[12] O comitê da redação da *Revista* da Sociedade de Geografia organizou uma seção denominada de "Noticiário" entre 1885 e 1894. Notícias eram minuciosamente extraídas de periódicos nacionais e estrangeiros. Não se restringia as informações de natureza geográfica, buscava-se também apresentar a repercussão das atividades e iniciativas promovidas pela instituição recém-criada.

Os integrantes da Sociedade de Geografia do Rio de Janeiro ambicionavam que sua revista reunisse informações diversas sobre o vasto território nacional. Em 1886, após a publicação de seus primeiros quatro boletins que formavam a sua revista, a entidade possuía 386 sócios e realizava a permuta com apenas nove sociedade congêneres. Dez anos depois, a situação mudava, 101 instituições geográficas enviavam regularmente seus periódicos. Provavelmente a complexidade na seleção de informações entre o manancial de publicações recebidas levou a extinção da seção "Noticiário". Em 1895, a diretoria e as comissões científicas foram modificadas, após as eleições internas. Para a comissão de redação, foram eleitos os sócios desembargador Serafim Muniz Barreto, Conde de Afonso Celso Figueiredo e Paulino José Soares de Souza, filho do Visconde de Uruguai, liderados pelo

---

Presidente da Província do Amazonas, no ano de 1888. Publicou as obras: "A estrada de Ferro de Mato-Grosso a Bolívia" (1877), "A Borracha" no Jornal do Commércio (1882), "História da Província de Mato Grosso" (1880), "Carta da Província de Mato Grosso", além disso, colaborou para a confecção do "Atlas do Império do Brasil" (1880) e da "Carta das Fronteiras do Brasil (1888)". Integrou também o quadro social do Instituto Histórico e Geográfico Brasileiro. Foi homenageado com os títulos de Oficial da Ordem da Rosa e de Cavalheiro de Aviz e do Cruzeiro. Em 1909, Candido Mariano da Silva Rondon, Chefe da Comissão das Linhas Telegráficas de Mato Grosso ao Amazonas, denominou um rio recém-descoberto de Pimenta Bueno, o seu nome foi dado a uma estação telegráfica e a um lugarejo, atualmente o município Pimenta Bueno, no estado de Rondônia.

11 Filho de Frederico Guilherme von Hoonholtz e de Joana Cristina D'Alt von Hoonholtz. Destacou-se como militar e também em atividades científicas. Formado pela Academia da Marinha, participou de importantes missões, inclusive da Guerra do Paraguai. No âmbito científico, dentre outras comissões, realizou levantamentos para a determinação dos limites entre o Brasil e o Peru, o que lhe valeu o título de Barão. Participou também do Instituto Histórico e Geográfico Brasileiro e da Sociedade Central de Imigração. Realizou a observação da passagem do planeta Vênus nas Antilhas em 1883, cujo relato está também publicado na *Revista da Sociedade*.

12 SGRJ, *op. cit.*, n .1, t .1, 1885, p. 6-7.

redator, o engenheiro Antônio de Paula Freitas.[13] Além disso, contatou-se a inconstância da publicidade de seus boletins e as dificuldades para realizações das reuniões. Apesar de frequentes, tais episódios não esmoreceram a participação dos associados mais assíduos.[14]

A partir de 1886, a temática de limites com os países limítrofes começou a ser veiculada na seção do "Noticiário". Para os confrades da Sociedade de Geografia, a região amazônica aparecia como alvo dos interesses expansionistas franceses. Por esse motivo, notícias eram extraídas dos periódicos europeus, sobretudo franceses, podendo elencar a Sociedade de Geografia de l'Est, a Sociedade de Geografia de Lille, a Sociedade de Geografia Comercial de Paris, a Sociedade de Geografia Comercial de Bordeaux e a Société Royale de Geographie d'Anvers. Com destaque para as disputas fronteiriças entre o Brasil e a Guiana Francesa e as pretensões norte-americanas na região do Acre, como veremos em outra oportunidade.[15]

Em 1887, foram reproduzidas sínteses de duas memórias publicadas nos boletins da Sociedade de Geografia Comercial de Havre. O primeiro, tratava-se de um texto de autoria do vice-presidente da agremiação de Havre, Louis Guitton, intitulada de *Etude sur le bassin de l'Amazone, Le Pará*. O trabalho descrevia o rio Amazonas desde a sua nascente, a sua viabilidade econômica e sua navegabilidade. O segundo, de autoria de Olivier Ordinaire,[16] ex-cônsul francês no Peru, examinava a parte peruana do rio Amazonas e concluía que "(...) em resumo, excelente para a exploração, a parte peruana da bacia do Amazonas é para colonização uma das regiões, as mais favoráveis da zona tórrida".[17]

Em outra ocasião, foi selecionada do mesmo boletim da congênere de Havre uma memória sobre a lei de 19 de setembro de 1860, que autorizava a livre circulação de produtos produzidos nos países limítrofes com destino ao exterior. Para o redator da *Revista*, a norma generalizava o tratado firmado com o Peru em 1859, prejudicando o desenvolvimento da economia nacional. Apesar de reconhecer a possibilidade do estabelecimento de uma alfândega na embocadura do rio Amazonas, salientou a dificuldade de ins-

---

13 SGRJ, Ata da assembleia geral de 27 de dezembro de 1895. *op. cit.*, t. 9, 1895, p. 109.

14 Antônio de Paula Freitas, "A Sociedade de Geografia do Rio de Janeiro". *Revista da SGRJ*, Rio de Janeiro, t. 13, 1898-1900, p. 3.

15 SGRJ, *op. cit.*, Rio de Janeiro, t. 3, n .1, 1887, p. 74.

16 Cf. João Paulo Jeannine Andrade Carneiro, "Exploradores franceses na Amazônia Brasileira durante o século XIX: breve biobibliografia", p. 11. Nomeado cônsul francês na cidade de Callao, no Peru, em 1882, Olivier Ordinaire empreendeu viagens exploratórias pela região, voltando-se para estudos comerciais, etnográfico e geográficos.

17 SGRJ, *op. cit.*, t. 3, n. 1, 1887, p. 68.

pecionar as fronteiras com os países limítrofes, o que acarretava em sérios prejuízos para o Brasil, como fraudes e o não pagamento de taxas alfandegárias e de demais impostos.[18]

Um ligeiro exame nos sumários dos primeiros boletins confirma o interesse da Sociedade de Geografia em descrever os rios que compõem a hidrografia brasileira. Constatamos a publicação de memórias e de relatos sobre as condições de navegabilidade e as descrições geográficas dos rios Sucuriú, Xingu, Madeira, Paraíba, Tocantins, Jutaí, Parnaíba, Araguaia, Iguaçu, Madre de Dios, Acre, Ituxi, Amazonas, Trombetas, Branco, São Lourenço, entre outros. Podemos inferir que o programa da Sociedade inseria-se no projeto geopolítico do governo de imperial, que desde meados dos Oitocentos dedicava-se à elaboração de planos de viação voltados para a comunicação entre hidrovias, estradas de rodagem e de ferro, buscando a integração de seus habitantes e a integridade do território nacional.[19]

Em 1888, a Sociedade promoveu uma expedição que pretendia devassar o norte do estado do Mato Grosso. É importante lembrar que a província era alvo das preocupações do governo imperial, pois lá se concentravam uma armada e uma estação de pesquisa, além de diversas fortificações, algumas estabelecidas no tempo colonial. Após a Guerra do Paraguai, o Império redobrou seus cuidados com a região. Apesar disso, os dados sobre a província continuaram escassos. A grande fonte de informação era a obra de viajantes estrangeiros, gente como o explorador alemão Carl von den Steinen.

A expedição contou com a participação dos militares Oscar de Oliveira Miranda, José Carlos da Silva Telles, Augusto Ximeno de Villeroy e Antônio Lourenço da Silva Telles Pires, além de vinte e oito praças. No caminho passaram por pequenas cidades, enfrentando várias situações inusitadas, como o encalhe do navio, a falta d'água e a dificuldade de manter correspondência com o Rio de Janeiro, bem como o contato com as sociedades indígenas encontradas. De todo modo, a expedição não obteve o sucesso almejado. Devido a insalubridade da região muitos vieram a perecer, a exemplo de Telles Pires, homenageado com nome de um rio na bacia amazônica.

Um dos principais divulgadores da região amazônica na Sociedade foi Torquato Xavier Monteiro Tapajós. Natural da região, Monteiro Tapajós fez um panorama abrangente daquele vasto território, englobando aspectos geográficos, históricos e culturais, além de oferecer ao homenageado algumas indicações, que julgava essenciais para o êxito da missão que iria cumprir no extremo norte do Brasil.[20] Corroborava com o projeto

---

18  SGRJ, *op. cit.*, t. 3, n. 1, 1887, p. 69.

19  Cf. Manoel Fernandes Sousa Neto, *Planos para o Império: os planos de viação do Segundo Reinado (1869-1889)*. São Paulo: Alameda, 2012.

20  A palestra em questão compunha um conjunto de seis conferências sobre o vale do Amazonas publicadas

de migração para aquela região, tal como o outro ilustre amazonense e também sócio da Sociedade, Francisco José de Santana Nery, o Barão de Santana Nery.

Tapajós defendia que o povoamento seria viável através do conhecimento prévio do clima e da salubridade da região. Para ele, "(...) a província do Amazonas oferece todas as necessárias condições para ser o centro de um forte movimento de populações. Todas as raças, todas a indústrias, encontram ali elementos de vida e de prosperidade".[21] Desde 1887, o Barão de Santana Nery se ocupava em divulgar as potencialidades daquela região e impulsionar a imigração nas reuniões da Sociedade de Geografia. Em uma de suas palestras, relatou um contrato realizado entre ele e o conselheiro Francisco José Cardoso Junior, presidente da província do Pará.

O projeto imperial visava ainda à entrada de imigrantes europeus. Observa-se nos primeiros boletins da entidade a publicação de informações fornecidas pela Inspetoria Geral de Terras e Colonização sobre as estatísticas de imigrantes que chegavam aos portos de Santos, Rio de Janeiro e Vitória.

O acordo determinava a criação de uma agência central ou subagências na Europa; a promoção da propaganda da região; a impressão de uma espécie de "Guia do Imigrante" disponível em diversas línguas. Um desses folhetos foi, inclusive, divulgado em Paris, quando ocorreu a Exposição Internacional de 1889. Cogitava-se a inauguração de uma exposição permanente de produtos do Pará, inspirada no modelo das coleções do The South Kensington Museum de Londres (atualmente Museu Vitória e Alberto). Por último, visava o incentivo à entrada anual de quinhentos imigrantes durante o período de cinco anos. Para a consecução do plano, Santana Nery pretendia atrair atenção dos membros da elite política do Império, em especial do Ministério da Agricultura, alegava que o governo do Pará possuía recursos financeiros escassos. Com objetivo de comprovar a adaptabilidade dos europeus àquela região, citou o trabalho do geógrafo francês Henri Coudreau, além das observações do naturalista suíço Louis Agassiz, considerado por ele uma autoridade sobre o assunto.[22]

---

na *Revista da Sociedade de Geografia do Rio de Janeiro* entre os anos de 1889 e 1894. Monteiro Tapajós escreveu diversos trabalhos sobre a região amazônica, tais como: *Província do Amazonas, Navegação direta* (1886); *As correntes do Amazonas e o fenômeno da pororoca* (1886); *O Amazonas e a França: questão de limites* (1893) e *Climatologia do Vale do Amazonas* (1890). Cf. Anísio Jobim, *O Amazonas, sua história: ensaio antropogeográfico e político*. São Paulo: Companhia Editora Nacional, 1957, p. 290. (Coleção Brasiliana, v. 292)

21  Torquato Xavier Monteiro Tapajós, *Apontamentos para a climatologia do Vale do Amazonas*, Rio de Janeiro: Imprensa Nacional, 1889, p. 147.

22  Frederico José de Santana Nery, "O povoamento na Amazônia". *Revista da SGRJ*, Rio de Janeiro, t. 3, n. 3, 1887, p. 204.

De todo modo, entre os estrangeiros, além de Henri Coudreau, diversos exploradores, sobretudo franceses, excursionaram pelo Amazonas. Não por acaso a redação do Noticiário também procurou estar a par das expedições realizadas pela América Latina. Em "Viagens científicas na América Sul", divulgou-se no "Noticiário" uma viagem de estudos de Henri Coudreau pelo Alto Maroni e Alto Oiapoque. Outra nota foi a viagem de cerca de catorze meses realizada pelo antropólogo holandês Hernán F. C. Ten Kate, que excursionou pelo Alto Suriname, Peru, Bolívia, Guiana Inglesa e Venezuela.

Outros registros consistiram nas viagens do visconde francês Joseph de Brettes pelo Grão Chaco, do coronel argentino Luiz Jorge Fontana, que iria explorar a Patagônia, entre os rios Chubut e Senguer; a excursão do engenheiro francês Henri Fouaillet, contratado pela construção do canal do Panamá, pelo Peru e Bolívia e a expedição do explorador Sr. Trouar pela Argentina e Bolívia.[23] Designado pelo Ministério a Instrução Pública da França, em 1887, o francês Jules Chonchére seguiria o trajeto semelhante ao realizado pelo explorador e médico da marinha francesas Jules Crevaux[24] pela Guiana Francesa, esse último havia falecido em 1882 em consequência do ataque dos índios Tobas. Sócio da Sociedade de Geografia de Paris, o explorador e fotógrafo Marcel Monnier excursionou pelo Peru, Equador e o Amazonas, os resultados de suas andanças pela região foram reunidos na obra *Do Andes ao Pará*.[25]

No mesmo ano, outra nota foi publicada no "Noticiário". Desta feita, tratava-se de trechos de uma carta do militar francês Constant Haudouard, enviada de Buenos Aires em dezembro de 1884, a Gustave Picard, membro da Sociedade de Geografia Comercial da França. O militar francês, que trabalhara na construção da estrada de ferro Rio Grande a Bagé, observou que o governo argentino dedicava-se ao pleno desenvolvimento do comércio e na construção de novas vias férreas para o Chile e para o território das Missões. Em relação à região litigiosa definida como "um pomo de discórdia entre o Brasil e a República Argentina" desde o final da Guerra do Paraguai, observou a possibilidade de uma batalha grave entre os dois países. De todo modo, ressaltava a superioridade militar do exército argentino e enaltecia o pleno desenvolvimento urbano de sua capital, ao enumerar as suas características, ao ponto de afirmar que "a cidade de Buenos Aires é uma pequena Paris pela atividade e comércio".

---

23  SGRJ, "Viagens científicas pela América do Sul", *op. cit.*, n. 2, t. 3, 1887, p. 169.

24  *Idem, op. cit.*, Rio de Janeiro, n. 1, t. 3, 1887, p. 77. Sobre a missão de Jules Crevaux, ver João Paulo Jeannine Andrade Carneiro, op. cit., p. 8-9.

25  *Idem,* "Do Andes ao Pará", *op. cit.*, n. 2, t. 6, 1890, p. 83.

Em comparação ao Brasil, no seu entendimento, a República Argentina seria o país ideal para a fixação de imigrantes europeus. Quanto ao Brasil, revelou a superioridade da marinha brasileira e antevia a problemática financeira decorrente da então possível abolição do trabalho escravo.[26] Todavia, a contrário da sugestão do militar francês pelo arbitramento e das observações realizadas, o "Noticiário" da *Revista* limitou-se a informar sobre a promulgação do tratado de 1885 entre os dois países, que visava o reconhecimento dos rios Peperi-Guaçú, Santo Antônio, Chapecó, e Chopim ou Santo Antonio-Guaçú, ao lado do território litigioso.[27]

Os litígios fronteiriços de outros países latino-americanos receberam a atenção da redação da *Revista*. Desta vez, o noticiário trouxe uma nota selecionada do periódico da congênere de Lille sobre a contenda entre o Paraguai e a República Argentina. Discutia-se qual era o principal afluente do Pilcomayo, seria ou não o rio Araguay-Guaçu. Em caso positivo, as fronteiras seriam limitadas pelo Chaco, caso contrário, o rio Araguay-Guaçu seria o limite natural, e a Argentina ganharia um grau do território paraguaio.[28]

Em outra ocasião, a fronteira entre o Brasil e a Venezuela. Em 1887, um resumo do relatório organizado por Francisco José Lopes de Araújo, o Barão de Parima, então chefe da comissão brasileira demarcadora de limites com a Venezuela, foi publicado em seu boletim oficial. Tal documento oferecia uma descrição física da região disputada, recuperando dados sobre a flora, a fauna, a climatologia e seus habitantes. Os habitantes, chamados de "homens civilizados" residiam nas fronteiras em busca de fortuna e sua população era "(…) tão reduzida que percorrem-se léguas e léguas sem encontrar uma só casa". Em relação aos índios, observou a existência de diversas sociedades indígenas, contabilizou cerca de vinte mil indígenas nas proximidades do rio Branco. Relatou ainda a decadência e as dificuldades da população local que vivia uma "vida miserável". O rio Negro, do lado brasileiro, era o rio navegável para embarcações maiores. Aproveitou a oportunidade para criticar o estabelecimento das colônias militares pelo Governo Imperial. Quanto à colônia militar localizada no Rio Branco, observou que a má administração devia-se ao despreparo dos oficiais, ao lado da distância dos centro populosos e a dificuldade de comunicação com o Rio de Janeiro.[29]

Em 1887, o consócio da Sociedade de Geografia, Alfredo Nogueira, apresentou um "pequeno esboço" sobre a província do Rio de Grande do Sul. Remontando a história do Rio

---

26   SGRJ, *op. cit.*, Rio de Janeiro, t. 3, n. 2,  1887, p. 138.

27   *Ibidem*, Rio de Janeiro, t. 3, n .1, 1887, p. 72.

28   *Idem*, "As fronteiras entre do Paraguai e da República Argentina", *op. cit.*, t. 4, n. 1, 1888, p. 53.

29   *Idem*, "*Limites do Brasil com a Venezuela*", *op. cit.*, t. 3, n. 2, 1887, p. 92.

Grande do Sul desde tempos coloniais, salientou que foi "teatro de guerras devastadoras entre as coroas de Portugal e Espanha" por ocasião da Colônia de Sacramento, a esse respeito enumerou os principais embates ocorridos na região. Salientou, ainda, a imigração alemã e italiana, associando-a ao surto de desenvolvimento na região. Ofereceu uma síntese de dados estatísticos sobre a imigração, informações sobre a divisão judiciária, a educação local, com destaque para uma escola militar e um seminário católico. Além disso, forneceu dados sobre estrutura das comunicações existentes, estradas de ferro, bondes e embarcações. Também foi alvo da sua análise os tratados coloniais firmados entre Portugal e Espanha, em 1750 e 1777, e o tratado entre o Brasil e o Estado Oriental em 1850.[30]

Em 1889, o redator Paula Freitas sintetizou as informações sobre a demarcação dos limites. Em relação aos territórios litigiosos no norte do país, aguardava-se resposta do governo francês sobre a proposta brasileira. Quanto a lide com a República Argentina, noticiava-se o acordo firmado naquele ano, que determinava pelo arbitramento. Na ocasião, o Instituto Histórico e Geográfico Brasileiro ofereceu uma medalha comemorativa ao presidente argentino e o título de presidente honorário, tal proposta contou com a colaboração de dois sócios da Sociedade, o Barão Homem de Mello e Torquato Tapajós.[31] Em relação aos limites entre a Guiana Francesa e o Suriname, a redação comentou que os países envolvidos haviam escolhido o czar russo Alexandre III como árbitro da questão. Todavia, com a recusa do czar, optou-se, então, ampliar os termos de uma convenção assinada em 1890, permitindo ao árbitro escolhido determinar um dos dois rios estabelecidos.[32] Mencionava-se ainda uma nova tentativa dos Estados Unidos em anexar o Canadá ao seu território. Segundo o boletim da Sociedade de Geografia de Tours, o intento foi recusado pelo parlamento canadense, que "manteve-se fiel" à Rainha Vitória.[33] Além dos contenciosos, o Noticiário registrou a intenção de união entre as repúblicas da Guatemala, Honduras, Salvador e Costa Rica para criar um único estado, a República Centro-Americana.[34]

---

30   Alfredo Nogueira, "A província do Rio Grande do Sul", *Revista da SGRJ*, Rio de Janeiro, t. 3, n. 4, 1887, p. 242-260.

31   SGRJ, "Limites do Brasil", *op. cit.*, t. 5, n. 3, 1888, p. 176,

32   SGRJ, "Limites das Guianas Francesas", *Idem*, op. cit., t. 6, n. 2, 1890, p. 79.

33   SGRJ, "O Canadá", *Idem*, op. cit., t. 6, n. 2, 1890, p. 79.

34   SGRJ, "América Central", *Idem*, op. cit., t. 6, n. 2, 1890, p. 82.

## O Barão do Rio Branco e a Sociedade de Geografia do Rio de Janeiro

Figura emblemática da história diplomática brasileira, José Maria da Silva Paranhos Júnior, o Barão do Rio Branco, é objeto de inúmeros estudos e biografias notadamente conhecidas e de diversas festividades, a exemplo das comemorações de seu centenário realizadas em 2012.[35] Filho do visconde José Maria da Silva Paranhos e de Teresa de Figueiredo Faria, o Barão consagrou-se como advogado, político, jornalista e diplomata. Na esfera diplomática consolidou as fronteiras do território do brasileiro, principalmente na sua gestão à frente do Ministério das Relações Exteriores entre 1902 e 1912.[36]

Não é a nossa intenção aqui traçar um novo perfil biográfico, mas introduzir novos dados que possam contribuir ao estudo da história da formação territorial do Brasil. Não é demais salientar que há sempre o erro em incorrer na mitificação existente sobre ele ou simplesmente repetir o que já foi escrito. Nesse caso, recuperamos a visão do estudioso Antonio Carlos Robert Moraes sobre a importância do Barão do Rio Branco para a formação da territorialidade brasileira:

> (...) pode-se analisar o legado do barão do Rio Branco, numa ótica da geografia política, como um importante definidor das fronteiras estatais na América do Sul, logo como um construtor prático de territórios. Mas pode-se também analisá-lo, do ponto de vista da história da ciência, como um refinado geógrafo, um interprete da formação territorial do Brasil.[37]

Em 1893, o Barão do Rio Branco foi nomeado, por meio de um decreto, enviado extraordinário e ministro plenipotenciário em missão especial junto do governo dos Estados Unidos. Na ocasião, atuou como advogado da defesa dos direitos do Brasil no litígio com a Argentina. A vitória foi garantida, em 1895, após a entrega do laudo arbitral do

---

35 Em 2012, comemorou-se o centenário do desaparecimento do Barão do Rio Branco, várias festividades foram promovidas naquele ano. O programa de comemorações encabeçado pelo Ministério das Relações Exteriores envolveu ainda instituições do porte da Academia Brasileira de Letras e do Instituto Histórico e Geográfico Brasileiro. Ver Manoel Gomes Pereira (Org.), *Barão do Rio Branco: 100 anos de memória*. Brasília: Funag, 2012.

36 Conhecidos são os estudos elaborados por A. G. de Araújo Jorge, *Rio Branco e as fronteiras do Brasil* (1945); Álvaro Lins, *Rio Branco (O Barão do Rio Branco) biografia pessoal e história política* (1965) e por Luiz Viana Filho, *A Vida do Barão do Rio Branco* (1967). Destacamos também as obras do diplomata Luís Cláudio Villafañe G. Santos: *O dia em que adiaram o carnaval: política externa e a construção do Brasil* (2010) e o *Evangelho do Barão: Rio Branco e a identidade brasileira* (2012).

37 Cf. Antonio Carlos Robert Moraes, "O Barão do Rio Branco e a Geografia". In: Manoel Gomes Pereira (Org.), *op. cit.*, p. 231.

presidente norte-americano Grover Cleveland, que reconhecia a reinvindicação brasileira. Em seguida, participou das negociações com a França (1900) e Inglaterra (1901). Entre 1902 e 1912, esteve à frente do Ministério das Relações Exteriores. Ao longo de quase dez anos, como ministro nos governos dos presidentes Rodrigues Alves, Afonso Pena, Nilo Peçanha e Hermes da Fonseca, negociou acordos de fronteiras com a Bolívia, o Equador, a Holanda, a Colômbia, o Peru e o Uruguai.

Além da consolidação das fronteiras, o Barão definiu as bases de uma nova política externa, que tinha como uma de suas características a aproximação com os Estados Unidos. Tal medida interessava as oligarquias do sistema político brasileiro, visto que o Brasil se inseria na periferia do sistema capitalista e como exportador de produtos tropicais tinha os Estados Unidos como um importante mercado consumidor. Se a diplomacia imperial rejeitava uma identificação com os países vizinhos hispano-americanos, o Barão priorizaria o estreitamento das relações com o distante vizinho do norte do continente. O perigo do imperialismo europeu era real. A partilha da África, consagrada na Conferência de Berlim, em 1885, era relativamente recente.

De acordo com os princípios desse certame, as terras não ocupadas no território africano seriam consideradas terras sem dono, e, se estendidos ao Brasil, grande parte da demograficamente vazia região amazônica estaria ameaçada, pois fazia fronteira com os territórios da França, da Holanda e da Inglaterra. Para o Barão, os Estados Unidos não constituíam um risco, o país surgia como um novo centro de poder mundial. A Doutrina Monroe (1823), seguida pela sua nova versão o Corolário Roosevelt (1904), poderia isolar o continente americano de qualquer ingerência europeia. Contudo, por outro lado, a doutrina, atualizada pelo presidente norte-americano Theodore Roosevelt, possibilitou a intervenção daquele país nos Estados latino-americanos.

A atuação do Barão do Rio Branco na definição das fronteiras contribuiu para a manutenção de um bom relacionamento com os países vizinhos e para a recuperação da imagem do Brasil na região do Prata. Promoveu uma política de prestígio, que visava elevar o país à condição de uma "nação civilizada", ao ocupar um espaço de poder no sistema internacional, especialmente na América. Pelas conquistas alcançadas tornou-se uma figura popular e, até, fez surgir uma discussão sobre uma possível candidatura à presidência da República. De todo modo, em 1912, veio a falecer durante o carnaval. Determinou-se o adiamento da data da festa, mas nem todos obedeceram, e, assim, naquele ano, na cidade do Rio de Janeiro ocorreram dois carnavais. Diversas homenagens foram prestadas como a mudança do nome de Avenida Central para Avenida Rio Branco, bem como escolas, praças, cidades, ruas e até a capital do Acre receberam o seu nome. [38] A mitificação criada em torno de sua imagem haveria de ser respaldada pela imprensa, por instituições, e por outros setores da sociedade, como a Sociedade de Geografia do Rio de Janeiro.

Seja como for, em 1894, o Barão do Rio Branco ingressou nos quadros sociais da Sociedade de Geografia como sócio-correspondente. Naquela data, ele se encontrava em missão especial em Washington, nos Estados Unidos. Seu nome ainda haveria de ser escolhido para integrar a comitiva que representaria a Sociedade de Geografia no 6º Congresso Internacional de Geografia, na cidade de Londres, em 1895. Inteirava o comitê dois outros ilustres associados, o Barão de Santana Nery e Robert Halliday Gunning.[39] Em 1900, por ocasião da vitória do laudo arbitral favorável ao Brasil na lide com a Guiana Francesa, ele recebeu o título de presidente honorário. Em agradecimento, no ano seguinte, o Barão enviou treze volumes sobre a questão de limites com a Guiana Francesa para compor a biblioteca, incluindo a consagrada obra sobre o Oiapoque de autoria de Joaquim Caetano dos Santos em dois volumes.

Depois de longa ausência do país, em 1902 regressou ao Rio de Janeiro, então capital federal da República, como um herói nacional por ocasião de sua atuação nas negociações diplomáticas. Em reconhecimento ao papel desempenhado recebeu diversas homenagens de instituições, a exemplo da Sociedade, que lhe conferiu o título de presidente honorário. Já em 1907, o Barão, na qualidade de ministro das Relações Exteriores, participou pela primeira vez de uma sessão especial da Sociedade. Em visita ao Brasil, o representante diplomático da Colômbia, o general Rafael Uribe Uribe, realizou uma conferência sobre sua terra natal com a participação do presidente da República Afonso Pena e de outras notabilidades.

A imagem do Barão do Rio Branco foi revivificada em 1945, ano emblemático para a Sociedade de Geografia, quando ela foi rebatizada de Sociedade Brasileira de Geografia. Sob a presidência do ex-embaixador José Carlos de Macedo de Soares, em 1945, um volume comemorativo do natalício de José Maria da Silva Paranhos Junior, o Barão do Rio Branco, foi editado pela venerada Sociedade de Geografia do Rio de Janeiro. As homenagens ao ex-chanceler e ao sócio-correspondente da Sociedade de Geografia se estenderam a outras instituições do porte do Instituto Histórico e Geográfico Brasileiro e do Instituto Brasileiro de Geografia e Estatística, conforme se observa em seus periódicos

---

38 Cf. Luís Cláudio Villafañe G. Santos, "*O dia em que adiaram o carnaval: política externa e a construção do Brasil*", *op. cit.*; Amado Luiz Cervo; Clodoaldo Bueno (Orgs.), *História da Política Exterior do Brasil*. Brasília: Editora Universidade de Brasília, 2002.

39 AIH, Carta do Barão do Rio Branco ao Marquês de Paranaguá, presidente da Sociedade de Geografia do Rio de Janeiro, Washington, 28 out. 1894. *Limites com a Argentina (Questão das Missões)*, livro 346.2.7.

oficiais.[40] Além disso, um instituto criado para seleção e treinamento de futuros diplomatas, no âmbito do Ministério da Relações Exteriores, recebeu seu nome.

Para a Sociedade de Geografia o momento era oportuno. Pretendia-se assegurar uma nova fase para a associação no rol das entidades oficialmente reconhecidas e patrocinadas sob os auspícios do governo do presidente Getúlio Vargas. Durante os quinze anos do governo Vargas, desde o Golpe de 1930 seguido pela implantação do Estado Novo em 1937, a agremiação manteve-se fiel às políticas públicas adotadas em sua administração, recebendo ainda em seus quadros sociais elementos da Aliança Liberal.

De todo modo, não era uma novidade a relação da instituição com as esferas de poder, pois desde a sua fundação, em 1883, envolveu-se em diversos projetos e em calorosos debates sobre os mais diferentes temas nacionais, principalmente a respeito da defesa da integridade do território brasileiro. Compunham os quadros sociais da Sociedade de Geografia elementos pertencentes ao que historiador José Murilo de Carvalho denominou como uma elite da política imperial.[41] Devido a inexistência de cursos superiores especializados voltados para disciplina, o pensamento geográfico da época encontrava-se, assim, disseminado nas faculdades, instituições militares e demais associações existentes.[42] Não raro médicos, advogados, engenheiros militares e profissionais liberais compartilhavam uma visão pragmática do conhecimento geográfico, tendo em vista a ideia de civilização e de progresso da nação brasileira. Ao longo do século XIX, formou-se um ambiente marcado pela disseminação de um discurso geográfico impregnado por correntes teóricas vindas de fora e a alusão aos geógrafos europeus.[43]

---

40  Cf. IBGE, *Revista Brasileira de Geografia*, Rio de Janeiro, n. 2, v. 7, 1945.

41  Para José Murilo de Carvalho, as elites não correspondem aos grandes homens, segundo a perspectiva de tradições intelectuais, também não visa às teorias que explicam os acontecimentos em função de sua atuação. São sim grupos especiais de elite, distintos das massas e até mesmo de outros grupos elitistas, mas não dão conta, por si só, de fenômenos históricos complexos como a formação do Estado nacional. Foram grupos minoritários que tiveram grande participação em certos acontecimentos, atuando dentro de limitações. Essa elite se caracteriza pela *homogeneidade*, na ideologia e no treinamento, o que atenua os conflitos intra-elite e expande a capacidade de implementar um determinado modelo de dominação política através do seu capital simbólico (para utilizar a expressão de Bourdieu) — essa homogeneidade é fornecida principalmente pela socialização da elite (formação acadêmica, carreira política etc), nem tanto pela origem social. Quanto mais homogênea a elite, mais estável o processo de formação do Estado.

42  A noção de pensamento geográfico aqui explicitada compreende as formulações literárias, filosóficas e científicas sobre o espaço e a superfície terrestre. Sobre esse assunto, ver Antonio Carlos Robert Moraes, *Território e História no Brasil, op. cit.*, p. 15-16.

43  Antonio Carlos Robert Moraes, "Notas sobre identidade nacional e a institucionalização da geografia no Brasil". *Estudos Históricos*, Rio de Janeiro, n. 8, v. 4. 1991. p. 6-7.

O volume especial editado pela Sociedade de Geografia do Rio de Janeiro reuniu uma gama de especialistas que examinaram os casos fronteiriços mais emblemáticos da história brasileira. Além da apresentação do então presidente da agremiação, o ex-embaixador José Carlos de Macedo Soares, somavam-se as contribuições de Everardo Backheuser; do vice-presidente da instituição, o ministro João Severiano da Fonseca Hermes sobre os limites com a Argentina; do general J. A. de Azevedo da Costa sobre a lide com a Guiana Francesa; do comandante Braz Dias de Aguiar sobre a contenda com a Guiana Britânica; de Luiz Felipe de Castilhos Goychochêa sobre o litígio com a Bolívia e de Hermes Rodrigues da Fonseca Filho sobre a disputa com o Uruguai.

Coube ao professor e engenheiro geógrafo Everardo Backheuser, sócio de honra e terceiro vice-presidente da agremiação, elaborar um perfil do Barão do Rio Branco enquanto geógrafo e geopolítico. Para além do tom de homenagem dada à figura do ex--chanceler, Backheuser teceu considerações sobre o "conceito fundamental de geografia e o de geógrafo", sintetizando os principais questionamentos do saber geográfico à época. Difusor da geografia alemã no Brasil, Backheuser publicou *A estrutura política do Brasil. Notas Prévias (1929) e Problemas do Brasil: Estrutura geopolítica (1933)*. Entre outros aspectos, pautando-se na perspectiva do pensamento de Friedrich Ratzel, ressaltou o conflito entre a geografia e outros ramos do conhecimento, como a separação entre geopolítica e geografia política. Didaticamente dividiu a evolução da geografia em cinco patamares. O primeiro correspondia apenas a uma enumeração de fatos e acidentes; o segundo à disciplina como parte de tais fatos e acidentes; o terceiro, a uma geografia explicativa das formas de relevo e dos gêneros da vida; o quarto se voltava para uma especialização regional e para o último, o conhecimento dotado de unidade e cientificidade.

O papel e a definição do profissional geógrafo variou conforme o desenvolvimento da disciplina. Da enumeração e da descrição dos fenômenos geográficos surgiu um saber notadamente científico, que relacionava "causa e efeito". No entendimento de Backheuser:

> (...) assim como ninguém considera poeta ou romancista a quem aprecia livros de verso ou obras de ficção, nem tão pouco, botânico ao colecionador de orquídeas ou ao cultivador de rosas, é igualmente justo recusar o cognome de geógrafo aos que apenam seja aficionados de temas geográficos, aos que pacientemente arquivem informes de tal natureza em pastas e gavetas ou nos escaninhos da memória ou ainda quem se valha desses informes de relatórios para preparar as páginas de um compêndio.[44]

---

44   Everardo Backheuser, "Rio Branco, geografo e geopolítico", In: *Revista da SGRJ*, Rio de Janeiro, t. 52, 1945, p. 6.

A relação de interdependência entre solo, clima e homem possibilitaria o surgimento de leis para a geografia, e por consequência a individualização desse conhecimento. Todavia, esta autonomia estaria precedida pelo contato com outros saberes. Separou-se a disciplina em dois ramos clássicos: geografia física e geografia humana. Em relação à geografia física, observou as variadas "zonas de fricção" com a meteorologia, a botânica, hidrografia e geologia, obrigando o profissional geógrafo a dedicar-se apenas a uma especialidade. Quanto à geografia humana, perfilhou a existência de estreitas ligações com a história, a sociologia, a política e a ciência econômica. Devido a dificuldade em delimitar o campo da geografia, ponderou a necessidade de "procurar algo que autenticamente qualifique a nova ciência". Assim, a geografia física seria distinguida pela evolução e as características da formas de relevo, denominadas inicialmente de fisiografia e depois de geomorfologia. Por outro lado, a geografia humana se caracterizaria pela ecologia humana, em especial o estudo dos "gêneros de vida". De todo modo, para os geógrafos haveria nítida tendência para o estudo do "ambiente natural", clima e solo teria repercussão sobre a vida humana. O determinismo geográfico seria, no seu entendimento, relativizado devido a dinamização das relações culturais e econômicas, uma vez que "o homem vive presentemente sob a ação não de uma, mas de muitas regiões".

Seguida da apresentação do panorama da disciplina, com objetivo de elucidar o equívoco entre os tratadistas europeus e norte-americanos, Everardo Backheuser diferenciou a geografia política da geopolítica. No primeiro caso, a geografia política como subdivisão da geografia humana ou da antropogeografia. No segundo, a geopolítica como um dos ramos da política, ciência que estuda os fundamentos do governo de Estado.

Em relação ao Barão do Rio Branco, Backheuser optou por esboçar sua trajetória como historiador, estadista, geopolítico e geógrafo. Examinou a participação do Barão na obra *Grande Encyclopedie Universelle*, organizada pelo geógrafo francês Émile Levasseur, em 1889, em especial o verbete consagrado ao Brasil, intitulada de "Le Brésil". Ao lado da obra *Antropogeografia* (1882) de Friedrich Ratzel e a *Nouvelle Géographie Universelle* (1894) de Jean-Jacques Élisée Reclus, a *Grande Encyclopedie* de Levasseur representava, no seu entender, a evolução do conhecimento geográfico francês. O volume especial, separado da obra organizada por Levasseur e publicado pelo Sindicato Franco-Brasileiro, mereceu um exame minucioso. Sem abandonar o tom laudatório do volume especial da Sociedade de Geografia, Backheuser ressaltou que: "(...) seus escritos na Enciclopédia de Levasseur são sínteses felizes de capítulos particulares de geografia do Brasil no fim da penúltima década do século XIX, sínteses a que sua declarada vocação pela história enche de muita informação curiosa e oportuna."[45]

---

45    Everardo Backheuser, *op. cit.*, p. 19.

Curiosamente a obra Estados Unidos do Brasil publicado por Élisée Reclus em 1900, e que correspondia ao 19o volume da Nouvelle Géographie Universelle, com "tradução e breves notas" do barão Ramiz Galvão e com anexo o texto "Annotações sobre o Território contestado", redigido pelo Barão, não foi alvo da pena de Backheuser. Vale ainda registrar que, com o propósito de organizar tal obra monumental, Élisée Reclus visitou o Brasil em 1893, em especial a Sociedade de Geografia do Rio de Janeiro, que lhe conferiu o diploma de sócio honorário. Além disso, Élisée Reclus e Émile Levasseur inserem-se na rede de sociabilidades criada por Rio Branco na Europa, como bem demonstra o exame do intercâmbio de sua correspondência durante a sua Missão Especial em Washington, nos Estados Unidos, entre 1893 e 1895, como veremos posteriormente.

Ao que parece, observa-se ainda na diplomacia do Barão do Rio Branco uma consonância com as ideias do geógrafo Vidal de La Blache, que defendia uma integração pacífica entre os povos, identificada assim como um costume consolidado da diplomacia. Diferente da perspectiva do pensamento ratzeliano adotado pelo expansionismo alemão, recuperado por Backheuser.[46] Segundo um dos seus biógrafos, Rio Branco reunia a erudição histórica a invocação dos mapas, a construção da argumentação jurídica a fim de servir a objetivos políticos, nesse caso, atingir pacificamente o objetivo de consolidação do patrimônio territorial.[47]

---

46   Antonio Carlos Robert Moraes, *op. Cit.*, p. 17.

47   Cf. Arthur Guimarães de Araújo Jorge, *Rio Branco e as fronteiras no Brasil*: uma introdução às obras do Barão do Rio Branco. Brasília: Senado Federal, 1999.

É grato poder assim registrar esta nova vitória do princípio tão razoável e humanitário do arbitramento internacional, cuja prática, advogada sempre com empenho pelos Estados Unidos da América, se tem tornado mais frequente em nossos dias e constitui um dos maiores progressos obtidos pelo direito das gentes moderno.

(Barão do Rio Branco, Limites com a República Argentina, Discurso)

# A Questão de Palmas e o advento de um novo regime político

Em meio aos últimos momentos críticos da Revolta Federalista do Rio Grande do Sul, encerrava-se, em 06 de fevereiro de 1895, o episódio sobre a questão de limites com a Argentina e o Brasil com a declaração do laudo arbitral do presidente dos Estados Unidos, Grover Cleveland.[1] Os dois países envolvidos nesta disputa, a Argentina e o Brasil, têm a sua origem na herança ibérica. Os seus territórios durante longo período pertenceram às metrópoles espanhola e portuguesa. As suas fronteiras, consideradas vagas ou imprecisas, foram registradas nos mapas cartográficos da época.

Os limites pactuados nos tratados do período colonial serviram como referência geopolítica na delimitação posterior dos territórios nacionais. Com a emancipação das colônias latino-americanas, vastos espaços foram incorporados, sobretudo, àqueles projetados para uma apropriação futura, os chamados "fundos territoriais". Vale acrescentar que nem toda a extensão espacial, determinada na partilha entre as metrópoles, havia sido plenamente absorvida ao projeto colonial de ocupação e de exploração econômica. O estado monárquico brasileiro, proveniente do processo de independência, assumiu a estrutura de governo de sua ex-metrópole, o seu patrimônio territorial, herdando áreas de fronteiras incertas ou zonas fronteiriças.[2]

No caso brasileiro, o território herdado de Portugal originara do Tratado de Madri de 1750, quanto o da Argentina da criação do vice-reinado do Rio da Prata em 1778.[3] Além de herdarem grandes territórios, tanto à Argentina quanto o Brasil legaram as disputas seculares entre Portugal e Espanha.

---

1   Entre 1893 e 1895, ocorreu a Revolução Federalista no Rio Grande do Sul opondo facções políticas rivais naquele estado. De um lado os republicanos do Partido Republicano Rio-Grandense, que apoiavam o governo e do outro, os liberais do Partido Federalista, que defendiam a maior autonomia dos estados por meio de um regime parlamentarista. Com o envio das tropas governamentais à região, os revoltosos chegaram a se recuar na Argentina e no Uruguai. De todo modo, a revolta encerrada em junho de 1895, caracterizou-se pela violência empregada nos embates, sendo denominada de "revolta da degola". Além disso, contou com o apoio dos insurgentes da Revolta da Armada, que apoiaram os federalistas na luta na região de Desterro, em Santa Catarina. A Revolta da Armada foi uma represália de setores da Marinha, insatisfeitos com o governo do Marechal Deodoro da Fonseca. Em setembro de 1894, o governo de Floriano Peixoto com o apoio do Exército, a rebelião foi sufocada. No Rio de Janeiro, os combates ocorreram no mar nos navios dos revoltosos e naqueles novos navios de guerra comprados às pressas nos Estados Unidos.

2   Antonio Carlos Robert Moraes, *Geografia histórica do Brasil: capitalismo, território e periferia*. op. cit, p. 74-76.

3   O Tratado de Madri ampliou o território para regiões, em sua maioria, até então pouco povoadas ou do-

A fronteira entre Argentina e Brasil é fluvial, com exceção do trecho que compreende as nascentes dos rios Peperi e Santo Antônio, afluentes do Uruguai e do Iguaçu. Originalmente tais divisas foram definidas pelo Tratado de Madri firmado em 1750, a convenção constituiu a primeira tentativa de dirimir o litígio entre Portugal e Espanha no tocante dos limites de suas colônias, substituindo o antigo Tratado de Tordesilhas. Seria introduzido pelo diplomata Alexandre de Gusmão a doutrina da posse efetiva do solo e dos acidentes geográficos como limites naturais, ao invés das linhas convencionais.[4]

O governo português conquistava a ocupação das terras da margem oriental do Rio Uruguai e a posse da área que compreende o Rio Grande do Sul, renunciando algumas ilhas e cedendo também a Espanha a Colônia de Sacramento e o território da margem norte do Rio da Prata. Porém, se encontravam no chamado território das Missões aldeamentos indígenas organizados por jesuítas espanhóis que resistiam a passar para o domínio português, por outro lado, os portugueses recusavam-se a entregar a Colônia ao domínio espanhol.

Em 1761, o acordo do El Pardo revogava o de Madrid. Anos mais tarde, em 1777, um novo tratado foi ratificado, o de Santo Ildefonso, que devolvia a região dos Sete Povos das Missões, parte oeste do Rio Grande do Sul, à Espanha. Dessa forma o rio Uruguai tornava-se espanhol até a foz do Peperi. Em 1788, os comissários espanhóis procediam aos trabalhos de demarcação na região quando descobriram um novo rio que batizaram de Peperi, ao passo que a contra-vertente do rio que deságua no Iguaçu foi denominada de Santo Antônio. Tais rios configuravam nos mapas brasileiros com os nomes de Chopim e Chapecó, então, novas divergências surgiram sobre esse trecho da fronteira.

Em 1857, o conselheiro Paranhos, posteriormente, o Visconde do Rio Branco,[5] pai do Barão do Rio Branco, negociou um tratado limites com a Confederação Argentina.

---

minadas. Nesse caso, o Brasil permaneceu como continuador do domínio português, enquanto que a Argentina carecia de uma unidade territorial. Quanto ao vice-reinado do Prata, esse surgiu da reorganização de jurisdições preexistentes do império espanhol. Cf. Boris Fausto; Fernando J. Devoto. *Brasil e Argentina: um ensaio de história comparada (1850-2002)*. São Paulo: Ed. 34, 2004.

4   A doutrina das fronteiras naturais consistia numa seleção de acidentes geográficos, de tal modo conveniente a conjuntura histórica e aos projetos políticos. Cf. Demétrio Magnoli, *op. cit.*, p. 40.

5   José Maria da Silva Paranhos destacou-se como um dos expoentes do Partido Conservador. Iniciou a carreira política como deputado pelo Rio de Janeiro em 1848. A partir daí, acumulou mandatos como deputado, senador, conselheiro do Estado, ministro das pastas da Marinha, Guerra, Fazenda e Negócios Exteriores. Como presidente do Conselho de Ministros entre 1871 e 1875, considerado o mais longo do Segundo Reinado, empreendeu várias reformas, a exemplo da Lei do Ventre Livre, contrariando a vontade de seu partido. Desempenhou importantes missões diplomáticas na região do Prata desde 1850. Pela sua atuação nas negociações políticas depois da Guerra do Paraguai foi-lhe concedido diversas considerações. Sobre a sua atuação na política imperial, ver José Murilo de Carvalho, *Teatro de sombras: a política imperial.*,

O acordo diplomático determinava que a fronteira se originaria no rio Paraná, na confluência com o rio Iguaçu seguindo até a foz do rio Santo Antônio, atravessando a bacia do Iguaçu e do Uruguai, em direção ao rio Peperi-Guaçu, atingindo a margem direito do rio Uruguai até a embocadura do rio Quaraí.[6] Apesar de aprovado no Senado e na Câmara dos Deputados, o acordo diplomático não foi ratificado. As graves crises internas na Argentina, depois o seu envolvimento na Guerra da Tríplice Aliança contra o Paraguai dificultaram o seu efeito imediato.

Pouco tempo depois do fim desta guerra, em 1876, o governo brasileiro enviou em missão especial à Argentina, Francisco Xavier da Costa Aguiar de Andrada, o Barão de Aguiar de Andrada, com intuito de ratificar o tratado de 1857 ou estabelecer um novo acordo. Seguiram-se propostas e contrapropostas sem alcançar o sucesso esperado. O governo argentino manifestou dúvidas sobre a localização dos rios Peperi-Guaçu e Santo Antônio, que completavam a linha divisória entre os rios Iguaçu e Uruguai. Posteriormente, quando se estabeleceram duas colônias militares brasileiras nas proximidades dos rios Chapecó e Chopim, na então província do Paraná, o governo argentino defendeu como limites os rios Chapeco e Chopim.

A partir de 1881, considerava-se como litigioso a região a lese dos rios Peperi-Guaçu e Santo Antônio, a fronteira secular do Brasil, e a oeste dos rios Chapecó e Chopim, a fronteira reclamada pela governo argentino. Correspondia a maior parte da comarca de Palmas, entre os estados do Paraná e Santa Catarina, equivalente a uma área de cerca de trinta mil quilômetros.[7]

Em 1882, o governo imperial instalou colônias militares às margens dos rios Chapecó e Chopim. Como represália, o governo argentino criou a Província de Misiones, uma entidade política com administração própria, situado no limite da área litigiosa. Com o receio de invasão de autoridades argentinas no território ocupado pelo Brasil, retomaram-se as negociações entre os dois países, culminando na assinatura do tratado de 1885,[8] que determinava a criação de uma comissão mista brasileiro-argentina, encarrega-

---

op. cit. Ver também a biografia escrita por Álvaro da Costa Franco, Com a palavra, o visconde do Rio Branco: a política exterior no parlamento imperial. Rio de Janeiro: CHDD, Brasília: FUNAG, 2005.

6    MRE, "Relações entre o Brasil e a Confederação Suíça", Relatório do Ministério das Relações Exteriores, 1857, p. 22-23. Disponível em: <http://brazil.crl.edu/bsd/bsd/u2311/000024.html> Acesso em: 20 fev. 2013.

7    Cf. Arthur Guimarães de Araújo Jorge, Rio Branco e as fronteiras no Brasil: uma introdução às obras do Barão do Rio Branco. op. cit., 1999.

8    MRE, "República Argentina: Tratado para o reconhecimento dos rios Peperi-Guaçu e Santo Antonio e Chapeco e Chopim e do território entre eles compreendido", Relatório do Ministério das Relações Exteriores, 1885, p. 05. Disponível em: <http://brazil.crl.edu/bsd/bsd/u1600/000004.html>. Acesso em: 20 fev. de 2013.

da da exploração dos rios Peperi-Guaçu, Santo Antônio, Chapecó e Chopim. Integravam a comissão brasileira Guilherme Schüch Capanema, o Barão de Capanema, José Candido Guillobel e Dionísio Evangelista de Castro Cerqueira.[9]

Logo após a nomeação de Capanema, José Mauricio Wanderley, o Barão de Cotegipe, ministro dos Negócios Estrangeiros, deliberou os fins daquela missão. Advertia que as duas comissões mistas deveriam se encontrar na cidade de Montevidéu com objetivo de planejar o programa de trabalho, além disso, alertava sobre o período de chuvas que se aproximava, impedindo o começo dos trabalhos de reconhecimento até o mês de abril de 1887.[10] Cotegipe, em outra missiva, comunicava a cessão do recurso financeiro destinado ao comitê brasileiro, mas exigia relatórios e comprovantes dos gastos realizados.[11] No planejamento da viagem, o ministro relatou a compra de oito instrumentos técnicos científicos na Maison Richard Frères de Paris.[12] Assinalou ainda que o gasto com os provimentos da missão era de responsabilidade exclusiva do comitê brasileiro.[13]

Desde o início daquela década, vinham sendo noticiadas relatos sobre casos de agressão na área disputada, a exemplo dos confrontos ocorridos entre brasileiros e argentinos em outubro e em dezembro de 1882, quando grupos de militares brasileiros fardados transporam o rio Uruguai, perpetrando ações violentas e assassinatos no território argentino. No ano seguinte, dois cidadãos argentinos foram presos por forças policiais em Uruguaiana, uma região localizada no extremo oeste do estado do Rio Grande do Sul, contígua à fronteira fluvial entre a Argentina e o Uruguai.[14] Notícias disseminadas pelos jornais in-

---

9  *Idem*, "República Argentina: Exploração do território e dos rios em litígio com o Brasil. Trabalhos. Comissão Brasileira", *op. cit., op. cit.* Integravam também o comitê: os militares José Jardim, Frederico Ferreira de Oliveira, João do Rego Barros, além do secretário Estevão Joaquim de Oliveira Santos, o médico Ismael da Rocha, o farmacêutico Antônio Ribeiro de Aguiar, entre outros auxiliares e um grupo de soldados comandado pelo capitão Joaquim Fernandes de Andrade e Silva.

10  *Idem*, Carta de Barão de Cotegipe ao Barão de Capanema, 14 de agosto de 1886, Ofícios recebidos do chefe da comissão brasileira de limites (1886-1892), lata 429, maço 2, pasta 1.

11  *Idem*, Carta de Barão de Cotegipe ao Barão do Capanema, 04 de novembro de 1886, Ofícios recebidos do chefe da comissão brasileira de limites (1886-1892), lata 429, maço 2, pasta 1.

12  *Idem*, Carta de Barão de Cotegipe a Antônio Augusto Fernandes Pinheiro, Inspetor da Alfandega da Corte, 21 de dezembro de 1886. Ofícios recebidos do chefe da comissão brasileira de limites (1886-1892), lata 429, maço 2, pasta 1. Entre os objetos listados, encontram-se barômetros aneroides, psicrômetro, higrômetro, evapômetro, pluviômetro, anemômetro, actinómetro e termômetro.

13  *Idem*, Carta de Barão de Cotegipe ao Barão de Capanema, 30 de dezembro de 1886. Ofícios recebidos do chefe da comissão brasileira de limites (1886-1892), lata 429, maço 2, pasta 1.

14  MRE, "Prisão de Argentinos efetuada na cidade de Uruguaiana por autoridades da República". *Ministério das Relações Exteriores*, 1884, p. 5-8. Disponível em: <http://brazil.crl.edu/bsd/bsd/u1599/000007.html> Acesso em 31 jul. 2012.

formavam sobre a ocupação argentina na área litigiosa, principalmente sobre a criação de estabelecimento comerciais às margens do rio Paraná.[15] Em 1885, o ministro Souza Dantas cogitou a possibilidade de uma invasão territorial, visto que "(...) o Brasil está ameaçado de ser invadido pela República Argentina, porque de lá tem vindo e se tem introduzido em nossas povoações pessoas encarregadas de tirar plantas e fazer indagações sobre o uso de força, distâncias e recursos e que de tudo tomam nota".[16]

O líder da missão brasileira era uma figura conhecida do cenário intelectual e político dos Oitocentos, Guilherme Schüch Capanema, o Barão de Capanema. Considerado um expoente da elite letrada do Segundo Reinado, pertenceu aos quadros sociais de diversas associações científicas, envolveu-se também na implementação de uma cultura técnico-científica no Brasil, o seu nome está associado à introdução das linhas telegráficas. Capanema era filho do mineralogista austríaco Roque Schüch, professor no Museu Nacional de Viena. Por ocasião do matrimônio da arquiduquesa Leopoldina da Casa Austríaca de Habsburgo-Lorena com o príncipe D. Pedro I, ele veio ao Brasil como membro da comitiva estrangeira, a conhecida "Missão Austríaca", em 1817. Na Corte do Império, exerceu a função de bibliotecário particular de D. Leopoldina e de preceptor de alemão e de italiano dos filhos de D. Pedro I, posteriormente foi nomeado diretor do Gabinete Mineralógico de D. Pedro II.

Contemplado com uma bolsa de estudos concedida pelo imperador D. Pedro II, Capanema, aos dezessete anos, foi matriculado no Imperial Instituto Politécnico de Viena, na Áustria. Depois de formado em 1842, com uma nova bolsa concedida pelo monarca especializou-se na Escola de Minas de Freiberg, na Alemanha, então considerada uma das instituições mais prestigiadas da Europa. As cartas trocadas entre o monarca e Capanema, quando aluno do Imperial Instituto, demonstram um vínculo de amizade e de cordialidade, além disso os dois eram da mesma geração, com apenas uma pequena diferença de cerca de um ano de idade.[17]

Durante o período que estudou no exterior, Capanema manteve uma assídua correspondência com D. Pedro II, seu mecenas. Constatamos registros sobre o andamento dos seus estudos e informações de teor científico, a esse respeito há o relato de um cometa, cuja aparição não pôde ser observada pelos astrônomos austríacos, diferentemen-

---

15 AIH, "Os argentinos na província do Paraná", *Jornal do Commércio*, 29 de novembro de 1880, Limites com a Argentina (Questão das Missões), livro 346.3 .19.

16 *Idem*, Ofício reservado do ministro Manuel Pinto de Souza Dantas ao presidente de Santa Catariana, José Lustosa da Cunha Paranaguá, Visconde de Paranaguá, 26 de janeiro de 1885, lata 429, maço 1.

17 As cartas enviadas ao imperador D. Pedro II encontram-se na Coleção Capanema sob a guarda do Arquivo Histórico do Museu Imperial de Petrópolis (AHMI).

te do que ocorrera na América do Sul em 1843.[18] Além de narrar o andamento de seus estudos, aproveitou sua estadia no Velho Continente para visitar alguns países e discorrer sobre suas impressões de viagem pela Áustria, Bélgica e Alemanha.[19]

O jovem Capanema demonstrava apreensão sobre o seu futuro profissional, a seu pai comunicou que acordava constantemente com "melancólicos pressentimentos" e mencionava algumas intrigas.[20] Em que pese a preocupação juvenil, depois de formado, ingressou como docente na Escola Central do Rio de Janeiro, onde lecionou física, matemática e mineralogia até 1870. Integrou ainda o Museu Nacional como responsável pela seção de mineralogia, geologia e ciências. Entre 1855 e 1889, atuou como diretor da Repartição Geral dos Telégrafos. Na ocasião, foi responsável pela instalação e ampliação das linhas telegráficas durante o regime monárquico. Com o advento do novo regime político, a sua imagem, desgastada, estava associada ao Antigo Regime. Apenas dois dias após a Proclamação da República, Capanema relatou ao ex-monarca a preocupação com o sustento de sua família devido a destituição da direção da Repartição dos Telégrafos, demonstrou ainda solidariedade a D. Pedro II, que "prestou serviços ao Brasil".[21] Depois da exoneração, passou a trabalhar como consultor técnico de algumas companhias inglesas.[22]

Talvez um outro lado pouco conhecido é a sua atuação no processo de demarcação das fronteiras brasileiras, em especial com a Argentina. Na qualidade de diretor da Repartição Geral dos Telégrafos, Capanema encaminhou uma missiva, em 1882, ao presidente do conselho de ministros e ministro da fazenda, Martinho Álvares da Silva Campos. Naquela oportunidade, alertou sobre a necessidade de reforçar a segurança

---

18    AHMI, Carta do Barão de Capanema a D. Pedro II, Viena, 25 de maio de 1843. Coleção Capanema, Maço 106 – Doc. 5131.

19    *Idem*, Carta do Barão de Capanema a D. Pedro II, Paris, 02 de junho de 1848. Coleção Capanema, Maço 111 – Doc. 5455.

20    *Idem*, Carta do Barão de Capanema a seu pai, Viena, 25 de julho de 1843. Coleção Capanema, Maço 106 – Doc. 5131.

21    *Idem*, Carta de despedida do Barão de Capanema a D. Pedro II, imperador do Brasil, 17 de novembro de 1889. Coleção Capanema, Maço 200 – Doc. 9111

22    Sobre Guilherme Schüch Capanema, ver Sílvia Fernanda de M. Figueirôa, "Ciência e tecnologia no Brasil imperial: Guilherme Schüch, Barão de Capanema (1824-1908)". *Varia História*, Belo Horizonte, v. 21, n. 34, p .437-455, jul. 2005. Cf. também,  Mauro Costa da Silva, "A telegrafia elétrica no Brasil Império: ciência e política na expansão da comunicação". *Revista Brasileira de História da Ciência*, Rio de Janeiro, v. 4, n. 1, p. 49-65, jan.-jun. 2011. Nascido em 17 de janeiro de 1824, na Cidade de Mariana, Minas Gerais, Guilherme Schüch Capanema era filho do mineralogista Roque Schüch e de Josefina Roth. Seu pai acrescentou o sobrenome Capanema, nome de uma vila próximo a Ouro Preto, devido a dificuldade em se pronunciar o seu sobrenome Schüch.

do rio Uruguai. Apreensivo, advertia a possibilidade de um ataque argentino na região do Rio Grande. Cogitou a viabilidade do transporte de pedras em navios argentinos a serem dinamitadas naquele rio, obstruindo e isolando a região do resto do território brasileiro. Aconselhou, ainda, a criação de uma via férrea entre as províncias de Santa Catarina e de Porto Alegre, suspendendo o prolongamento da Estrada de Ferro D. Pedro II. No seu entendimento, tratava-se de uma "(...) estrada de máxima importância política e a maior garantia para a conservação da integridade do Império".[23] Além disso, previa a utilização do rio Paraná pelos argentinos, alcançando as províncias do Paraná, de Santa Catarina e de São Paulo.

A possível invasão argentina no Paraná suscitaria o desmembramento do sul do território, transformando a província em um "teatro de guerra". Por esta razão, idealizou um projeto geoestratégico que envolvia a abertura de uma estrada entre Joinville e São Bento até a vila do Rio Negro, a partir daí o rio seria navegável até Palmas. Visava, ainda, o estabelecimento de um posto aduaneiro em São Francisco do Sul, com objetivo de controlar o movimento comercial e favorecer a integração regional. Para Capanema, a implantação do telégrafo seria inútil em caso de invasão, pois serviria apenas como um alarme. O perigo concentrava-se na região de Palmas e no rio Paraná, pois o rio Uruguai estaria incólume na margem brasileira. Para concluir, recomendava ao conselheiro Martinho Campos o recurso do arbitramento na questão de limites com a Argentina.

Em que pese a sua indicação pelo artifício do arbitramento ao governo imperial, alguns anos depois Capanema aceitou a nomeação para o cargo de primeiro comissário da comissão de reconhecimento do território e rios em litígio entre o Brasil e a Argentina. Em carta enviada ao ministro Barão de Cotegipe, informava sua viagem a Montevidéu no vapor Galícia.[24] Naquela cidade, ao lado da comissão argentina, organizou os preparativos das explorações dos rios e do território compreendido entre Santo Antonio, Peperi-Guaçu, Chopim e Chapecó. Previa que a comissão mista deveria se separar e se reencontrar em março ou abril do ano seguinte.[25] A notícia sobre a missão no território litigioso também foi publicada na Sociedade de Geografia.[26]

---

23 AHMI, Carta do Barão de Capanema a Martinho Campos, Rio de Janeiro, 23 de maio de 1882. Coleção Barão de Capanema, Maço 187 – Doc. 8495.

24 *Idem*, Carta de Capanema ao Barão de Cotegipe, Rio de Janeiro, 19 de agosto de 1886. Ofícios recebidos do chefe da comissão brasileira de limites (1886-1892), lata 429, maço 1, pasta 1.

25 AIH, Carta do Barão de Capanema ao Barão de Cotegipe, 09 de setembro de 1886. Ofícios recebidos do chefe da comissão brasileira de limites (1886-1892), lata 429, maço 1, pasta 1.

26 SGRJ, "Os limites das Missões", Noticiário, *Revista da SGRJ*, Rio de Janeiro, n. 1, t. 3, 1887, p. 72.

Na primeira reunião do comitê misto, realizado em Palmas, se planejou a execução dos trabalhos para o início de março de 1887. Antes do começo das explorações dos rios, funcionários da Repartição dos Telégrafos foram cedidos para executar a abertura de picadas às margens dos rios, onde não fosse possível a utilização das canoas, de modo que não se interrompesse as operações topográficas dos integrantes da equipe brasileira. Há o registro também da cessão de diversos instrumentos técnico-científicos da Repartição, a exemplo de vinte e três caixas com aparelhos fotogramétricos.[27] A comissão argentina atrasou-se para chegar em Palmas, devido a uma quarentena estabelecida na fronteira do Rio Grande. Somente em junho de 1887 a comissão mista se reencontrou e deliberou pela subdivisão do grupo em quarto turmas compostas por brasileiros e argentinos. Acompanhavam, ainda, o grupo brasileiro, quarenta e nove praças.

Integravam a primeira turma os brasileiros Dionísio Evangelista de Castro Cerqueira, João de Rego Barros e Antônio Leite Ribeiro. O objetivo desse grupo era explorar o rio Peperi-Guaçu, desde a sua cabeceira principal até o rio Santo Antônio, alcançando o rio Iguaçu. A segunda turma era composta pelos brasileiros José Cândido Guillobel e Frederico Ferreira de Oliveira. Cabia a esta equipe a exploração do Uruguai ou Pequiri-Guaçu ou Chapecó até as suas cabeceiras, seguindo para Santo Antônio-Guaçu ou Chopim até Balsa. A terceira turma composta por José Jardim, Sebastião Basílio Pinho e Teodoro Klene deveria partir de Balsa, nas proximidades do Chopim, seguir pelo rio Iguaçu até a boca do São Francisco. A última turma liderada pelos chefes da comissão mista, o Barão de Capanema e o coronel José Garmendia e seus auxiliares, ocupou-se dos trabalhos geodésicos, em especial os trabalhos de determinação dos pontos cardeais.

Capanema relatou algumas dificuldades enfrentadas pelo seu grupo. Uma delas foi a dificuldade da determinação exata das longitudes, afirmou que o transporte dos cronômetros pelos rios acidentados atrapalhava o seu funcionamento e, consequentemente, a possibilidade das observações astronômicas. Desse modo, o seu grupo escolheu Palmas como o centro de suas operações. Naquela localidade, com auxílio do telégrafo, o comitê registrou a hora exata necessária para a realização das medições daquelas distâncias. Outro método citado por Capanema foi a triangulação geodésica. Com objetivo de evitar possíveis erros na exploração do Jangada, o governo brasileiro novamente solicitou a exploração das cabeceiras dos rios Jangada ou Santo Antônio- Guaçu e Pequiri-Guaçu ou Chapecó e seus contra-vertentes, sendo finalizada em janeiro de 1890.[28]

---

27  AIH, Ofício do Barão de Cabo Frio ao inspetor da alfândega do Corte, 30 de março de 1887. Ofícios recebidos do chefe da comissão brasileira de limites (1886-1892), lata 429, maço 5, pasta 1.

28  AIH, *Relatório da Comissão Brasileira de Limites com a República Argentina*, lata 429, maço 6, pasta 1.

INTELECTUAIS, MILITARES, INSTITUIÇÕES NA CONFIGURAÇÃO DAS FRONTEIRAS BRASILEIRAS (1883-1903)

Apesar do Barão de Capanema destacar em seu relatório final o clima de harmonia e de tranquilidade que prevaleceu entre os integrantes da comissão mista, no início dos trabalhos a reação foi diferente. As cartas enviadas ao ministro das relações exteriores registram críticas à morosidade dos argentinos e à falta de experiência daquela equipe. Para Capanema "(...) o erro dos argentinos foi para chefe da comissão um perfeito cavaleiro, animado dos melhores desejos e com qualidades excelentes, infelizmente nada entendendo do serviço que tem de dirigir".[29] Em outra missiva, relatou o despreparo da comissão argentina para a realização do trabalhos técnicos no rio Santo Antônio, visto que não haviam programado antecipadamente a aquisição das embarcações necessárias, ao ponto de afirmar que "(...) eles têm por costume guardar todos os preparativos para última hora, o mesmo fizeram com as canoas".[30]

Ao longo das atividades de demarcação dos limites iniciadas nos últimos anos do regime monárquico, as equipes enfrentaram dificuldades climáticas, a exemplo das chuvas constantes, resultando em enfermidades e em falecimentos. Outro problema relatado consistia na sinuosidade dos rios que atrapalhavam a navegação das canoas. A ineficiência da equipe argentina e dos soldados eram alvo das censuras de Capanema em diversas missivas. Ao que parece, os resultados na demarcação dos rios e na confecção dos mapas pelos argentinos eram sempre conflitantes com os resultados da equipe brasileira. Não por acaso, o governo brasileiro solicitou a reexploração do rio Jangada. Além disso, como se tratava de uma região litigiosa, alguns indivíduos aproveitaram da situação para vender terras no Campo Erê, segundo o comissário brasileiro tratava-se de "(...) especulação para revender essas terras a República e faz-la povoar de argentinos".[31]

Vale acrescentar que os rumores de cessão territorial inquietaram a imprensa brasileira e a opinião pública. Abandonado o projeto de partilha territorial pelo Conselho de Estado de D. Pedro II, as negociações prosseguiram culminando na assinatura do Tratado de 07 de setembro de 1889. O acordo determinava a submissão da contenda ao arbitramento do presidente dos Estados Unidos, caso os dois governos não concordassem com os dados levantados pela comissão mista brasileiro-argentino de reconheci-

---

29  *Idem*, Carta reservada do Barão de Capanema ao ministro das relações exteriores, 05 de novembro de 1887. Ofícios recebidos do chefe da comissão brasileira de limites (1886-1892), lata 429, maço 1, pasta 1.

30  *Idem*, Carta do Barão de Capanema ao ministro das relações exteriores, 15 de outubro de 1887, maço 2, pasta 2. Ofícios recebidos do chefe da comissão brasileira de limites (1886-1892), lata 429, maço 1, pasta 1.

31  *Idem*, Carta de Barão de Capanema ao ministro das relações exteriores, 07 de fevereiro de 1888. Ofícios recebidos do chefe da comissão brasileira de limites (1886-1892), lata 429, maço 1, pasta 1.

mento e de exploração dos rios Chapecó ou Peperi-Guaçu e Jangada ou Santo Antônio no prazo de noventa dias.[32]

Com a proclamação da República em 15 de novembro de 1889, o governo provisório deparou-se com a questão dos limites territoriais brasileiros, mas manteve o programa do governo imperial de fixação das divisas brasileiras com os países vizinhos, voltando-se para a Argentina, cuja linha divisória constituía de uma seção entre os rios Uruguai e Iguaçu. Em meio a um clima de confraternização, visando estabelecer uma nova política externa, o novo regime acatou a divisão do território contestado proposta pelo ministro argentino, Enrique Moreno no Rio de Janeiro em fevereiro daquele ano. O acordo proposto, inicialmente, já havia sido rejeitado pelo regime imperial, e ignorava os trabalhos em curso da comissão demarcatória brasileira liderada pelo Barão de Capanema, que não havia sido exonerado da missão. Em 1891, o Congresso Nacional não ratificou os termos do acordo assinado, o Tratado de Montevidéu, por Quintino Bocaiúva, ministro do Ministério das Relações Exteriores do governo provisório. Aliás Bocaiúva viria defender sua posição sobre o assunto em diversos artigos publicados no periódico *O Paiz*, sob a epígrafe "Na Defensiva", entre 15 de dezembro de 1891 e 13 de janeiro de 1892.[33] Com a posse de Deodoro da Fonseca, ele haveria de ser substituído por Justo Leite Chermont. Regressava-se ao acordo de 1889, que submetia o litígio ao arbitramento do presidente norte-americano.

Uma outra figura de destaque nos debates travados no Congresso Nacional foi Dionísio Evangelista de Castro Cerqueira.[34] Natural da Vila de Curralinho, atual cidade de Castro Alves, na Bahia, Dionísio Evangelista de Castro Cerqueira era primo do poeta abolicionista Antônio Frederico de Castro Alves, autor de *Navio negreiro* (1869), entre outros. Quando eclodiu a Guerra do Paraguai (1860-1865), Dionísio Evangelista de Castro Cerqueira, matriculado na Escola Central do Largo de São Francisco do Rio de Janeiro, interrompeu os estudos e decidiu assentar praça como soldado voluntário aos

---

32 MRE, "Questão de limites: arbitramento", *Relatório do Ministério das Relações Exteriores*, 1891, p. 7. Disponível em <http://brazil.crl.edu/bsd/bsd/u1606/000005.html> Acesso em: 20 mar. 2013.

33 AIH, "Na defensiva", Quintino Bocaiúva, lata 856, maço 3, pasta 5.

34 Sobre Dionísio Evangelista de Castro Cerqueira, ver Argeu Guimarães, *Dicionário biobibliográfico brasileiro de diplomacia, política externa e direito internacional*. Rio de Janeiro: Editora do Autor, 1938, p. 122-123. IHGB, *Dicionário biobliográfico de historiadores, geógrafos e antropólogos brasileiros*, preparado por Vicente Tapajós, Carlos Werhs, Elysio de Oliveira Belchior, Pedro Tórtima e Vitorino Chermont de Miranda. Rio de Janeiro: o instituto, 1992-1996, v. IV, p. 46. Arquivo do Exército, Palácio Duque de Caxias. *Fé de Ofício do Sr. General de Brigada*, D. E. C. Cerqueira, Estado Maior do Exército, 5 abr. 1909.

dezessete anos de idade. Ao retornar, em 1870, na qualidade de tenente, reingressou na Escola Central, onde prosseguiu aos estudos de engenharia militar formando-se em 1874.

Em 1876, transferido para o Ministério da Agricultura, envolveu-se no plano de construção da rede de abastecimento de água do Rio de Janeiro. Dois anos depois, incumbido pelo Ministério dos Negócios Estrangeiros, atual Ministério das Relações Exteriores, integrou a comissão brasileira demarcatória de limites com a Venezuela entre 1880 e 1884. Quando regressou, foi nomeado o encarregado de obras militares na província de Pernambuco. Foi novamente designado pelo Ministério dos Negócios Estrangeiros, desta vez, em 1886, para integrar a comissão brasileira demarcatória de limites com a Argentina. Em 1890, viajou para o sul do país, onde assumiu o posto de comandante da Escola Militar no Rio Grande do Sul. Com o advento do regime republicano, elegeu-se também deputado federal pela Bahia e participou da Assembleia Constituinte de 1891, instituída pelo Governo Provisório do Marechal Deodoro da Fonseca (1889-1891).

Um ano após a divulgação do laudo estadunidense favorável ao Brasil, o General Dionísio foi nomeado Ministro das Relações Exteriores do primeiro governo civil republicano de Prudente de Moraes (1894-1898). Durante a sua administração entre 1896 e 1898, o então Ministro Dionísio negociou acordos de extradição com a Itália e um tratado de limites com a França, esse último no âmbito da região disputada entre o território brasileiro e a Guiana Francesa, conhecida como "Questão do Amapá" ou "Contestado Franco--Brasileiro". Entre 1901 e 1904, assumiu a chefia de uma nova comissão demarcatória de limites com Argentina, prevista no Protocolo do ano de 1900, adenda ao Tratado de Limites de 1898 firmado entre as duas nações, que previa a demarcação de determinadas áreas até então não definidas.

Mas, naquela oportunidade, em 1891, eleito deputado pelo estado da Bahia, Dionísio foi escolhido como o relator do parecer da Comissão Especial criada para examinar o Tratado de Montevidéu, que partilhava a região em litígio disputada entre o Brasil e a Argentina. Em 26 de junho de 1892, encaminhou ao ministro das relações exteriores, Justo Leite Chermont, um documento, uma espécie de relatório contendo um breve histórico sobre a controvérsia territorial e informações detalhadas sobre os rios envolvidos. Com muita propriedade, discorreu sobre a região litigiosa e refutou às pretensões argentinas, demonstrando conhecimento sobre àquela área, dado que conhecera pessoalmente àquela zona de fronteira como integrante da comissão liderada pelo Barão de Capanema. Revelou que a região era habitada por brasileiros, criticava a cessão de parte do estado Paraná, o Campo Erê, uma área militarmente estratégica. Por esta razão, justificava a posição adversa ao tratado de 25 de janeiro de 1890 no Congresso. Para comprovar suas premissas, recordava os trabalhos do comitê brasileiro realizados em 1887, quando evidenciou que:

> (...) o rio Santo Antonio-Guassu do geógrafo espanhol Oyárvide não é o Santo Antonio-Guassu do tratado de 1885 ou Chopim e sim o rio Jangada; os argentinos exigiram exploram em comum, pretendendo desta deslocar o limite do território litigioso para o nascente, aumentando consideravelmente a área contestada.[35]

O novo governo ansiava uma nova imagem desarraigada daquela desgastada, atrelada à busca pela hegemonia no sul do continente difundida entre os países vizinhos. No caso da Argentina, a diplomacia imperial encarava o rio da Prata como um espaço geopolítico e buscava conter qualquer avanço expansionista daquele país. O governo daquele país preconizava o estabelecimento de uma república que envolvesse Bolívia, Paraguai e Uruguai sob sua hegemonia. Para o governo imperial, a existência dos estados soberanos do Paraguai e do Uruguai garantiria a internacionalização dos rios Uruguai, Paraguai e Paraná. Uma possível disputa com a Argentina impediria a livre navegação dos rios platinos, prejudicando a comunicação com o distante Mato Grosso. A situação mudaria a partir de 1912, quando o acesso a região se daria por terra. Até então, as comunicações entre Mato Grosso e o Rio de Janeiro eram geralmente lentas e realizadas à cavalo. O contato com a capital efetuava-se por meio de barcos no estuário platino, que seguiam pelos rios Paraná e Paraguai até a província do Cuiabá.[36]

Ao que parece, predominava no pensamento dos novos donos do poder uma visão idealista da política externa, pautada na irmandade americana e na convergência de interesses comuns.[37] A propósito, nas últimas décadas do regime monárquico prevalecia uma política de aproximação relativa com os Estados Unidos, coerente com o momento em que aquele país pretendia desempenhar o papel hegemônico na América, destacando-se também no cenário mundial.

Desse modo, o Brasil viria a participar da Primeira Conferência Pan-Americana realizada em Washington. A agenda do certame iniciado em outubro de 1889 contava com uma agenda ambiciosa, visava estabelecer uma união aduaneira comum, a modernização das comunicações, ampliar as estradas de ferro, unificar a legislação comercial, entre outras medidas. Pretendia-se, sob a égide ideológica do pan-americanis-

---

35  AIH, Dionísio Evangelista de Castro Cerqueira, "Comissão de limites entre a República dos Estados Unidos do Brasil e a Argentina", *Capital Federal*, 26 jun. 1891. Diário da Comissão Mista Brasileira-Argentina e Atas de suas conferências, lata 431, maço 4.

36  Francisco Doratioto, "Rio Branco e a Questão de Palmas", In: MRE, *Obras do Barão do Rio Branco 1: questões de limites República Argentina*. Brasília: Funag, 2012, p. 36-37.

37  Francisco Doratioto, "O Brasil no mundo", In: Lilian Schwarcz (Org.) *A abertura para o mundo (1889-1930)*. Rio de Janeiro, Madrid: Objetiva; Fundación Mapfre, 2012, p. 137.

INTELECTUAIS, MILITARES, INSTITUIÇÕES NA CONFIGURAÇÃO DAS FRONTEIRAS BRASILEIRAS (1883-1903)

mo garantir uma reserva de mercado e uma fonte de produtos primários, restringindo a influência europeia no continente, sobretudo inglesa. De acordo com esta ideologia, caberia aos Estados Unidos liderar os países que integram o continente americano seguindo os ideais da Doutrina Monroe.[38]

A mudança de regime em novembro de 1889 afetou a participação brasileira no evento, uma vez que as instruções preparadas pela monarquia eram contrárias aos objetivos dos americanos. Com a queda da monarquia, a chefia da delegação brasileira passou a Salvador de Mendonça, com a orientação de dar um "espírito americano" à atuação brasileira. Neste sentido, a república recém-instaurada representou uma ruptura com relação ao distanciamento que a monarquia mantinha em relação aos Estados Unidos.[39]

De acordo com artigo 2°. do Tratado de 07 de setembro de 1889, o presidente dos Estados Unidos foi designado como árbitro do dissídio litigioso da região de Palmas. A missão de defesa dos direitos do Brasil foi confiada a Francisco Xavier da Costa Aguiar de Andrada, o Barão de Aguiar de Andrada, que viria a falecer em Washington em março de 1893. Integravam a sua equipe os militares Dionísio Cerqueira e Cândido Guillobel. Na ocasião, o vice-presidente em exercício, o Marechal Floriano Peixoto, por meio de um decreto, nomeou como enviado extraordinário e ministro plenipotenciário em missão especial junto ao governo dos Estados Unidos, José Maria da Silva Paranhos, o Barão do Rio Branco.

Em 1893, o Barão do Rio Branco encontrava-se em Liverpool, onde desde 1876 exercia as funções de cônsul-geral do Brasil. Nesse longo período que esteve no estrangeiro, o Barão mantinha-se informado sobre os últimos acontecimentos da sua pátria por meio de jornais e pelo intercâmbio de correspondências com seus compatriotas. Ademais, conservou desde então uma estreita relação com a imprensa de sua época: foi colaborador, jornalista e correspondente em diferentes jornais e revistas, a exemplo do periódico francês *L'Illustration* e o *Jornal do Brasil*. Não por acaso, escreveu sobre temas que considerava importantes sobre o Brasil, publicou notas ou artigos assinados ou sob a forma de pseudônimos. Incumbido da defesa do Brasil nas questões de limites com Argentina e com a França, acompanhava as reações da imprensa do Rio de Janeiro e a repercussão no plano internacional.

---

38 Como resposta à política adotada pelos restauradores da Santa Aliança (Áustria, Rússia e França), a doutrina formulada pelo presidente norte-americano James Monroe, em 1823, preconizava a desaprovação da intervenção europeia no continente americano. Com isso, impedia-se a possibilidade da recolonização dos países americanos recém-independentes. Ao impedir a interferência europeia, os Estados Unidos selavam sua hegemonia no continente.

39 Sobre isso ver Luís Cláudio Villafañe G. Santos, *O evangelho do Barão*, op.cit., p. 55-60.

Na pesquisa desenvolvida, cotejamos parte de sua correspondência pessoal e oficial, relativa à sua missão nos Estados Unidos entre 1893 e 1895, localizada no Arquivo Histórico do Itamaraty. Outras fontes, tais como jornais, documentos diplomáticos e relatos memorialistas possibilitam compreender o cotidiano de Rio Branco. As cartas constituem uma prática escrita que integra a produção de textos de muitos intelectuais Oitocentistas, a exemplo do Barão do Rio Branco. A troca de correspondências oficiais, sigilosas ou particulares é um espaço revelador de ideias, projetos, opiniões, interesses e sentimentos. Segundo a historiadora Ângela de Castro Gomes, estabelece "uma escrita de si que constitui e reconstitui suas identidades pessoais e profissionais do decurso da troca de cartas".[40] Uma teia de sociabilidades, personalidades com quem trocou correspondências solicitando documentos para elaboração dos argumentos para a memória brasileira.

Com o propósito de levantar documentação necessária para a redação da exposição de motivos do Brasil, inicialmente o Barão estabeleceu contato com representantes das legações diplomáticas em outros países e com responsáveis pelas bibliotecas e arquivos históricos na França, Inglaterra, Portugal, Espanha e Estados Unidos. Em abril de 1893, visitou o Museu Britânico em Londres, a Seção de Cartas da Biblioteca Nacional de Paris, o Depósito de Cartas e Plano da Marinha e o Depósito Geográfico do Ministério das Negócios Estrangeiros da França. O Barão encaminhou uma missiva confidencial ao seu amigo, o ministro do Brasil em Lisboa, César Viana de Lima, na qual demonstrava-se surpreendido com a sua nomeação e com a súbita viagem para os Estados Unidos, pois o afastaria do convívio familiar:

> (...) esta viagem é para mim um grande transtorno, porque vou para muito longe da minha família e terei de romper com hábitos que adquiri durante muitos anos de vida retraída. Mas não pude recusar o convite que me foi feito para colaborar no desfecho, tratado por meu pai em 1857, pois conhecendo o assunto como conheço (...) eu não tinha o direito de recusar-me por motivo de comodidade pessoal, desde que essa comissão é temporária e apenas durará alguns meses.[41]

Logo após a sua nomeação, manteve-se ocupado pela redação de missivas dirigidas aos representantes de outras legações no exterior. Em carta endereçada ao secretário da legação no Vaticano, Henrique Carlos Ribeiro Lisboa, comunicava que possuía pouco

---

40 Ângela de Castro Gomes, "Em família: a correspondência entre Oliveira Lima e Gilberto Freyre", In: Ângela de Castro Gomes (Org.), *Escrita de si, escrita da história*. Rio de Janeiro: FGV, 2004, p. 52.

41 AHI, Carta confidencial ao ministro do Brasil em Lisboa, Paris, 10 de maio de 1893. Limites com a Argentina (Questão das Missões), livro 346.2.3.

tempo disponível para o levantamento de livros, mapas e demais papéis necessários para elaboração do "memorandum".[42] Depois de pesquisar nos acervos do Museu Britânico e na Biblioteca Nacional de Paris, além de contatar outros arquivos, a exemplo do Ministério dos Negócios Estrangeiros, se reportou ao ministro do Brasil em Washington, Salvador de Mendonça. Em resposta ao telegrama enviado, noticiava o pouco tempo disponível para viajar a Madrid e Portugal em busca dos documentos necessários, além de mencionar a desordem que prevalecia em tais arquivos. Demonstrava, ainda, preocupação com a repercussão nacional da imbricada questão com a Argentina entre alguns compatriotas, como o Barão de Capanema. Segundo Rio Branco:

> (...) a questão era muito simples, quando estudada com método, à vista dos mapas e das diferentes demarcações, mas alguns compatriotas nossos, entre os quais o Barão de Capanema a tem embruxado e complicado bastante. Eu devo uma resposta a Capanema por ter censurado e querido corrigir certas proposições do meu pai no memorandum de 1857. Não respondi logo para não parecer que estava me recomendando para esta missão. Ficará para depois da sentença arbitral.[43]

Apesar de destituído de sua função na Repartição dos Telégrafos e de ter a sua imagem associada ao Antigo Regime, Capanema continuou a participar dos debates sobre a fronteira com a Argentina. Em 1892, ao ministro das relações exteriores encaminhou um conjunto de mapas, atlas e um relatório, um farto material derivado dos trabalhos da comissão demarcadora brasileira. Na ocasião, reproduziu cinco mil exemplares heliografados da carta reduzida da área litigada.[44] Aproveitou ainda a oportunidade para relembrar que os trabalhos poderiam ter sido finalizados em março de 1890, caso o governo provisório não tivesse suspendido suas atividades.[45]

No ano seguinte, há o registro da publicação da obra *Pretensões argentinas na questão de limites com o Brasil*, que resumia algumas observações de sua experiência pessoal como chefe da Comissão Mista de Limites. Nesse trabalho, comparou dois mapas,

---

42    *Idem*, Carta ao secretário da legação do Brasil junto ao Vaticano, Henrique Carlos Ribeiro Lisboa, Paris, 10 de maio de 1893. Limites com a Argentina (Questão das Missões), livro 346.2.3.

43    *Idem*, Carta ao ministro do Brasil em Washington, conselheiro Salvador de Mendonça, Paris, 11 de maio de 1893. Limites com a Argentina (Questão das Missões), livro 346.2.3.

44    *Idem*, Carta de Barão de Capanema ao ministro das relações exteriores, 22 de setembro de 1890. Ofícios recebidos do chefe da comissão brasileira de limites (1886-1892), lata 429, maço 01, pasta 01.

45    AIH, Ofício do Barão de Capanema ao ministro Inocêncio Serzedelo Correia, 19 de fevereiro de 1892. Ofícios recebidos do chefe da comissão brasileira de limites (1886-1892), lata 429, maço 01, pasta 01.

um organizado pelo engenheiro da comissão de demarcadora argentina Valentin Virasoro e outro pelo advogado da causa argentina, o ex-ministro das relações exteriores Estanislau Zeballos. Alertou sobre uma suposta adulteração naquele elaborado por Zeballos, então apresentado ao Congresso Brasileiro. Para Capanema, a carta subtraía intencionalmente alguns rios e alterava a denominação de outros, como o Peperi e seus afluentes. Recordava que o Peperi, usado como referência para o tratado de 1750, já era um velho conhecido. Lembrava que o nome mudou para Peperi-Guaçu em 1789, com objetivo de não ser confundido com seu maior afluente, o Peperi-Mini. Com intuito de divulgar suas impressões sobre o tema para o público, ele doou dois exemplares do seu trabalho para a redação do *Jornal do Commércio*.[46]

Em meio à agitação política, o Barão do Rio Branco, a bordo do vapor Teutonic, partia para a cidade de Washington, nos Estados Unidos. Em junho de 1893, Rio Branco já incorporava a sua pesquisa um conjunto de documentos e de estudos anteriores sobre a região em litígio, considerados indispensáveis, do porte da obra *Apontamentos relativos à negociação do Tratado de Limites do Império com a Confederação Argentina*, de autoria de Duarte da Ponte Ribeiro, publicada em 1876. Tão logo instalado deu continuidade a intensa atividade epistolar com diversas personalidades e importantes estudiosos. Nesse círculo de amizades, podemos destacar as figuras dos franceses Élisée Reclus, Émile Levasseur e Henri Coudreau, e de seu amigo Capistrano de Abreu. O exame dessas relações permite compreender os espaços de sociabilidades do final do século XIX e as articulações criadas com autores estrangeiros, identificando àqueles que contribuíram nas elaborações teóricas, assim como para a fundamentação das suas pesquisas.

Ao assumir o comando da missão, tratou de dispensar o advogado norte-americano William M. Ivins, contratado pelo Barão de Aguiar de Andrada para preparar a memória de defesa do governo brasileiro. Integravam a sua equipe, além de Domício da Gama como segundo secretário; Charles Girardot, como professor de inglês e tradutor e John Basset Moore, como assessor jurídico. Esse último havia atuado como secretário e assistente jurídico do Departamento de Estado dos Unidos e, a partir de 1891, atuava como professor catedrático de Direito Internacional da Universidade de Columbia.

Sob a posse do advogado William Ivins se encontravam documentos originais e reproduções, tais como manuscritos e mapas pertencentes ao acervo da Biblioteca Nacional e do Arquivo da Secretária do Ministério das Relações Exteriores. Além disso, outros documentos importantes estavam depositados no American Bank Note

---

46  *Idem*, Barão de Capanema, "A questão das missões", *Jornal do Commércio*, 24 de junho de 1893. Limites com a Argentina (Questão das Missões), livro 346.2 .19.

Company. Depois de dispensado da função, Ivins viajou para Inglaterra. Preocupado com as possíveis consequências, como extravio ou documentos serem entregues aos argentinos, Rio Branco solicitou a intervenção direta do ministro do Brasil em Londres, João Arthur de Souza Correa. O Barão alimentava certa apreensão em relação situação, para ele, tratava-se de "(...) um grande erro meter nessas coisas da missão semelhante advogado administrativo e político. Além de advogado, ele é industrial e está metido em muitos negócios complicados".[47] Argumentava com o ministro da relações exteriores, que ele conhecia a questão e que necessitava de um copista e um tradutor de confiança, "(...) não podia concordar em que um advogado estrangeiro redigisse trabalho que deve ser feito pela missão especial do Brasil".[48]

Em 08 de junho de 1893 foi recebido na Casa Branca pelo então presidente do, Estados Unidos, Grover Cleveland. Organizado pelo Barão, o livro que contém os esboços de suas cartas, depositadas no Arquivo Histórico do Itamaraty, demonstra o cuidado e a preocupação com certos detalhes. Rio Branco registrara no livro fotos da Casa Branca, em especial da Sala da Sul, onde foi recebido pelo presidente. Naquela oportunidade, traduziu o discurso realizado pelo presidente norte-americano aos dois enviados especiais, o Barão do Rio Branco e Nicolas Calvo:

> (...) A vossa missão tendo o elevado fim da fixação de limites ainda incerto entre o Brasil e a República Argentina pelo método pacífico e justo do arbitramento, é uma das que vivamente se recomendam por si mesmas a simpatia do governo e do povo dos Estados Unidos, há tempo firmes advogados desse modo que se compor divergências internacionais, e peço para assegurar vos que não sou insensível à confiança que assim se manifestam as duas nações.[49]

Além das correspondências oficiais entre os representantes das legações e o ministro da pasta das relações exteriores, vez por outra o Barão noticiava informações de foro íntimo. Em carta a Salvador de Mendonça, ministro em Washington, lamentava-se das "fortes

---

47 AIH, Carta muito reservada ao ministro do Brasil em Londres, João Arthur de Souza Correa, Nova York, 10 de julho de 1893. Limites com a Argentina (Questão das Missões), livro 346.2.3.

48 *Idem*, Carta confidencial ao ministro das relações exteriores, Nova York, 03 de julho de 1893. Limites com a Argentina (Questão das Missões), livro 346.2.3.

49 AIH. Anexo n. 3 ao ofício de 14 de junho de 1893, dirigido à 1ª. Seção, sob o n. 11, pela Missão Especial do Brasil em Washington. Tradução dos discursos proferidos na audiência de 08 de junho de 1893 em que o presidente dos Estados Unidos, Grover Cleveland, recebeu o Barão do Rio Branco, enviado extraordinário e ministro plenipotenciário em Missão Especial do Brasil. Limites com a Argentina (Questão das Missões), livro 346.2.3.

dores reumáticas" que o afligiam e o limitavam de andar.[50] Envolvido com a pesquisa documental e a redação da exposição de motivos para a defesa do Brasil, a situação política que o país atravessava foi alvo da pena do Barão. O desequilíbrio político e administrativo do governo de Floriano Peixoto provocou uma troca de ministros da pasta das relações exteriores.

Assim, desde a nomeação de Rio Branco em abril de 1893 até a publicação do laudo arbitral em 1895, o cargo foi ocupado por Antônio Francisco de Paulo Souza, Felisberto Firmino de Oliveira Freire, João Filipe Pereira e Alexandre Cassiano do Nascimento.[51] Aparentemente, a instabilidade no Ministério das Relações Exteriores, entre 1889 e 1902, refletia a ausência de orientação da política externa com a inauguração do novo regime. Argumenta-se ainda que os ministros escolhidos para a pasta das Relações Exteriores não eram ligados à diplomacia ou eram pouco afeitos aos temas de natureza da política externa. Ao que parece, pouco prestígio possuía o Ministério das Relações Exteriores, pois recebia uma pequena verba para manutenção de suas legações no exterior. De todo modo, de fato, o novo governo buscou romper com a política exterior adotada pelo Antigo Regime.[52]

Apesar do ofício dirigido ao presidente Floriano Peixoto, no qual asseverava a vitória e agradecia a sua nomeação na missão,[53] o Barão seria surpreendido com uma censura recebida. Derrubado o regime vigente 1889, iniciou-se uma fase de reformulação com objetivo de estabelecer as diretrizes do novo governo. A imagem do Barão do Rio Branco estava ainda associada ao regime deposto. Por esta razão, o seu trabalho em Washington causava certa desconfiança aos novos donos do poder. Nesse sentido, investigações foram realizadas com intuito de averiguar se o novo representante das negociações brasileiras tinha aspirações para restaurar a monarquia ao lado do revolucionários.

A constituição publicada em 1891, influenciada pela Carta dos Estados Unidos, estabelecia a descentralização dos poderes, a acentuação do federalismo, a implantação do

---

50   *Idem*, Ofício ao ministro do Brasil em Washington, Salvador de Mendonça, Nova York, 23 jul. 1893. Limites com a Argentina (Questão das Missões), livro 346.2.3.

51   Com a proclamação da República em 15 de novembro de 1889 no governo provisório de Deodoro da Fonseca, assumia a pasta das Relações Exteriores o político e jornalista Quintino Bocaiúva, que foi seguido por Justo Leite Chermont.  No governo de Floriano Peixoto, a chancelaria brasileira teve oito titulares, o que revela a instabilidade política do novo regime. Fernando Lobo Leite Pereira, Serzedelo Correa e Custódio de Mello ocuparam as pastas entre  novembro de 1891 e dezembro de 1892.  Aliás, a extinção dos tracionais espaços de discussão e de negociação internacional haviam sido extintos: o Conselho de Estado e o Senado vitalício.

52   Amado Luiz Cervo; Clodoaldo Bueno (Orgs.), *História da Política Exterior do Brasil*. Brasília: Editora Universidade de Brasília, 2002, p. 164-165.

53   AIH, Ofício ao presidente da República Floriano Peixoto, Nova York, 05 ago. 1893. Limites com a Argentina (Questão das Missões), livro 346.2.4.

modelo federalista e a concessão de autonomia aos estados e municípios, bem como a definição do critério da alfabetização como elemento de qualificação para aqueles que teriam direito ao voto.[54] Entre outras características, preconizava ainda um novo modelo de bandeira, um calendário cívico, a separação entre a Igreja e o Estado, a mudança na forma de tratamento na correspondência oficial através da introdução da expressão "Saúde e Fraternidade" e a abolição dos títulos nobiliárquicos.[55]

Rio Branco criticava a formulação de tratamento adotada influenciada pela Revolução Francesa e afirmava que "(...) só poderei empregar com protesto, que desde já faço, de que isto não importará da minha parte adesão de espécie alguma a doutrina política e religiosa do filósofo".[56] Em resposta ao ofício recebido, que o advertia da infração cometida contra o disposto constitucional referente a utilização do título nobiliárquico, ele argumentava que não poderia mudar o seu nome, pois no círculo diplomático europeu era reconhecido como Rio Branco, prontamente alegou "não posso renunciar a ele, e conservando-o, uso de um direito incontestável". Ainda, afirmava que desde 1890 empregava simplesmente a assinatura de "Rio Branco".[57]

A despeito disso, o desaparecimento de Nicolas Calvo, renomado constitucionalista e negociador argentino, substituído pelo político influente Estanislau Zeballos, trouxe um certo embaraço.[58] Por conta da nova situação, o governo argentino logrou a prorrogação

---

54  Cf. Margarida de Souza Neves, "Os cenários da República. O Brasil na virada do século XIX para o século XX". In: Jorge Ferreira; Lucília de A. N. Delgado (Org.), *O tempo do liberalismo excludente: da Proclamação da República à Revolução de 1930*. Rio de Janeiro: Civilização Brasileira, 2003.

55  Cf. José Murilo de Carvalho, *A formação das almas*. São Paulo: Companhia das Letras, 1990.

56  AIH, Ofício ao ministro das Relações Exteriores, João Filipe Pereira, Nova York, 20 set. 1893. Limites com a Argentina (Questão das Missões), livro 346.2.4.

57  AIH, Ofício ao ministro das Relações Exteriores, resposta ao despacho do dia 13 de julho de 1893. Nova York, 20 set. 1983. Limites com a Argentina (Questão das Missões), livro 346.2.3.

58  Estanilau Severo Zeballos (1854-1923) foi decano da Faculdade de Direito de Buenos Aires, deputado, senador pela Província de Buenos Aires e ministro das relações exteriores da Argentina três vezes, nas presidências de Juarez Célman (1889/1890), Carlos Pelligrini (1891/1892) e Figueroa Alcorta (1906/1908). Foi colaborador dos periódicos *La Razón*, *El Sarmiento* e *La Prensa*, do qual também foi editor e fundador da *Revista de Derecho, Historia y Letras*. Desde 1875, mantinha uma desavença pessoal com o Barão do Rio Branco. Naquela época, o enviado argentino Carlos Tejedor retornou a sua terra pátria, sem a devida despedida formal junto ao imperador D. Pedro II. Para o jovem Rio Branco tratava-se de uma deselegância, uma "gaucherie", a qual seria mal interpretada pela imprensa periódica argentina como uma ofensa. Tal incidente abalaria as relações entre ambos, principalmente depois do laudo arbitral a favor do Brasil em 1895 e, por sua vez, se estenderia até 1912, quando o Barão do Rio Branco veio a falecer. Durante três décadas, rivalizaram-se entre si, ao ponto de em 1908 Zeballos publicar um telegrama falsificado, supostamente enviado por Rio Branco. Tal atitude visava mobilizar a opinião pública a favor da lei do armamento naquele

do prazo para elaboração de seu memorando de defesa. Com intuito de não influenciar a opinião pública e o governo norte-americano, o Barão censurava as entrevistas concedidas por Zeballos à diversos periódicos de Nova York, Chicago e Washington.[59] Sempre atento à imagem, ao protocolo e à etiqueta, o Barão cultivava a discrição sobre a disputa territorial entre os dois países, preferia o isolamento, limitava-se ao trabalho em seu improvisado escritório no hotel onde estava hospedado, participava de poucos eventos nos Estados Unidos.

Entretanto, outro acontecimento desviaria temporariamente a atenção de Rio Branco do trabalho de gabinete. Entre maio e outubro de 1893, ocorreu na cidade norte-americana de Chicago, uma exposição universal com objetivo de comemorar os quatrocentos anos da chegada de Cristóvão Colombo à América, denominado de "Columbian Exposition". Naquela oportunidade, o Brasil enviou diversos representantes, um deles seria um antigo amigo dos tempos de faculdade, Graciano Alves de Azambuja, que havia se comunicado com o Barão indagando sobre sua participação naquele evento. Natural do Rio Grande do Sul, Azambuja destacou-se como jornalista, historiador e educador. Ao lado do Barão de Marajó, Honório de Paiva Coutinho e João Cordeiro da Graça, Azambuja integrou o comitê da Sociedade de Geografia do Rio de Janeiro enviada à mostra internacional. Na ocasião, a Sociedade ainda remeteu oito exemplares da revista dedicado ao meteorito de Bendegó para compor o acervo do pavilhão dedicado ao Brasil.[60]

Em resposta a missiva enviada por Azambuja, o Barão concedia alguns detalhes de sua rotina. Informava que não cogitava visitar a exposição universal, pois não dispunha de muito tempo para se ausentar de Nova York, local onde seriam gravados os mapas e impressos os documentos e o memorando brasileiro. Informava ainda que entre julho e agosto havia saído do hotel apenas quatro vezes.[61] De todo modo, Rio Branco viajou para Chicago. Diversos países estariam presentes na exposição, além disso, o Brasil, uma jovem república interessada em se afirma não mediria esforços em participar do evento ao lado das nações consideradas civilizadas e modernas.

Na mostra internacional que teve lugar em Chicago, o Barão procurou sem sucesso o maestro Carlos Gomes e o contra-almirante José Joaquim Cordovil Maurity, integrante

---

país. Cf. Adelar Heinsfeld, "A influência de Ratzel e Mahan na política Externa do Barão do Rio Branco", *Revista de Geopolítica*, n. 1, v. 4, p. 115 – 134, jan./jun. 2013.

59   AIH, Ofício confidencial ao ministro das relações exteriores, Nova York, 22 set. 1893. Limites com a Argentina (Questão das Missões), livro 346.2.3.

60   SGRJ, *op. cit.*, 1895, t. 10, n. 1-4, p. 78.

61   AIH, Carta particular a Graciano Alves de Azambuja. Barão do Rio Branco, Nova York, 25 set. 1893. Limites com a Argentina (Questão das Missões), livro 346.2.3.

da delegação brasileira nomeada pelo presidente Floriano Peixoto.[62] A música teve um lugar especial nesta mostra. O maestro brasileiro vislumbrava o reconhecimento no exterior e novas possibilidades de trabalho. Com o advento do regime republicano, sua imagem havia se desgastado, pois estava associada ao ex-monarca D. Pedro II, seu antigo mecenas.

Credenciado como chefe do setor de música da delegação brasileira, Carlos Gomes foi responsável pelo concerto do *Brazilian Day* dedicado ao Brasil. Por outro lado, a participação do contra-almirante Maurity, herói da Guerra do Paraguai, visava outros objetivos. Em artigo publicado no *Chicago Daily Tribune*, do dia 06 de novembro de 1893, o contra-almirante Maurity anunciou que sua missão era sigilosa.[63] Além de chefiar a delegação brasileira, ele foi incumbido pelo presidente Floriano Peixoto da compra de navios e de armamentos para o Brasil, por ocasião da situação crítica que o país atravessava: a revolta federalista no Rio de Grande do Sul e a revolta armada no Rio de Janeiro.

Muitas tradições e costumes dos sessenta e sete anos de regime monárquico não seriam facilmente esquecidos com a proclamação da República, daí a inquietação política entre os anos de 1889 e 1895. A propósito, as revoltas, principalmente a da Armada, produziu uma péssima imagem externa ao novo governo. Os periódicos europeus cogitavam que a crise política levaria o país a integrar o rol das repúblicas latino-americanas marcadas por golpes e ditaduras. Com sucesso o *Marechal de Ferro*, o então presidente Floriano, reprimiu tais movimentos armados, com a colaboração dos Estados Unidos. Em especial do contra-almirante Benham, que assumiu as forças navais norte-americanas e rompeu o bloqueio dos revoltosos na Baía da Guanabara.[64]

De todo modo, ao findar a exposição internacional, o Barão visitou as Cataratas do Niágara e encontrou um velho conhecido seu, o sábio francês Emile Levasseur.[65] Não encontramos registros de sua participação naquele certame como integrante da delegação francesa.[66] Mas descobrimos que naquele mesmo ano, Levasseur, incumbido pela Acade-

---

62  *Idem*, Carta a Carlos Gomes, Chicago, 25 out. 1893. Carta ao contra-almirante Maurity, Chicago 25 out. 1893. Limites com a Argentina (Questão das Missões),  livro 346.2.3.

63  Cf. M. C. L Virmond.; L. W. M. Nogueira; "Carlos Gomes e a Exposição Colombiana Universal", set. 2008, Congresso da Associação Nacional de Pesquisa e Pós-Graduação em Música (ANPPOM), v. 1, p .140-144, Salvador, 2008. Ver, Maurity Admirall. "Ostensibly a World's Fair Commissioner, He Says His Mission Is Secret". *The Chicago Daily Tribune*, Chicago, p. 7., 6 nov. 1893.

64  Sobre a situação política do país após a proclamação da República, conferir Elio Chaves Flores, "A consolidação da república: rebeliões de ordem e progresso". In: Jorge Ferreira; Lucília de A. N. Delgado (Org.), *op. cit.*

65  AIH, Ofício ao general Dionísio Cerqueira, Nova York, 27 out. 1893. Limites com a Argentina (Questão das Missões), livro 346.2.3.

66  World's Columbian Exposition, *Memorial volume. Dedicatory and opening ceremonies of the World's Columbian Exposition. Historical and descriptive as authorized by Board of Control*, 1893. Disponível em: <http://

mie de Sciences Morales et Politique de Paris, pesquisava sobre as condições do trabalho dos operários norte-americanos. Durante cinco meses Levasseur levantou informações indispensáveis para elaboração da obra *L'ouvrier américain: l'ouvrier au travail, l'ouvrier chez lui, les questions ouvriéres*, em dois volumes, publicado em 1898, pela *Maison Larousse*. De volta a sua terra pátria, reuniu os registros de suas lembranças de viagem e uma ampla literatura sobre a agricultura e a indústria, o que permitiu a elaboração da obra intitulada *L'agriculture aux États-Unis*, publicada em 1894, Levasseur defendia que "(...) a agricultura de qualquer país é uma das partes essenciais da economia social".[67] Sabe-se que tanto Levasseur quanto o geógrafo Élisee Reclus eram duas figuras reconhecidas no cenário intelectual europeu e que pertenciam ao círculo de sociabilidades do Barão.

Durante o período de sua estadia em Washington, o Barão do Rio Branco optou pela discrição, evitou envolver-se em discussões públicas ou polêmicas sobre o território disputado. Preocupado com a situação diplomática, Rio Branco discretamente investigou a posição norte-americana sobre o Brasil. Não era para menos, um escândalo veio à baila quando descobriu-se que o subsecretário do estado norte-americano, contratado pela chancelaria argentina, recebeu cerca de cinquenta mil dólares do governo argentino, sendo, logo em seguida afastado. Em carta reservada ao ministro das relações exteriores, consignava a "(...) confiança na retidão do árbitro, na imparcialidade e na honorabilidade do secretário dos Estados Unidos, Walter Gresham, e na justiça da nossa causa, mas V. Sr. compreende que a vista do procedimento do subsecretário W. Quincy, que se deixou corromper pelo ministro argentino, não posso ter a mesma confiança no pessoal da administração".[68] Ao que parece a relação com o ministro argentino foi constantemente permeada por conflitos nos Estados Unidos. Em outra oportunidade, o Barão censurou uma falsa notícia divulgada nos jornais, a de que o governo de Floriano Peixoto havia autorizado uma invasão ao território contestado. No seu entendimento, "(...) os argentinos continuam com suas costumadas intrigas, procurando indispor o árbitro contra nós".[69]

As memórias dos ministros plenipotenciários do Brasil e da Argentina foram entregues em 10 de fevereiro de 1893. Decorrido um ano, no salão azul da Casa Branca, em 06 de fevereiro de 1895, o presidente dos Estados Unidos na América, Grover Cleve-

---

archive.org/stream/dedicatoryopenin00worl#page/n5/mode/2up>. Acesso em: 02 abr. 2013.

67  Cf. Emile Levasseur, *L'agriculture aux États-Unis*, 1893. Disponível em: <http://archive.org/stream/lagricultureaux00levagoog#page/n14/mode/2up> Acesso em 02 abr 2013.

68  AIH, Carta reservada do Barão do Rio Branco ao ministro das relações exteriores, Washington, 23 fev. 1894, lata 346.2.6.

69  *Idem*, Carta do Barão do Rio Branco ao contra-almirante Cândido Guillobel, Washington, 26 ago. 1894, lata 346.2.6.

land, anunciava finalmente sua decisão arbitral sobre o território litigioso, reconhecendo o direito do Brasil à fronteira reivindicada. Constatou-se que os comissários portugueses e espanhóis, nomeados pelo Tratado de Limites 1750, seguiram às instruções dos respectivos governos. Demarcaram, em 1759 e 1760, o rio Peperi-Guaçu e exploraram seu contra-vertente, afluente do rio Iguaçu, o qual chamaram de Santo Antônio. Além disso, comprovou-se o equívoco de nomear área litigiosa de Missões, posto que o território não pertencera a antiga província jesuíta espanhola, só fora ocupado pelos argentinos depois da Guerra do Paraguai.

Observa-se nas correspondências enviadas às legações em Madrid e em Portugal a busca por documentos e pelo autêntico "Mapa das Cortes", que serviu de base para o Tratado de Madrid de 1750, organizado em Lisboa sob a direção de Alexandre de Gusmão, o negociador do Tratado com a Espanha. Em 1749, foram elaborados dois mapas idênticos para servirem de base para o Tratado de Madri de 1750, um ficou com a Espanha, e o outro, com Portugal. A partir desses dois mapas foram reproduzidos novos. Em 1751, três cópias realizadas em Lisboa foram encaminhadas a Madrid, as quais mantinham os limites no rio Negro e notificavam as alterações realizadas nas negociações do Tratado em relação aquele limite. Logo em seguida, três novas cópias elaboradas em Madrid foram enviadas à Lisboa, com ligeiras modificações.[70] O "Mapa das Cortes" ou *Mapa dos Confins do Brazil com as terras da Coroa de Espanha na América Meridional* seria encontrado em Paris, no Ministério dos Negócios Estrangeiros da França. Além do mapa original de 1749, descoberto no Arquivo Geral de Simancas, localizou-se a Instrução Particular de 1758, em castelhano, dada aos comissários demarcadores em 1759 e 1760 e uma cópia na língua portuguesa estava depositada na Biblioteca Nacional de Lisboa.[71]

A vitória brasileira foi tema do carnaval daquele ano. Na rua do Ouvidor, no Centro do Rio de Janeiro, os integrantes do Clube dos Fenianos desfilavam ao som de uma marchinha especialmente dedicada ao Barão do Rio Branco.[72] À convite do presidente da Sociedade de Geografia do Rio de Janeiro, José Lustosa da Cunha Paranaguá, o Marquês de Paranaguá, o Barão foi nomeado sócio-correspondente em 1894. No Instituto Histó-

---

70   Cf. Jorge Pimentel Cintra, "O Mapa das Cortes: perspectivas cartográficas". São Paulo, *Anais do Museu paulista*, 2009, n. 2, v. 17, p. 63-77.

71   AIH. Missão Rio Branco em Washington 1893-1895. Relatório que o general Dionísio Cerqueira dirigiu em 08 de março de 1895 a Rio Branco então encarregado da missão especial do Brasil, tomo VI, 1ª. Parte, livro 346.3 .12.

72   *Idem*, "Gazetilha", *Jornal do Commércio*, 21 fev. 1895. Missão Rio-Branco em Washington (1893-1895), manifestações depois do laudo de 05 de fevereiro de 1895, Limites com a Argentina (Questão das Missões) livro 346.2.20.

rico e Geográfico Brasileiro, Juca Paranhos foi elevado a sócio-honorário, anos depois, em 1908, ele tornar-se-ia o presidente da Casa da Memória Nacional.[73] Indicado pelo geógrafo francês Élisee Reclus e pelo explorador inglês Sir Clements Robert Markham, o Barão ingressaria nos quadros sociais da prestigiosa Sociedade Real de Geografia de Londres como membro correspondente em 1895.[74] Posteriormente, seria eleito na recém-criada Academia Brasileira de Letras em 1898. Tal acontecimento marcou a história diplomática nacional e a trajetória de José Maria da Silva Paranhos Junior, o Barão do Rio Branco, "significou o passo definitivo da obscuridade à notoriedade".[75] A repercussão do parecer norte-americano, amplamente divulgado nos periódicos nacionais nos meses seguintes, contribuiu para promover o patriotismo da recém-instaurada república, que atravessava sucessivas crises.[76]

Por outro lado, a imagem heroica do Barão do Rio Branco disseminada nos periódicos e nas instituições, após o laudo arbitral, cooperou para o nascimento da inimizade com Dionísio Cerqueira, que se sentiu ignorado na distribuição dos louros da vitória. Poucos meses após a divulgação do laudo arbitral, numa missiva ao ministro das relações exteriores, contestou os argumentos do general e asseverava sua participação na redação da memória da defesa brasileira.[77] A nomeação de Dionísio Cerqueira em 1896 para a pasta do ministério das relações exteriores gerou apreensão para Rio Branco. Na ocasião, ele se ocupava da controvérsia territorial com a Guiana Francesa. Ao que parece o clima de embaraço se estendeu por vários anos.

Aliás, em 1899, o Barão comentou o relatório final organizado por Dionísio Cerqueira em 1895. Nesse documento, replicou às críticas recebidas, a exemplo do não aproveitamento dos mapas e de outros documentados levantados, além da rejeição do estudo realizado sobre o território litigioso. Para o general, o Barão "preferiu a avaliação feita na Europa". Dionísio referia-se a colaboração do desenhista e cartógrafo Charles Perrón, indicado por Élisée Reclus, do desenhista Arthur Legeaux da Casa Delagrave e de Emile Levasseur. Tais especialistas colaboraram na redução de mapas, na elaboração de

---

73  *Ibidem*, 06 maio 1895. Missão Rio-Branco em Washington (1893-1895), Limites com a Argentina (Questão das Missões), livro 346.2.20.

74  *Idem*, "Gazeta de Notícias", 07 jun. 1898, Missão Rio-Branco em Washington (1893-1895), Limites com a Argentina (Questão das Missões), livro 346.2.20.

75  Synesio Sampaio Goes Filho, *op. cit.*, p. 270.

76  No Arquivo Histórico do Itamaraty, encontra-se um volume especial organizado pelo Barão do Rio Branco com inúmeras notícias relacionadas à vitória brasileira, extraídas de periódicos nacionais e estrangeiros.

77  AIH, Carta de Barão do Rio Branco ao ministro das relações exteriores, 12 abr. 1895. Limites com a Argentina (Questão das Missões), Correspondências, livro 346.2.8.

"desenhos geográficos" e na constatação das divergências entre as cartas geográficas. Ao que parece a contribuição foi imprescindível, o trabalho realizado em Paris comprovou "a divergência entre o Mapa das Cortes de 1749 e as cartas marinhas modernas na parte relativa a Guiana Portuguesa e a costa setentrional do Brasil". Além disso, a escolha dos especialistas franceses não foi aleatória, segundo Rio Branco:

> (...) Se recorri a um desenhista geógrafo de Paris foi somente para que o trabalho que ideei e resolvi, em que tinha de assentar a parte mais decisiva da nossa nova argumentação, fosse ordenado e verificado pelo Sr. Emile Levasseur, cujo nome assim iria pesar na balança em nosso favor.[78]

Em virtude do laudo arbitral do presidente norte-americano, os dois governos decidiram criar uma nova comissão mista para a colocação de marcos com objetivo de assinalar a foz dos rios Peperi-Guaçu e Santo Antônio. Além disso, um novo tratado foi assinado entre os dois países em 06 de outubro de 1898, durante a administração de Dionísio Cerqueira no ministério das relações exteriores. O acordo diplomático completava o laudo de 1895. Nele, previa-se a demarcação da parte ainda não delimitada e o levantamento das plantas dos rios, baseando-se nas plantas levantadas pela comissão do Barão de Capanema entre 1887 e 1888.[79]

Para esse fim, em 1900 foi organizada uma comissão mista demarcatória. Integraram o comitê brasileiro os militares Dionísio de Castro Cerqueira, Gabriel Pereira Botafogo, Benjamin Liberato Barroso, como primeiro, segundo e terceiro comissários, respectivamente; além do ajudante Alípio Gama, o secretário José Leandro Braga Cavalcante, o médico Joaquim Antônio da Cruz, o farmacêutico José Bernardo Cysneiros da Costa, entre outros auxiliares. Com a exoneração de Gabriel Pereira Botafogo, em 1902, o astrônomo do Observatório Henrique Morize foi convocado para ocupar o cargo de segundo secretário.[80] Chefiada pelo general Dionísio Cerqueira, desde 1901, o grupo vinha realizando seus trabalhos de determinação das posições geográficas dos rios Uruguai, Peperi-Guaçú, Santo Antônio e Paraná.

---

78   *Idem*, Atividades da missão: observações sobre o relatório de 08 mar. 1895. Arquivo Particular do Barão do Rio Branco, parte 3, Limites Missões lata 855, maço 1, pasta 2.

79   MRE, "República Argentina: Tratado que completa o estabelecimento da linha divisória". *Relatório do Ministério das Relações Exteriores*, 1899, p. 36. Disponível em <http://brazil.crl.edu/bsd/bsd/u1781/000055.html> Acesso em 02 jun. 2013.

80   O astrônomo Henrique Morize integra o comitê brasileiro em 1902, na qualidade de segundo comissário, em substituição a Gabriel Pereira de Souza Botafogo.

Na ata da primeira conferência mista, realizada em janeiro de 1901, determinou-se a metodologia dos trabalhos, o desenvolvimento dos trabalhos de topografia, a construção de marcos, a delimitação do talvegue e das posições geográficas dos rios. Previa-se, inicialmente, o levantamento topográfico do rio Uruguai. Como os rios possuíam características distintas ao longo de seus percursos, o método empregado variava em função do relevo e do volume de águas. Baseando-se nos conhecimentos de astronomia e de geodesia empregou-se instrumentos técnico-científicos específicos e métodos trazidos do exterior, a exemplo dos utilizados nos trabalhos topográficos do rio Mississipi nos Estados Unidos.[81]

Em que pese as divergências entre o general Dionísio e o Barão do Rio Branco após a divulgação do laudo arbitral, o comissário brasileiro era um notório conhecedor da região, participara de uma comissão anterior e auxiliou o Barão no levantamento dos documentos necessários à redação da memória da defesa brasileira. Apesar da experiência prévia, o comissário brasileiro se deparou com algumas adversidades durante os trabalhos de campo, como a deserção de praças para os territórios argentino e uruguaio, que passavam a cometer diversos delitos.[82] Por esta razão, recomendou a prisão dos infratores no território argentino.[83] As dificuldades de navegação dos rios da região culminaram em inúmeros acidentes, inclusive no desaparecimento de um dos membros de sua equipe.[84]

Além das solicitações de instrumentos técnico-científicos necessários aos procedimentos de demarcação, constata-se o pedido de um volume contendo as sentenças aprovadas pelo congresso norte-americano sobre a demarcação das Cataratas de Niágara entre o Canadá e os Estados Unidos. Segundo o comissário brasileiro, a obra encontrava-se na biblioteca do Senado. Argumentava que pretendia examinar analogamente a decisão daquele país e comparar com o caso do Salto do Iguaçu, divisa natural entre Brasil e Argentina.[85] Os infortúnios decorrentes do clima da região afligiam alguns integrantes da sua equipe, pois constantemente solicitavam licenças médicas, a exemplo de Henrique

---

81  Sobre o desenvolvimento dos trabalhos técnicos-científicos da comissão brasileira, ver o trabalho de Moema Resende de Vergara; Bruno Capilé, "Ciência na fronteira meridional: a Comissão Demarcadora de Limites entre Brasil e Argentina (1900-1905)". São Paulo, Anais do 13º. *Seminário da Sociedade Brasileira de História da Ciência*, 2012.

82  AIH, Ofício de Dionísio Cerqueira ao ministro das relações exteriores, 08 mar 1901. Instruções para o Barão de Capanema, lata 434, maço 3.

83  *Ibidem*, 05 abr. 1901. Instruções para o Barão de Capanema, lata 434, maço 3.

84  *Ibidem*, 02 out 1902. Instruções para o Barão de Capanema, lata 434, maço 3.

85  *Ibidem*, 10 jan. 1903. Instruções para o Barão de Capanema, lata 434, maço 3.

Morize que retornou enfermo ao Rio de Janeiro.[86] Em outra ocasião, uma forte tempestade destruiu o acampamento erigido na ilha da Cruz, próximo do talvegue do rio Uruguai, mas não atrapalhou os trabalhos da equipe.[87] O mau tempo ainda iria dificultar a comunicação telegráfica com o Observatório Nacional, impedindo a determinação da longitude de algumas localidades como Boa Vista.[88] O clima de solidariedade se difundiu no comitê misto. O médico do grupo brasileiro não se limitou aos cuidados dos integrantes da comissão mista, prestou assistência médica à população pobre da zona de fronteira.[89]

Depois de encerrar suas atividades de campo em 1903, a comissão mista se dedicou aos trabalhos de gabinete. Na ocasião, se concentraram nos cálculos astronômicos e topográficos, na confecção de cartas geográficas. O resultado final dos seus trabalhos constituiu na entrega de cinquenta e seis mapas, das atas das conferências mistas, dos termos da inauguração dos marcos, além de um relatório final preparado pelo general Dionísio.[90] Ao longo da fronteira entre o Brasil e Argentina, durante os três anos de trabalhos, foram colocadas dez marcos principais, noventa e oito secundários, quarenta e quatro pilastras, além de cento e setenta e nove marcos de madeira de lei.[91]

Se nas últimas décadas dos Oitocentos, as divergências entre o Brasil e a Argentina derivaram em conflitos na região do Prata, a resolução da controvérsia de fronteiras evitou um conflito bélico de maiores proporções, do qual muito se falava nos jornais da época. Os países latino-americanos receberam com solidariedade o regime republicano no Brasil, Argentina e o Uruguai foram os primeiros reconhecê-lo. O reconhecimento do governo dos Estados Unidos viria em janeiro de 1890, depois de uma breve hesitação por parte daquele Congresso. Havia indícios de que o governo provisório viesse assumir o regime ditatorial, como ocorrera em outros países do hemisfério sul.

O novo regime intensificou as relações com a maior potência hegemônica do continente americano. Nesse novo direcionamento da política externa brasileira, concorreram Quintino Bocaíuva, Salvador de Mendonça e Barão do Rio Branco. Coube a Salvador de Mendonça as negociações comerciais com o secretário de estado dos Estados Unidos, John Blaine, em 1891. O acordo, conhecido como "Blaine e Mendonça", previa o intercâmbio de produtos agrícolas e manufaturados com a isenção de taxas alfandegárias.

---

86   *Ibidem*, 24 out. 1903. Instruções para o Barão de Capanema, lata 434, maço 3.

87   *Ibidem*, 10 nov. 1901. Instruções para o Barão de Capanema, lata 434, maço 3.

88   *Ibidem*, 22 jan. 1904. Instruções para o Barão de Capanema, lata 434, maço 3.

89   *Ibidem*, 10 maio 1904. Instruções para o Barão de Capanema, lata 434, maço 3.

90   *Ibidem*, 15 dez. 1904. Instruções para o Barão de Capanema, lata 434, maço 3.

91   *Ibidem*, 14 out. 1903. Instruções para o Barão de Capanema, lata 434, maço 3.

Contudo, foi alvo de críticas na imprensa brasileira e londrina. Alguns estudiosos sugerem que os Estados Unidos inclinaram-se favoravelmente ao Brasil por razões de afinidades políticas e econômicas. Porém, se o parecer fosse contrário, o estado brasileiro do Rio Grande do Sul ficaria unido ao restante do Brasil apenas por uma faixa de terra de pouco mais de 200 quilômetros.[92]

Em 1892, Salvador de Mendonça, à época cônsul do Brasil em Nova Iorque, encaminhou uma carta do vice-presidente Floriano Peixoto ao presidente dos Estados Unidos. A missiva, em outras coisas, solicitava a aceitação como árbitro do litígio entre o Brasil e a Argentina, e também nos permite apreender o cenário das relações entre o Brasil e os Estados Unidos. Nas suas palavras:

> (...) desde a instituição da República no Brasil, o Sr. Blaine tem nos sempre olhado como aliado natural: no ponto de vista comercial, são da maior importância para esse país, não só a nossa larga produção de café e borracha, que para aqui exportamos em tamanha escala, como a possibilidade que temos de nos abastecer aqui de produtos que até compramos da Europa; no ponto de vista político, como uma república em organização, conhecedora, talvez, do apoio que a Doutrina Monroe justificaria; república que os EEUU da América desejam ver firmada para a integração das instituições do continente, ao passo, que por outro lado, já nos considera como a nação mais forte da América do Sul com a qual deseja antes de tudo, contar em qualquer questão internacional americana.[93]

Na virada do século XX, Argentina e o Brasil buscaram uma franca aproximação através da troca de visitas de seus presidentes, General Roca (1899) e Campos Salles (1900). Logo em seguida, seria assinado um acordo sanitário, dando fim aos atritos decorrentes das quarentenas impostas aos navios brasileiros, que ao lado das questões tarifárias irritavam as autoridades brasileiras. Entre 1889 e 1902, o diálogo entre os dois países se restringiam às relações comerciais, ao rearmamento naval argentino e à possível hegemonia desse país. Quando o Barão do Rio Branco assumiu o ministério das relações exteriores em 1902, a chancelaria argentina observou a reorganização naval brasileira e a aproximação com os Estados Unidos como uma busca pela hegemonia do período da monarquia. Não obstante, a política adotada pelo Barão almejava também uma aproximação

---

92  Sobre isso ver, Synesio Sampaio Goes Filho, *op. cit.*

93  AIH, Situação política diplomática, Brasil-EUA, sondagens quanto à decisão arbitral. Carta confidencial de Salvador de Mendonça ao ministro das relações exteriores, Washington, 19 maio 1892. Arquivo Particular do Barão do Rio Branco, parte 3, Limites: Missões, lata 855, maço 3, pasta 7.

com o Paraguai, o Uruguai e o Chile, contendo a influência da Argentina, ao passo que buscava invalidar as suspeitas das nações vizinhas. De todo modo, após o encerramento do litígio fronteiriço de Palmas outras controvérsias se sucederam, muitas acompanharam a trajetória desses dois países por várias décadas.[94]

---

94  Sobre a história comparada dos países ver Boris Fausto; Fernando J. Devoto, *Brasil e Argentina: um ensaio de história comparada* (1850-2002). São Paulo: Ed. 34, 2004.

O Brasil teve a honra de receber, repetidamente, desde o começo do século passado, o testemunho de simpatia e dos encorajamentos benevolentes da parte de um grande número de franceses que o visitaram. Ferdinand Denis, Saint-Hillaire, Horace Say, Charles Ribeyrolles, Elisée Reclus e, recentemente, o senhor Paul Doumer e o sábio Charles Richet mostraram-se todos amigos convencidos do Brasil, tendo podido verificar a influência que o gênio francês exerce e sempre exerceu sobre esta nação ainda jovem.

(Barão do Rio Branco, discurso pronunciado em 17 de maio de 1909, no Palácio do Itamaraty, por ocasião do banquete oferecido a Anatole France. *Obras do Barão do Rio Branco*, IX, p. 247.)

# Os colaboradores franceses do Barão do Rio Branco

Em 1876, o Barão do Rio Branco foi nomeado cônsul-geral em Liverpool pela princesa Isabel. Na ocasião, o imperador D. Pedro II encontrava-se em viagem pela Europa. O posto era considerado uma posição importante, pois naquela cidade localizava-se o principal porto comercial do país e um dos maiores da Europa. Para lá seguia o café brasileiro, distribuído para outros países. De lá, eram embarcadas as manufaturas produzidas. É digno de nota que, até meados dos Oitocentos, os consulados brasileiros encontravam--se dispostos nos portos, de onde saíam e chegavam navios com cargas. O cônsul possuía o encargo de legalizar os documentos e de cobrar uma taxa sobre o percentual da carga, geralmente utilizada para a manutenção do consulado e do pessoal. Os consulados existentes situavam-se em cidades como Havre, Sevilha, Nápoles, Gênova, Veneza e Antuérpia. Com o advento da República, o Barão assumiu também o Serviço de Imigração, órgão que controlava a emigração para o Brasil.

Das suas obrigações no consulado, volta e meia o Barão escapava para Londres e Paris, nesta cidade ia ao encontro de sua família que lá residia. Aproveitava, ainda, o tempo nas duas cidades para pesquisar em arquivos e antiquários, o que lhe permitiu reunir uma extensa coleção de mapas e de documentos históricos que viria auxiliar, posteriormente, na resolução dos litígios de fronteiras. Em 1893, tornou-se advogado do Brasil na arbitragem de Palmas, com a Argentina. Ao assumir a causa, ele promoveu uma alentada pesquisa documental nos arquivos europeus. O empreendimento envolvia os representantes de diversas legações diplomáticas no exterior, algumas personalidades brasileiras e europeias que pertenciam ao seu seleto círculo de sociabilidades. Além da pesquisa dos documentos essenciais para a redação da exposição de motivos, observamos solicitações diversas, como as encontradas nas correspondências dos geógrafos franceses Emile Levasseur e Élisée Reclus. A partir do exame da coleção de missivas, verificamos a participação de tais estudiosos no desenrolar do litígio com a Argentina e a defesa dos interesses franceses na região disputada entre o Brasil e a Guiana Francesa. Mas vale a pena uma breve apresentação da trajetória desses dois intelectuais franceses para compreender quais eram os seus vínculos com o Brasil e com o Barão.

Em 1889, ano do centenário da Revolução Francesa uma mostra internacional foi organizada em Paris. Organizadas a partir de 1851, as exposições constituíam acontecimentos que pretendiam demonstrar o estado do desenvolvimento do mundo capitalista e disseminar um ideal de civilização. Os países europeus do Velho Mundo e os Estados

Unidos exibiam seus artefatos tecnológicos e o seu progresso material. Naquela oportunidade, outras regiões do planeta, como o Brasil, apresentavam também as suas riquezas naturais. Tradicionalmente, a participação de cada país na mostra internacional compreendia a instalação de um pavilhão que continha amostras das riquezas do país (naturais, artísticas ou técnicas) e a preparação de material bibliográfico com informações variadas sobre o país.

Durante a monarquia, o Brasil se fez representar nos eventos de 1862 (Londres), 1867 (Paris), 1873 (Viena), 1876 (Filadélfia) e 1889 (Paris). Além da participação do Brasil naquele certame, duas obras também foram publicadas *Le Brésil* e *Le Brésil en 1889*. Mas, o evento de 1889 não trazia boas lembranças para o regime imperial, pairava ainda o fantasma da derrubada de famílias e de cortes imperiais, com as quais o próprio monarca possuía laços de sangue. Indiretamente D. Pedro II se envolveu na sua organização, sob o seu patrocínio foi criado um comitê misto com integrantes franceses e brasileiros, denominado de Syndicat du Comité Franco-Brésilien, entre os quais destacavam-se as figuras de Francisco José de Santana Nery e Eduardo Prado.

De todo modo, a obra *Le Brésil* foi originalmente publicada como um verbete homônimo que integrava a *Grande Encyclopédie Française* (composta de 25 volumes), organizado pelo sábio Emile Levasseur e publicada pela editora parisiense H. Lamirault em 1889. Sob a liderança dele um grupo proeminente de pensadores se sobressaía. Além dos franceses E. Trouessart, doutor em medicina; Paul Maury, do Museu de História Natural; Zaborowski, antigo secretário da Sociedade de Antropologia de Paris; Henri Gorceix, diretor da Escola de Minas de Ouro Preto, integraram o projeto os brasileiros Eduardo Prado, jornalista e homem de letras, José Carlos de Almeida Areias, o Barão de Ourém, ministro plenipotenciário do Brasil em Londres e o próprio Barão do Rio Branco.

Considerada como uma peça de propaganda do regime imperial, o excerto dividia-se em três partes dedicadas à geografia física, à geografia política (história, administração e população) e geografia econômica, cuja autoria era dividida entre Levasseur e Rio Branco. Nessa obra, as concepções de geografia do Barão do Rio Branco estão mais evidentes, fruto do árduo trabalho de pesquisa que vinha desenvolvendo há décadas em bibliotecas e arquivos no Brasil e no exterior.[1]

---

1    Antonio Carlos Robert Moraes, "O Barão do Rio Branco e a Geografia". In: Manoel Gomes Pereira (Org.), *Barão do Rio Branco: 100 anos de memória, op. cit.*

Por outro lado, o livro *Le Brésil en 1889* fora organizada pelo Barão de Santana Nery, intelectual natural da região amazônica e radicado em Paris.[2] Tratava-se de um obra heterogênea, que contou com a colaboração de dezoito autores, a exemplo de Rio Branco, André Rebouças, Eduardo Prado, Amaro Cavalcanti, Barão de Tefé, Ferreira de Araújo. Dividida em vinte e cinco capítulos, a publicação expunha um retrato de prosperidade e a possibilidade de um destino próspero do país. Em decorrência das trajetórias de vida e das fidelidades ideológicas de seus autores, a obra caracteriza-se pelo tom não consensual, diferente da obra organizada por Levasseur.[3]

Ao contrário de Paul Vidal de La Blache, reconhecido como o fundador da Escola Francesa da Geografia, Pierre Emile Levasseur (1828-1911) teve sua figura eclipsada pela história da geografia francesa. La Blache (1845-1918) frequentou a École Normale Supérieure, onde se formou em história e geografia. Posteriormente, veio a integrar o corpo docente dessa instituição. Publicou diversas obras, tais como *La terre, géographie physique et économique* (1883), *États et Nations del Europe autour de la France* (1889) e *Tableau de la Géographie de la France* (1903), bem como foi o editor do periódico *Annales de Geographie*.

Assim como Vidal, Levasseur foi aluno da École Normale Supérieure. Depois de formado, dedicou-se ao ensino e ao estudo das ciências econômicas. Foi professor e administrador do Collége de France, professor da École Libre des Sciences Politiques e do Conservatoire des Arts et Métiers, membro da seção de economia, estatística e finanças da Académie des Sciences Morales et Politiques, vice-presidente do Institut International de Statistique e presidente da Séction économique du Comité des Travaux historiques et scientifiques. Além disso, foi sócio da Société de Geographie de Paris, da Société de Statistique, da Société de Economie Sociale e da Société d'Economie Politique.

Com a fundação da Terceira República na França, Levasseur foi incumbido, ao lado de Auguste Himly, em 1871, pelo ministro da instrução pública, Jules Simon, de realizar uma inspeção do ensino da geografia e da história pelo país. A tarefa envolveu ainda a confecção de um relatório e a preparação de projetos para os novos programas de ensino a serem criados. Podemos considerar Levasseur como um importante colaborador desta nova escola francesa de geografia em curso naquele período. Na sua trajetória intelectual, destacou-se a organização do ensino básico da geografia no país, o incentivo ao estudo da geografia econômica e o aparelhamento das estatísticas francesas.

---

2    Francisco José de Santana Nery (Org.), *Le Brésil en 1889*. Disponível em: <http://issuu.com/scduag/docs/bresilen1>. Acesso em: 20 mar. 2013.

3    G.N. Ferreira; M. F. L. Fernandes; R. R. Reis. "'O Brasil em 1889 um país para consumo externo". *Revista Lua Nova*, São Paulo, n. 81, 2010.

A constituição da escola francesa de geografia ocorreu entre as últimas décadas do século XIX e o início do século XX, e fora marcada por duas importantes guerras, a de 1870 (Guerra Franco-Prussiana) e a de 1914 (Primeira Guerra Mundial). Além disso, caracterizou-se também pela instauração de um novo regime político na França que se estendeu até 1940, a chamada Terceira República. O período assinalou um interesse sem precedentes pelas questões geográficas. Tal fato relacionava-se ao fracasso francês ao fim do embate com o Reino da Prússia entre 1870-71, o que entre outras coisas levou a perda do território da Alsácia e Lorena, a queda do sistema monárquico e a derrocada do imperador Napoleão III, sobrinho de Napoleão Bonaparte.

O sentimento de humilhação e o revanchismo se espalhava profundamente em grande parte da população francesa depois de 1870. Até esta data, a Alemanha era considerada pelos liberais franceses um modelo de ciência, de letras, de artes e das instituições democráticas. Para o grupo dos conservadores, seria o símbolo do sucesso das filosofias materialistas, do ateísmo, do livre pensamento e do protestantismo. Acreditava-se que a superioridade militar e econômica alemã derivava de seu grande desenvolvimento científico, decorrente da organização de suas instituições científicas e universitárias. A derrota francesa estimulou o desenvolvimento do movimento geográfico, cujo modelo inicial era ainda a cultura alemã.[4]

Na França, difundiu-se a ideia de que o fracasso no conflito devia-se ao desconhecimento das regiões onde ocorreram as batalhas e o despreparo técnico dos militares em relação a decodificação das cartas topográficas. Por esse motivo também o movimento regionalista começava a despontar como uma forma de geografia aplicada, havia uma necessidade imediata e real de se conhecer o território. Além disso, abalizado pelo espírito nacionalista e republicano, o ensino da geografia deveria ter como função formar cidadãos e fortalecer o patriotismo, não muito diferente da proposta ratzeliana em curso no território alemão.

Nesta tarefa, as casas editoriais francesas tiveram um papel decisivo, em especial a Maison Hachette, que investiu capital no desenvolvimento da disciplina e em pesquisas conduzidas por estudiosos que não se encontravam nas universidades, a exemplo de Élisée Reclus. Por cerca de três décadas, Reclus se dedicou à publicação de atlas escolares, de mapas, de guias turísticos e de uma enciclopédia colossal. Além disso, o papel desempenhado pelas casas editoriais corroboraram também para exaltação e disseminação de sentimentos coletivo identitários. O envolvimento da Hachette engendrou a publicação

---

4    Cf. Vincent Berdoulay, *La formation de l'école française de geographie (1870-194)*, *op. cit.*; Numa Broc, "La geographie française face à Allemande (1870-1914)", *Annales de Géographie*. N. 473, t. 86, 1977, p. 71-94.

de atlas escolares e de diversos mapas e na edição de obras monumentais como a Grand Geographie Universelle.[5]

Assim, o resultado dos trabalhos desenvolvidos por Levasseur e Himly foi a publicação de um relatório de quarenta e seis páginas, intitulado de "Rapport general sur l'enseignement et l'histoire et de la géographie". Depois de percorrer as escolas primárias e secundárias na França, Levasseur encorajou o ensino e a pesquisa em geografia nas universidades, pois até então inexistia cátedras formais. Alguns cursos criados seriam improvisados por estudiosos não especialistas, a exemplo de Vidal de La Blache em Nancy no ano de 1873. O projeto da reforma do ensino envolveu a tradução de manuais alemães, a criação de cátedras de geografia, de seminários e de missões universitárias de estudo na Alemanha. O desafio alemão proporcionou uma oportunidade singular de avigorar a posição institucional da geografia francesa.[6]

A disseminação da geografia alemã no meio intelectual foi proporcionada pelo discípulo de Karl Ritter, o geógrafo e geólogo suíço-americano Arnold Guyot que lecionava em Princeton, nos Estados Unidos. Incumbido da reforma de ensino em sua pátria, Levasseur visitou Guyot em 1876. Alguns anos mais tarde, o estudos antropogeográficos de Ratzel adentraram no círculo intelectual francês. Em 1882, Friedrich Ratzel publicou o primeiro volume de sua obra básica, *Antropogeografia*, cinco anos depois foi editado seu livro mais polêmico, o *Geografia Política*. Mas, em torno de 1900, o termo geografia humana aparecia amplamente divulgado e preferido entre os geógrafos franceses. Em fins dos Oitocentos, Vidal de La Blache publicou *Le principe de la géographie générale* (1896).[7] A partir daí, despontava uma nova perspectiva geográfica, que pretendia ir além das enumerações exaustivas e dos relatos de viagem.

Em oposição a perspectiva ratzeliana, a escola francesa, que contou com a colaboração de Levasseur, demarcava o seu objeto na relação entre o homem e a natureza, levando-se em consideração a perspectiva da paisagem.[8] Desta maneira, o Homem sofria a ação da natureza e atuaria sobre ela, modificando-a. Abordava-se as relações entre o Homem e a natureza, mas não a relação entre os mesmos. Além disso, a proposta francesa criticava o expansionismo do estado alemão recém-constituído, com o intento de se manter as fronteiras europeias solidamente firmadas há séculos. Por outro lado, tal concepção

---

5  Jean-Yves Mollier, "Les mutations de l'espace éditorial français du XVIII au XXe siècle". *Actes de la recherche en sciences sociales*, Paris, n. 1, v. 126, 1999, p. 29-38.

6  Cf. Vincent Berdoulay, op. cit, p. 30-33.

7  *Idem*, p. 39.

8  Antonio Carlos Robert Moraes, "O Barão do Rio Branco e a Geografia", op. cit, p. 232.

resguardava a legitimação da ação colonial francesa na Ásia e na África e a sua missão civilizadora. De forte inspiração positivista, a perspectiva francesa era relativista, rejeitava a noção de causalidade e determinista de F. Ratzel.[9] Além disso, era contrário ao pensamento alemão que naturalizava a guerra e acolhia a força bélica como fator de domínio legítimo dos espaços. Dessa forma, transferia-se a crítica geográfica da dimensão política, orientando-o para o âmbito da economia e da cultura. O comércio substituiria a guerra como motor do "progresso" dos povos. Enfim, uma circularidade que envolvia imperialismo, colonização, nacionalismo, civilização, territorialidade, ciência e negócios, temas da reflexão geográfica do final dos Oitocentos.[10]

A derrocada implicou ainda na multiplicação de sociedades geográficas provinciais. Durante cerca de cinquenta anos a Sociedade Geografia de Paris, estabelecida em 1821, manteve a primazia como única da sua categoria. Entre as atribuições nas novas entidades, destacava-se a organização de conferências, de bibliotecas, a concessão de prêmios e a introdução de cursos de geografia comercial nas escolas, bem como a publicação de seus boletins oficiais. Não podemos ignorar que o aumento de tais entidades estava diretamente associado ao neocolonialismo em marcha na Ásia e na África. Grande número de seus integrantes defendia a expansão colonial como um meio de reforçar o poderio francês.[11]

Como se observa, o Barão do Rio Branco, notório estudioso, interessado em história e em atualidade, não ignorava a movimentação intelectual dos espaços acadêmicos em que circulava. No descanso de suas atividades consulares em Liverpool, aprofundava seus estudos prediletos, visitava livrarias, arquivos e bibliotecas, compulsava e copiava mapas e manuscritos. Segundo Antonio Carlos Robert Moraes, a sua concepção da geografia em grande parte espelhava os posicionamentos do pensamento possibilista, assimilava os temas, o vocabulário e a forma de raciocínio própria à geografia moderna.[12]

De todo modo, podemos acrescentar que a influência cultural francesa no Brasil e nos outros países da América Latina foi marcante ao longo do século XIX até a eclosão

---

9    Antonio Carlos Robert Moraes, *Geografia: pequena história crítica*, op. cit, p. 68-72.

10   Sobre Paul Vidal de La Blache ver, Antonio Carlos Robert Moraes, *Geografia: Pequena história crítica.*, *op. cit.*, Rui Moreira, "Vidal de La Blache: civilização e contingência em Princípios de geografia humana", In:____. *O pensamento geográfico brasileiro: as matrizes clássicas originárias.* V 1. São Paulo: Contexto, 2011; Rogério Haesbart; Sérgio Nunes Pereira; Guilherme Ribeiro (Orgs.), *Vidal, vidais: textos de geografia humana, regional e política.* Rio de Janeiro: Bertand Brasil, 2012. Cf. também Lucien Gallois, *Paul Vidal de la Blache (1845-1918). Annales de Géographie*, Paris, n. 147, t. 27, n. 147, 1918, p. 161-173.

11   Cf. Vincent Berdoulay, *op. cit.*, p. 61-70.

12   Antonio Carlos Robert Moraes, "O Barão do Rio Branco e a Geografia", *op. cit.*

da Grande Guerra em 1914. Até 1920, os intelectuais brasileiros voltavam-se para os modelos das instituições francesas, incluía-se ainda a disseminação do francês como língua científica, era ainda rara a tradução de obras estrangeiras. No Brasil, o modelo a ser seguido era o do estado napoleônico, com seu papel direto na organização da ciências e na industrialização. Para as potências europeias, as ciências, nesse caso a geografia, constituíam um investimento importante para o desenvolvimento dos seus impérios, para a influencia política e econômica. Em razão do universalismo, as ciências favoreciam as boas relações entre os países, caracterizada pelo pragmatismo e utilitarismo, e personificava o nacionalismo cultural. Segundo Patrick Petitjean,

> (...) além da utilização das atividades cientificas para marcar seu território e zonas de influencia, a cultura, a ciência e, mais amplamente, as atividades intelectuais são utilizadas para criar rede de amigos que, se espera, terão o papel do grupo de pressão por ocasião de conflitos futuros. A América Latina é um terreno de predileção para essas rivalidades culturais entre potências europeias.[13]

As estreitas relações entre os dois países haveria de ser lembrada por Levasseur. Em carta enviada ao Barão do Rio Branco, o sábio francês ressaltava a simpatia dos franceses pelos brasileiros, ao passo que enaltecia a figura do imperador D. Pedro II. Na ocasião, o monarca havia lhe conferido a medalha de comendador da Imperial Ordem da Rosa. A condecoração criada em 1829, por ocasião do matrimônio de seu pai com D. Amélia, premiava àqueles que se destacavam pela fidelidade ao monarca ou pelos relevantes serviços prestados ao Estado. Em função do papel desempenhado na renovação do ensino da geografia na França, Levasseur foi incumbido, pela editora de Charles Delagrave, de elaborar uma nova carta mural brasileira para ser disponibilizada nas escolas da Corte Imperial.[14]

A preparação da obra remontava anos anteriores. Em missiva endereçada a Tomás Fortunato de Brito, o Barão de Arinos, e reencaminhada a Rio Branco, o sábio francês

---

13 Ver Patrick Petitjean, "Ciências, impérios, relações cientificas franco-brasileiras", In: Hamburguer, Amélia Império; Dantes, Maria Amélia M; Paty, Michel; Petitjean, Patrick. *A ciência nas relações Brasil-França (1850-1950)*. São Paulo: Edusp, 1996, p. 25-40.

14 Desde a sua fundação em 1865, a editora Librairie Ch. Delagrave dedicou-se a publicação de livros escolares de várias disciplinas, tais como geografia, história, matemática, ciências naturais, filosofia e astronomia. Depois da Guerra Franco-Prussiana, desempenhou um importante papel no desenvolvimento da geografia francesa. Edita o boletim da Sociedade de Geografia de Paris e a Revue de Geographie. Teve ainda importante papel no estabelecimento do Institut Geographique de Paris. Além de publicar manuais, atlas e livros escolares, dedicou-se também a produção de móveis escolares.

solicitava informações recentes sobre as estradas de ferro no Brasil.[15] Ao que tudo indica, o Barão, por intermédio do Barão de Arinos, auxiliou na revisão da carta de Levasseur, fornecendo ainda documentos e mapas. Levasseur, ao comentar as correções perpetradas pelo brasileiro, advertia que o trabalho se baseava principalmente na Carta Geral do Brasil, editada em 1873, elaborada pelo general Henrique de Beaurepaire Rohan, o Visconde de Beaurepaire Rohan, na sua opinião "o documento mais importante hoje em dia sobre o interior do Brasil".[16] Vale a pena registrar que entre 1873 e 1876, Beaupaire Rohan chefiou a Comissão da Carta Geral do Império do Brasil, encarregada da elaboração de um mapa do território nacional e considerada a primeira tentativa de organizar os documentos cartográficos então disponíveis.[17]

Mas, a pesquisa documental se estendeu às instituições brasileiras do porte da Sociedade de Geografia do Rio de Janeiro. Em ofício enviado à entidade, Levasseur solicitava informações sobre os novos caminhos descobertos para o rio Xingu a partir da expedição realizado pelo explorador alemão Karl Von de Steinen.[18] Na ocasião, coube aos sócios Antônio de Paula Freitas e Francisco Antônio Pimenta Bueno a redação de um parecer especial. O documento redigido pelos dois engenheiros relatava alguns pontos da palestra do sábio alemão na sede da Sociedade. Apesar de trazer à baila importantes informações sobre aquela região, o explorador recusou-se oferecer uma cópia de seu plano de viagem e não revelou as longitudes das localidades visitadas. Concluía-se que a Sociedade pouco poderia oferecer ao sábio francês, tais dados eram indispensáveis para confecção de um mapa.[19] De todo modo, em 1887, Levasseur comunicava ao Barão a conclusão de seu

---

15    AIH, Arquivo do Barão do Rio Branco, Carta de M. Levasseur ao Barão de Arinos, 04 out. 1887. Correspondências de Emile Levasseur, lata 827, maço 3, pasta 11.

16    Nas palavras de Levasseur, "(…) le document plus autorisé aujoudui-hui sur l'interieur du Brésil". AIH, Arquivo do Barão do Rio Branco, Carta de M. Levasseur, 16 maio 1886. Correspondências de Emile Levasseur, lata 827, maço 3, pasta 11.

17    Cf. Luciene P. Carris Cardoso, "Visconde de Beaurepaire Rohan". In: George Ermakoff (Org.), *Dicionário Biográfico Ilustrado de Personalidades da História do Brasil*. Rio de Janeiro: G. Ermakoff Casa Editorial, 2012, p. 1303.

18    Karl von den Steinen liderou duas expedições a região do Xingú em 1884 e em 1888. O objetivo principal era o reconhecimento do rio Xingu, o curso desse rio não havia sido totalmente explorado. Suas cabeceiras eram desconhecidas e os mapas insuficientes. Nas duas oportunidades, palestrou na Sociedade de Geografia sobre as suas impressões de viagem. Deixou importantes dados sobre as sociedades indígenas encontradas, reunidas no livro Entre os naturais do Brasil Central, onde existem informações sobre as tribos indígenas dos Parecí, Bororó e Bacair. Tais eventos contaram com a presença de D. Pedro II e de representantes do cenário político imperial.

19    SGRJ, Ata da sessão do dia 30 mar. 1885. *Op. cit.*, n. 1, t .1, 1886, p. 60.

trabalho e a remessa de exemplares de sua obra ao imperador, ao presidente do conselho de ministros, ao ministro do império, ao Instituto Histórico e Geográfico Brasileiro, a Sociedade de Geografia do Rio de Janeiro e aos jornais do Rio de Janeiro e ao próprio Rio Branco em agradecimento por sua colaboração.[20]

Contudo, o exemplar encaminhado a Sociedade foi alvo de críticas de Alfredo Moreira Pinto, professor de História da Escola Militar e autor da obra *Apontamentos para o Dicionário de Geografia do Brasil*.[21] Para ele, o mapa estava repleto de erros, tais como fronteiras erradas da província do Rio Grande e a eliminação da cidade de Pelotas.[22] A província do Espírito Santo, por exemplo, contava apenas com três cidades, concluía "(...) lastimando que havendo homens no país habilitados, se encarreguem estrangeiros desses trabalhos".[23] A propósito desse mapa, o sócio Joaquim Abílio Borges sugeriu que a Sociedade se dirigisse formalmente ao Ministério do Império, a fim de mostrar os erros nele contidos, pois seria mais conveniente "(...) a perda do custo dos referidos mapas, do que prejudicar o ensino das crianças, fazendo-as aprender por um mapa cheio de incorreções".[24]

Nesse sentido, o presidente da Sociedade, o Marquês de Paranaguá, propôs que Moreira Pinto redigisse um ofício ao Ministério do Império. Porém, a questão dos mapas ainda teria novos desdobramentos, pois Abílio Borges fez severas críticas ao ensino de geografia no país, reclamando do pouco empenho do Inspetor Geral da Instrução Pública em fazer sanar os defeitos existentes.[25] Victorio da Costa, o Inspetor Geral da Instrução Pública da Corte respondeu às censuras, afirmando que se tratava apenas de uma prova do mapa e que havia sido submetida ao exame de Moreira Pinto justamente para que fosse corrigida e enviada às escolas.

Em outra oportunidade, outro trabalho de Levasseur sobre o Brasil foi alvo de novos comentários. Desta vez, Paula Freitas examinou a conferência de Levasseur publicada no boletim na Sociedade de Aclimação de Paris em 1885, intitulada "O desenvolvimento da raça europeia no corrente século". Em relação ao Brasil, observou que o sábio

---

20 AIH, Arquivo do Barão do Rio Branco, Carta de Emile Levasseur. Correspondências de Emile Levasseur, 11 mar. 1887, lata 827, maço 3, pasta 11.

21 Bacharel em Letras pelo Colégio Pedro II, Moreira Pinto se destacou como estudioso da história e da geografia do país e como defensor da causa republicana, de tal modo que seria um dos signatários do Manifesto Republicano de 1870.

22 SGRJ, Ata da sessão do dia 25 de agosto de 1885, *op. cit.*, n. 2, t. 2, 1886, p. 162.

23 *Ibidem.*

24 *Idem*, Ata da sessão do dia 10 de setembro de 1885, *Revista da SGRJ*, Rio de Janeiro, n. 3, t. 2, 1886, p. 269.

25 *Ibidem*, p. 270.

francês baseou-se nos dados levantados pelo Recenseamento Geral do Império de 1872, o primeiro censo de abrangência nacional realizado no Brasil. Na consecução de tal projeto, estabeleceu-se o Departamento Geral de Estatística em 1871, destinado os serviços estatísticos do império, sob a direção do senador Manoel Francisco Correia, o idealizador da Sociedade de Geografia do Rio de Janeiro. Apesar de valorizar a importância de suas observações, Paula Freitas alertava que as informações utilizadas estariam defasadas, além disso, o censo estaria repleto de lacunas e imperfeições "(…) na maior parte devidas às condições locais e hábitos especialíssimos dos habitantes do interior de algumas províncias".[26]

Em 1889, a obra *Grande Encyclopédie Française* recebeu menção especial no boletim oficial da Sociedade. Noticiou-se a contribuição de ilustres colaboradores como o Barão do Rio Branco e de seu extenso verbete dedicado ao Brasil, cerca de cinquenta e uma páginas, "um repositório vasto de informações acerca do nosso país".[27] Embora a Sociedade de Geografia reconhecesse o papel de Emile Levasseur para a geografia do Brasil, seu nome, curiosamente, não configurou na relação de sócio-correspondentes. Situação diferente ocorreu no Instituto Histórico e Geográfico Brasileiro. Na Casa da Memória Nacional, ele foi indicado para integrar os quadros sociais em 1889, logo após a publicação da obra sobre o Brasil, em sessão que contou com a participação do imperador D. Pedro II.[28]

A colaboração entre Levasseur e o Barão atravessou a última década dos Oitocentos e os primeiros anos do século XXI. Ao todo registramos cinquenta e sete correspondências passivas no Arquivo Pessoal do Barão do Rio Branco. Mas, por outro lado, encontramos poucas correspondências escritas pelo Barão, deparamos com algumas que integram o livro de ofícios da sua Missão Especial em Washington entre 1893 e 1895. Nesse período, registramos dezessete cartas enviadas pelo sábio francês ao Barão. As missivas recebidas assinalam uma relação íntima de amizade e de apreço intelectual que foi sendo construída ao longo do tempo. Geralmente timbradas com os locais de trabalho de Levasseur, tais como o College de France, a Sociedade Nacional de Agricultura da França, o Institut de France e até da sua residência na rua Monsieur Le Prince, número 26, edifício onde também residia o famoso poeta esotérico Victor-Emile Michelet. Observa-se ainda uma mudança na forma de tratamento, inicialmente marcada pelo tom de formalidade

---

26  Antônio de Paula Freitas, "O desenvolvimento da raça europeia no presente século". *Revista da SGRJ*, Rio de Janeiro, n. 2, t. 2, 1886, p. 91.

27  SGRJ, "O Brasil na Europa". *Op. cit.*, n. 1, t. 5, 1889, p. 51.

28  IHGB, "Ata da 19a. Sessão ordinária em 25 de outubro de 1889". *Revista do IHGB*, Rio de Janeiro, t. 52, v. 80, 1889, p. 516.

para uma relação de intimidade e de cordialidade, demonstrações de afeto que se estendia à preocupação com a saúde do Barão e com a sua família.

Pela leitura de suas cartas, constata-se que nesta amizade intelectual entrecruzava-se um círculo de sociabilidade intelectual tanto aqui no Brasil quanto em Paris, que orbitava ao redor de ambos. Entre as personalidades, registramos as figuras do escritor e jornalista Eduardo Prado, do historiador Capistrano de Abreu, do botânico Maxime Cornu do Museu de História Natural, do geógrafo Onésime Reclus, entre outros. Tais indivíduos citados nas correspondências de Levasseur como colaboradores da *Grande Encylopedie* ou ainda indicados para algum papel fundamental relacionado às dúvidas do Barão, sobretudo cartográficas, em relação a extensa documentação levantada para a composição da exposição de motivos do Barão no litígio com a Argentina. Apareciam, ainda, pedidos de informações, de livros, de documentos e até de favores pessoais.

A título de exemplo podemos destacar Onésime Reclus (1837-1916), irmão do geógrafo anarquista Élisée Reclus e do historiador Maurice Reclus. Membro da Sociedade de Geografia de Paris desde 1869, foi colaborador do periódico Tour du Monde e a partir dele o termo "francophonie" ganhou notoriedade com a publicação da obra *France, Algerie et colonies*. Em 1873, o livro *Geographie: Europe, Asie, Océanie, Afrique, France et ses colonies*, de 798 páginas, recebeu o prefácio de Levasseur. Voltado para os alunos do ensino secundário, a obra seguia a recomendação do novo programa do ensino de geografia da Terceira República na França, dividia-se em cinco partes agricultura, indústria, comércio, colônias e administração. [29] Por ocasião de uma nova reedição da *Grande Encylopedie* em 1899, Levasseur considerou o nome de Onésime Reclus para a redação de um verbete atualizado sobre o Brasil, faltava, ainda, completar as letras "r" e "s" sob a incumbência do Barão. [30] Naquele momento, Rio Branco encontrava-se envolvido em outra missão especial, desta feita, tratava-se do contestado franco-brasileiro, entre o Brasil e a Guiana Francesa. Desde 1898, o sábio francês vinha solicitando sem sucesso artigos sobre o Brasil ou até mesmo uma lista de assuntos para um escritor substituto.[31]

Mal acabara de se hospedar no hotel Savoy, em Nova York, Levasseur expressava ao Barão a dificuldade em lidar com a temperatura cálida daquela estação, queixa que se repetiu em outras missivas. Desculpava-se, ainda, pela demora de sua resposta, havia

---

29    Onésime Reclus, *Geographie: Europe, Asie, Océanie, Afrique, France et ses colonies*, 1873. Disponível em: <http://gallica.bnf.fr/ark:/12148/bpt6k54459155/f9.image> Acesso em: 20 mar. 2013.

30    AIH, Arquivo do Barão do Rio Branco, Carta de Emile Levasseur. Correspondências de Emile Levasseur, 05 jun. 1899, lata 827, maço 03, pasta 11.

31    *Ibidem*, 20 ago. 1898, lata 827, maço 3, pasta 11.

recebido, entre o período de sua saída de sua terra pátria e a sua chegada aos Estados Unidos, duas cartas de Rio Branco. Aproveitava ainda para informar que estaria na cidade de Chicago até setembro, depois iria visitar Nova Iorque. Vale recordar que sua estadia estava relacionada à pesquisa sobre as condições da classe operária daquele país, aliás ele havia desenvolvido pesquisa semelhante sobre a classe operária francesa, tais como as obras *Histoire des classes ouvrières en France depuis la conquête de Jules-César jusqu'à la Révolution*, editada em 1859, e *Histoire des classes ouvrières et de l' industrie em France, depuis 1789, jusq'à nous jours*, publicada pela Maison Hachette em 1867.[32]

A pesquisa documental em Washington envolveu diversos atores e instituições, como salientamos anteriormente. Um ligeiro olhar sobre os esboços dos ofícios enviados por Rio Branco incluem ainda rascunhos de representações geográficas, nos quais ele comparava, examinava e comentava mapas antigos. A correspondência ao ministro das relações exteriores e aos representantes das legações no exterior era diária. Geralmente explanava encontrar um novo mapa, vez por outra reunia e listava o rol de mapas encontrado. A esse exemplo, o Barão encaminhou ao ministro no Brasil, um ofício confidencial e anexava fac-símiles de 13 mapas divididos metodicamente em três séries: mapas impressos, mapas manuscritos e plantas da comissão mista. Ao concluir, informava que eram "perfeitamente inúteis para o esclarecimento".[33]

Ao chefe da seção de cartas da Biblioteca Nacional de Paris, Gabriel Marcel, solicitou a reprodução de mapas.[34] Em outra missiva, perguntou se conhecia uma carta de 1721 do Paraguai e suas edições de 1765 e 1779.[35] Ao ministro da legação na Espanha, solicitou o diário do geógrafo espanhol Francisco Milhan sobre a exploração do rio Santo Antonio e das nascentes do rio Pepiry em 1759.[36] Ao ministro em Londres, requeria informações sobre as coordenadas ao diretor do Observatório de Greenwich.[37] Demandou cópias de mapas ao Librarian of Harvard University e a American Geographical Society.

---

32 AIH, Arquivo do Barão do Rio Branco, Carta de Emile Levasseur, 08 jun. 1893. Correspondências de Emile Levasseur, lata 827, maço 3, pasta 11.

33 *Idem*, Arquivo do Barão do Rio Branco, Ofício confidencial ao ministro da Relações Exteriores Fesliberto Freire, 05 ago. 1893. Limites com a Argentina (Questão das Missões), livro 346.2.4.

34 *Idem*, Arquivo do Barão do Rio Branco, Ofício a G. Marcel, Biblioteca Nacional de Paris, 30 set. 1893. Limites com a Argentina (Questão das Missões), Correspondências, livro 346.2.4.

35 *Idem*, Arquivo do Barão do Rio Branco, Ofício a G. Marcel, Biblioteca Nacional de Paris, 05 out. 1893. Limites com a Argentina (Questão das Missões), Correspondências, livro 346.2.5.

36 *Idem*, Arquivo do Barão do Rio Branco, Ofício ao ministro do Brasil em Madrid, Francisco Xavier da Cunha, 02 out. 1893. Limites com a Argentina (Questão das Missões), Correspondências, livro 346.2.5.

37 *Idem*, Arquivo do Barão do Rio Branco, Ofício ao ministro do Brasil em Londres, 10 out. 1893. Limites com a Argentina (Questão das Missões), Correspondências, livro 346.2.5.

Ao ministro da Relações Exteriores demandava documentos que comprovassem a ocupação brasileira no território litigioso em 1840, tais como: atas das eleições antigas em Palmas, estatística criminal, certidões de nomeações de autoridades judiciárias e policiais, arrecadação de impostos, entre outros.[38]

De volta a Paris, Levasseur comunicara que havia se encontrado com um velho conhecido seu, o desenhista-cartógrafo da Escola Superior de Guerra, Arthur Lejeaux, colaborador na elaboração de alguns mapas.[39] Legeaux auxiliou Levasseur na revisão dos trabalhos cartográficos e dos cálculos das posições geográficas do Mapa das Cortes de 1749. Em relação ao mapa organizado pelo cartógrafo francês Baptiste D'Anville,[40] Legeaux não foi capaz de auxiliar ao Barão, pois segundo sua opinião tratava-se de "uma pesquisa não de cartógrafo, mas de um sábio". Por esta razão, encaminhou a questão ao chefe da seção de cartas da Biblioteca Nacional de Paris, Gabriel Marcel.[41]

As solicitações do Barão sempre eram atendidas, às vezes com um pouco de atraso, isso devia-se as diversas atribuições do Levasseur. Naquele momento, além das preparações das aulas no College de France, ele realizava diversas conferências em instituições francesas sobre os resultados da pesquisa realizada nos Estados Unidos, além disso, preparava um manuscrito de cem páginas sobre o tema para o boletim da Société Nationale d'Agriculture.[42]

Em uma delas, pedia a indicação de um "bom geógrafo" para realização da redução de algumas cartas antigas na mesma escala.[43] Em outra missiva, o Barão remeteu ao sábio francês quatro cartas geográficas e deu-lhe determinadas instruções. Solicitava que comparasse duas cartas. Uma delas correspondia a um fac-símile da Carta da América do

---

38 AIH, Arquivo do Barão do Rio Branco, Carta ao ministro das relações exteriores, 12 dez. 1893. Limites com a Argentina (Questão das Missões), Correspondências, livro 346.2.5.

39 *Idem*, Arquivo do Barão do Rio Branco, Carta de Emile Levasseur, 10 nov. 1893. Correspondências de Emile Levasseur, lata 827, maço 3, pasta 11.

40 Baptiste Bourguignon D'Anville, cartógrafo francês que trabalhou com o embaixador português dom Luís da Cunha, visando a produção de um mapa que servisse de base para as negociações do Tratado de Madri. Organizou a *Carte de l'Amérique Méridionale de 1748*, que apresentou um esboço de uma nova linha de fronteiras entre as Coroas de Portugal e de Espanha na América. Tal carta constituiu uma das fontes utilizadas para a elaboração do Mapa das Cortes. Cf. Jorge Pimentel Cintra; Júnia Ferreira Furtado, *Revista Brasileira de História*, São Paulo, n. 62, v. 31, p. 273-316.

41 AIH, Arquivo do Barão do Rio Branco, Carta de Emile Levasseur, 11 dez. 1893. Correspondências de Emile Levasseur, lata 827, maço 3, pasta 11.

42 *Ibidem*, 23 nov. 1893. Correspondências de Emile Levasseur, lata 827, maço 3, pasta 11.

43 AIH, Arquivo do Barão do Rio Branco, Carta enviada a Emile Levasseur, 25 set. 1893. Limites com a Argentina (Questão das Missões), livro 346.2.3.

Sul, a qual os dois plenipotenciários de Portugal e Espanha se basearam para traçar os limites da América Espanhola. O interesse de Rio Branco era demonstrar que uma delas era a reprodução da parte meridional da outra, mas faltava a comprobação da longitude exata do Rio de Janeiro. Demandava ainda que o desenhista, recomendado pelo sábio francês, grifasse os rios do território em litígio na "Carta Reduzida da Comissão Mista": Peperi-Guaçu, Santo Antônio, Chapecó, Jangada, Chopim e as seções dos rios Uruguai e Iguaçu entre as embocaduras de cinco afluentes. Na Carta do Almirante Mouchez, também requeria que o desenhista registrasse em vermelho a costa do litoral do Rio de Janeiro até o Cabo de Santa Maria.[44]

Diversas foram os requerimentos de Rio Branco nesta longa missiva, entre as quais, ele queria comprovar o erro da latitude do curso do rio Uruguai; conferir a longitude do rio Peperi-Guaçu e o cálculo rigoroso da latitude das distâncias em relação ao Trópico do Equador. O Barão demonstrava certa desconfiança em relação aos desenhistas que distribuíram os nomes dos rios no mapa. Pedia, ainda, o envio de algumas obras e solicitava informações sobre uma determinada espécie vegetal, denominada de Sarandi, conhecida na Argentina e no Uruguai, ao M. Maury, do Museu de História Natural de Paris e colaborador da *Grand Geographie*. Somente em 1894, o botânico francês Marie Maxime Cornu, professor do Museu de História Natural trouxe à baila dados sobre a vegetação solicitada. Apoiando-se na obra do Barão Ferdinand von M. Mueller, *Monographie de Enphorbiacées*, informava que se tratava de uma vegetação típica do rio Cuiabá.

Ao Observatório de Paris, demandou a verificação do trânsito do terceiro satélite de Júpiter em 05 de abril de 1759, por ocasião de uma divergência na informação do Observatório de Greenwich, a informação era indispensável para a determinação da longitude.[45] Em ofício endereçado a Candido Guillobel, informava que havia verificado a posição exata do Peperi e das cartas marítimas de 1733 e de 1748. Comunicava ainda que Levasseur havia sido incumbido de examinar o Journal de Savants de 1750 sobre uma carta da América do Sul. Levasseur registrou uma diferença de alguns minutos na longitude.[46] A preocupação com os cálculos exatos da longitude solicitadas aos Observatórios de Gre-

---

44 O almirante francês Amedée Ernest Barthélemy Mouchez foi enviado pelo governo francês com objetivo de realizar o levantamento da costa brasileira, publicado posteriormente na obra *Les Côtes du Brésil* em quatro volumes. Além de contribuir ao estudo da hidrografia marítima, se ateve às observações de caráter geográfica e histórica do litoral. Sobre sua biografia, ver *Revista Brasileira de Geografia*, n. 2, v. 3, 1941, p. 404.

45 AIH, Arquivo do Barão do Rio Branco, Carta confidencial a Emile Levasseur, 04 nov. 1893. Limites com a Argentina (Questão das Missões), livro 346.2.3.

46 *Idem*, Arquivo do Barão do Rio Branco, Ofício a Candido Guillobel, 05 nov. 1893. Limites com a Argentina (Questão das Missões), livro 346.2.3.

enwich e ao de Paris, segundo o Barão "(...) não quero levar pancadas dos argentinos."[47] O Barão também se inquietava com as condições dos instrumentos científicos utilizados nas missões de 1759 e 1760. Nesse caso, foi comprovado que tais instrumentos sofreram abalos frequentes em decorrência da navegação em canoas pelos rios Uruguai, Paraná e Iguaçu, e também no transporte por terra.[48]

Em resposta ao Barão, Levasseur encaminhava a obra de Alfred Grandidier, publicada em 1892, intitulada de *Histoire de la geographie de Madasgacar*,[49] informava que a obra contemplava duas páginas dedicadas as diferenças de longitudes. Ainda a respeito das diferenças dos graus de latitudes e de longitudes, enviou as obras *Traité des Projections: représentation plane de la sphère et du sphéroïde*, de Adrien Adolphe Charles Germain de 1862 e a obra de sua autoria *Statistique de la Superficie et population des contrées de la terre*.[50] Sobre as longitudes, Levasseur consultou o astrônomo do Observatório de Paris, M. G. Bijourdan, que repassou dados sobre as os eclipses do satélites de Júpiter em abril e em dezembro de 1759. Baseando-se em *Tables écliptiques des satellites de Jupiter, d'après la théorie de leurs attractions mutuelles et les constantes déduites des observations* (1836), do Barão Marie-Charlie Damoiseau, empregando os cálculos das efemérides das tabelas de Júpiter, Levasseur observava um erro de 10 graus no mapa dos plenipotenciários.[51]

De todo modo, vale acrescentar que não constituía uma novidade a determinação da latitude para os astrônomos e matemáticos desde o século XVI. Desde aquela época podia-se calcular a latitude através da altura do Sol ou da Estrela Polar através da utilização de um instrumento científico: quadrante, sextante ou astrolábio. Na determinação da latitude bastaria adotar a altura de uma das estrelas listadas em uma tabela e averiguar nela a sua declinação. Por outro lado, a medição da longitude sempre constituiu um problema para os navegadores, resultou em verdadeiras imprecisões cartográficas e em catástrofes marítimas.

Uma das formas encontradas pelo astrônomo e físico italiano Galileu Galilei, em 1610, foi a observação das diferenças horárias em duas localidades através da observação

---

47    *Idem*, Arquivo do Barão do Rio Branco, Ofício ao Ministro das Relações Exteriores, 04 dez. 1893. Limites com a Argentina (Questão das Missões), livro 346.2.3.

48    AIH, Arquivo do Barão do Rio Branco, Carta a Legação em Bruxelas, Francisco Vieira Monteiro, 12 dez. 1893. Limites com a Argentina (Questão das Missões), livro 346.2.3.

49    Alfred Grandidier, *Histoire de la geographie de Madasgacar*, 1892. Disponível em <http://archive.org/stream/histoiredelago00gran#page/92/mode/2up>. Acesso em: 01 abr. 2013.

50    AIH, Arquivo do Barão do Rio Branco, Carta de Emile Levasseur, 28 de dezembro de 1893. Correspondências de Emile Levasseur, lata 827, maço 3, pasta 11.

51    *Ibidem*, 02 fev. 1894. Correspondências de Emile Levasseur, lata 827, maço 3, pasta 11.

dos eclipses lunares e solares dos quatro satélites de Júpiter, pois nesse planeta tais fenômenos são recorrentes ao longo do ano.

O método seria razoavelmente bem sucedido em terra firme, sendo empregado por cartógrafos e topógrafos para redesenhar o mundo, a precisão adequada da marcação do tempo das eclipses determinaria a exatidão do mapeamento terrestre. Assim, tabelas de movimentos astronômicos, conhecidas como efemérides, eram cada vez mais propagadas. A partir do século XVI, a função do astrônomo ganharia uma nova dimensão e, em paralelo, ocorria a reorganização dos observatórios, a exemplo do Observatório de Paris pelo italiano Giovanni Domenico Cassini, posteriormente naturalizado francês. Cassini, professor da Universidade de Bolonha, publicara um conjunto de tabelas mais acuradas em 1668, a notoriedade de seu trabalho lhe rendeu um convite do rei Luís XIV para se estabelecer na Corte do rei Sol.[52]

Logo que finalizou o trabalho, o Barão encaminhou três exemplares da sua exposição de motivos. Levasseur respondeu informando-lhe que retornava aos estudos sobre a América. Participaria de um certame em Sorbonne, o Congrés de Sociétés Savantes, e naquela oportunidade discursaria sobre a agricultura dos Estados Unidos. Sobre a empreitada do Rio Branco, ele agradeceu a remessa enviada, e afirmou que se tratava de uma obra monumental "(...) obra considerável que ficará registrada na história da geografia americana".[53] Em outra carta, lamentava a ausência de informações sobre o resultado do arbitramento do presidente Grover Cleveland. Mas incentivava o seu prestigioso amigo, ao afirmar que o trabalho não seria perdido, pois consistia um importante documento de história e geografia.[54]

A investigação das fontes necessária abrangeu ainda a participação de um velho amigo, o historiador João Capistrano de Abreu, autor de Capítulos de História Colonial, antigo funcionário da Biblioteca Nacional e professor do Colégio D. Pedro II. A troca epistolar entre os dois intelectuais iniciou-se em 1886, quando Rio Branco encontrava-se em Liverpool. Naquela ocasião, Capistrano se beneficiou de documentos enviados pelo Barão para a sua pesquisa histórica e para escrita de importantes obras.[55] Em missiva

---

52  Sobre esse assunto ver Dava Sobel, *Longitude: a verdadeira história do gênio solitário que resolveu o maior problema do século XVIII*. São Paulo: Companhia das Letras, 2008, p. 24-32. De todo modo, a determinação da longitude no mar foi conquistada pelo relojeiro inglês John Harrison, por meio da construção de um relógio marítimo que marcaria a passagem do tempo no mar com precisão absoluta.

53  AIH, Arquivo do Barão do Rio Branco, Carta de Emile Levasseur, 26 maio 1894. Correspondências de Emile Levasseur, lata 827, maço 3, pasta 11.

54  *Ibidem*, 06 out. 1894. Correspondências de Emile Levasseur, lata 827, maço 3, pasta 11.

55  Sobre esse assunto ver Daniel Mesquita Pereira; Eduardo Ferraz Filipe. "Missivas que constroem limites: projeto político e projeto intelectual nas cartas de Capistrano de Abreu ao Barão do Rio Branco (1886-1903)". *Revista Brasileira de História*, São Paulo, n. 56, v. 28, 2008, p. 487-506.

enviada a Capistrano, o Barão relatava o árduo trabalho no qual estava envolvido. Além disso, comunicava que havia solicitado ao então diretor da Biblioteca Nacional documentos sobre as missões no Uruguai no século XVIII. Lembrava ainda do antigo "Roteiro dos Bandeirantes", citado por Francisco Adolfo de Varnhagen, o Visconde de Porto Seguro, no livro *História Geral do Brasil*. Observou que o Visconde não se enganara em relação ao chamado Campo de Palmas. Os nomes "Bituruna" e "Inhanguera" apareciam nos mapas antigos do início do século XVIII. Para finalizar, avisava da visita do geógrafo francês Élisée Reclus ao Brasil. Por esta razão, indicou Capistrano como o primeiro contato da sua lista de "pessoas relacionadas" ao geógrafo francês.[56]

Ao contrário de Emile Levasseur, Élisée Reclus veio ao Brasil levantar informações necessárias para a elaboração o 19° volume da *Nouvellle Géographie Universelle*, patrocinada pela casa editorial Hachette, em 1893, obra que seria dedicada ao estudo do Brasil e das repúblicas vizinhas do rio da Prata.

Notadamente reconhecido pela sua militância anarquista e pelas suas ideias libertárias, o geógrafo francês Élisée Reclus, filho de pai pastor protestante e mãe professora primária, antes de enveredar pelos estudos da geografia, matriculou-se no curso de teologia na Universidade de Berlim. Nesta instituição, foi aluno de Karl Ritter no curso de geografia e de Karl Schimdt em economia política. Desse contato, despertou o seu interesse pela disciplina, afastando-o definitivamente do sacerdócio. Como discente, envolveu-se nas manifestações contra o golpe de Estado perpetrado por Luís Bonaparte, em 1851, que se autoproclamara imperador dos franceses, sob o título de Napoleão III. Temendo a prisão, viajou pela Inglaterra, Irlanda, Estados Unidos e Colômbia.[57]

De volta a França em 1857, passaria a trabalhar como escritor, dedicando-se a publicar memórias e livros sobre os países que conhecera, de tal maneira que seus escritos seriam reconhecidos, o que mais tarde lhe valeria o ingresso na prestigiosa Sociedade de Geografia de Paris em 1862. Inicialmente contratado pela Maison Hachette, Reclus colaborou como tradutor e na elaboração de guias turísticos.[58] Cooperou, ainda, em periódi-

---

56  AIH, Arquivo do Barão do Rio Branco, Carta a Capistrano de Abreu, 29 set. 1893. Limites com a Argentina (Questão das Missões), livro 346.2.3.

57  Sobre a trajetória de Élisée Reclus na Colômbia, ver David Palacios, *Élisée Reclus e a geografia da Colômbia: cartografia de uma interseção*, Dissertação (Mestrado) – Faculdade de Filosofia, Letras e Ciências Humanas, Universidade de São Paulo, 2010.

58  Sobre as casas editoriais n França, ver Ver Jean-Yves Mollier, "Les mutations de l'espace éditorial français du XVIIIe au XXe siècle", *op. cit.* Ver também Vincent Berdoulay, *La formation de l'École Française de Geographie (1870-1914), op. cit.*, p. 143-144. A casa editorial Hachette foi uma das principais livrarias de língua latina na Europa. Produziu diversas obras, tais como *Les Guides Joanne em 1853*. Envolvida com o

cos de muito prestígio, tais como *Revue des Deux Mondes* e a *Revue Politique et Littéraire*. A sua atividade intelectual não o afastou das atividades políticas. Em 1870, candidatou-se à Assembleia Nacional, envolveu-se ainda na Guerra Franco-Prussiana (1870-1871) como um soldado aos quarenta anos de idade. Por ocasião da resistência francesa face à ocupação prussiana em Paris, Reclus participou da Comuna de Paris, sendo aprisionado logo após o esfacelamento do movimento. Preso e julgado, foi condenado à prisão perpétua na colônia francesa de Nova Caledônia, na Oceania. Em decorrência de seu reconhecimento internacional, uma mobilização de intelectuais pressionou a comutação de sua pena para a de exílio por dez anos na Suíça.

Tal acontecimento não atrapalhou a sua relação contratual com a Maison Hachette. Pelo contrário, assinou um novo contrato para escrever a obra *Nouvelle Géographie Universelle*, inicialmente em dez volumes, ampliadas posteriormente para dezenove. O novo trabalho permitiu ainda que viajasse por vários países, levantando informações, documentação e o desenvolvimento da observação de paisagens indispensáveis a escrita desta obra monumental e a estreitar relações com os teóricos anarquistas Mikhail Bakunin e Piotr A. Kropotkin, esse último seu colaborador no volume dedicado ao Extremo Oriente e a Sibéria. De todo modo, a editora censurou a abordagem de temas políticos, sociais e religiosos na redação da coletânea *Nouvelle Geographie Universelle*.

Para elaborar a obra, além das inúmeras viagens pelo mundo, ministrou em paralelo cursos em diversas universidades, como em Genebra. Em reconhecimento a sua atividade intelectual foi consagrado com as medalhas de ouro da Sociedade de Geografia de Paris em 1892 e da Sociedade Geográfica de Londres em 1893. A última viagem de pesquisa para obra foi realizada em 1893 ao Brasil, Argentina, Uruguai e Chile. [59]

Ao contrário das cartas trocadas entre Émile Levasseur e o Barão de Rio Branco que assinalam, além do apreço intelectual, uma relação íntima de amizade e de cordialidade, as missivas trocadas com Reclus denotam um tom de respeito e de consideração intelectual, mas não de intimidade. Localizamos um conjunto de seis cartas enviadas ao Barão entre 1893 e 1904, selecionamos àquelas que se referem especificamente à questão litigiosa e à sua visita ao Brasil. Na primeira missiva, Reclus informou que estaria dispo-

---

projeto expansionista comercial francês, em 1860, criou o periódico *Le Tour du Monde: Nouveau Journal des Voyages*, sob a direção do jornalista e político Edouard Charton.

59 Cf. Manuel Correia de Andrade, *Élisée Reclus*. São Paulo: Ática, 1985. Sobre a contribuição de Reclus a geografia existe uma vasta obra a respeito, a esse respeito ver o volume especial do periódico francês *Hérodote*, n .117, 2005; Neil Smith; Anne Godlewska (Orgs.) *Geography and empire*. Londres: Institute of British Geographers, 1994.

nível em Paris para um encontro.[60] Possivelmente um dos assuntos desta reunião, além da viagem ao Brasil, consistia no litígio com a Argentina, pois constatamos em outra carta do geógrafo francês uma nota de agradecimento do envio de documentos e de mapas do estado do Rio de Grande do Sul.[61]

Sobre a viagem as cidades de Rio de Janeiro e de São Paulo, o Barão recomendava o encontro com algumas personalidades do cenário intelectual e científico, entre os quais, o historiador Capistrano de Abreu, o militar e historiador Alfredo d'Escragnolle Taunay, o Visconde de Taunay, o astrônomo Luís Cruls, diretor do Observatório Nacional, o geólogo Orville Derby, chefe da Comissão Geológica de São Paulo e com o político Rodolfo Dantas, ex-ministro das pastas do interior e da instrução pública durante o regime monárquico. Ainda na mesma missiva, comentou o envio de um mapa sobre a região litigiosa, com destaque para área demandada pelo governo argentino, ao chefe da seção de impressão da Maison Hachette, Charles Schiffer. Rio Branco buscava um especialista para realizar o cálculo em milhas e em quilômetros daquela superfície requerida.[62] Ao que tudo indica, Reclus recebeu tardiamente a missiva enviada, pois se encontrava na cidade de Juiz de Fora, em Minas Gerais. Apesar de lamentar a falta de oportunidade de um encontro com Capistrano de Abreu, se surpreendia com a calorosa recepção recebida no Rio de Janeiro e afirmava "(…) Que eu não traía a confiança de todos esses senhores colocaram em mim, ai de mim! É difícil de falar de um país tão grande quanto à sua extensão, tão grande quanto ao seu futuro".[63]

Em sessão de 18 de julho de 1893, o geógrafo francês foi entusiasticamente recebido na Sociedade de Geografia do Rio de Janeiro. Por sinal, ele chegara ao Brasil num momento de grande turbulência política, em pleno desenrolar da Revolta da Armada no Rio de Janeiro e da Revolta Federalista no sul do país, insurreições que irromperam no país, durante o processo de consolidação do regime republicano, instaurado em 1889.

Na ocasião, Reclus foi agraciado com o diploma de sócio honorário, título especialmente concedido para aqueles que se distinguiam pelos "seus conhecimentos teóricos e práticos em geografia e ciências conexas". Recebeu ainda uma coleção das revistas da

---

60    AIH, Arquivo do Barão do Rio Branco, Carta de Élisée Reclus, 16 abr. 1893. Correspondências de Élisée Reclus, lata 836, maço 2.

61    AIH, Arquivo do Barão do Rio Branco, Carta de Élisée Reclus, 27 abr. 1893 Correspondências de Élisée Reclus, lata 836, maço 02.

62    *Idem*, Arquivo do Barão do Rio Branco, Carta do Barão de Rio Branco a Élisée Reclus, 10 de jun. 1893. Correspondências de Élisée Reclus, lata 836, maço 2.

63    *Idem*. Carta de Élisée Reclus, 19 jul. 1893. Arquivo do Barão do Rio Branco, Correspondências de Élisée Reclus, lata 836, maço 2.

Sociedade, o relatório da Exposição de Geografia Sul-Americana realizada em 1889, o catálogo da biblioteca e do arquivo, além do relatório sobre o meteorito de Bendegó. O sábio francês doou uma coleção da Nouvelle Geographie Universelle à biblioteca da instituição.

Seguindo o ritual consagrado das associações oitocentistas, o convidado tomou assento à direita do presidente da Sociedade e assistiu a um ciclo de três conferências: a primeira a de saudação do presidente, a segunda do orador, o Barão Homem de Melo e a outra sobre o Vale da Amazônia que integrava o ciclo de palestras sobre a região amazônica de Torquato Xavier Monteiro Tapajós, publicadas no periódico oficial da entidade.

De todo modo, Élisée Reclus proferiu uma rápida palestra na Sociedade de Geografia, uma espécie de resultado preliminar das suas observações de viagem. Privilegiou aspectos da cidade do Rio de Janeiro e do estado de São Paulo. De um modo geral, revelou-se encantado com a paisagem natural que circundava a então capital da República. Demonstrou até certa surpresa por haver se deparado com o desenvolvimento do sistema viário do Rio de Janeiro. Da passagem pelo interior de São Paulo, destacou a excursão realizada pelo rio Mogi-Guaçu, o que lhe permitiu descobrir em meio às matas virgens, imensas plantações de café, na época o mais importante produto da agricultura brasileira, que abastecia o mercado mundial. Observador perspicaz, não deixou de assinalar o problema da baixa densidade demográfica brasileira: os 16 milhões de habitantes se disseminavam por um território de oito milhões e meio de quilômetros quadrados.[64]

Além da Sociedade de Geografia, há ainda um registro da visita ao Instituto Histórico e Geográfico Brasileiro e a sua indicação como sócio-honorário.[65] O 19º volume da *Nouvelle Géographie Universelle* foi publicado na França em 1894. A inserção do Brasil na *Nouvelle Géographie Universelle* principia como a descrição dos territórios situados no extremo norte do país. O fio condutor da análise é o próprio percurso descrito pelo rio Amazonas, que o autor considerou o mais caudaloso (...) da América do Sul e do mundo, recebendo diferentes denominações entre a nascente e a foz.[66] Élisée Reclus introduziu o estudo dos vários afluentes que nele deságuam para explicar o volume das suas cheias

---

64  Sobre a visita de Reclus à Sociedade de Geografia do Rio de Janeiro, ver Luciene Pereira Carris Cardoso, *Sociedade de Geografia do Rio de Janeiro: identidade e espaço nacional (1883-1909)*. Dissertação (Mestrado em Programa de Pós Graduação em História) – Universidade do Estado do Rio de Janeiro, 2003. Cf. também, Marcelo Augusto Miyahiro, *O Brasil de Élisée Reclus: território e sociedade em fins de século XIX*. Dissertação (Mestrado em Programa de Pós Graduação em Geografia Humana) – Universidade de São Paulo, 2011.

65  IHGB. Ata da sessão ordinária de 30 de junho de 1893. *Op. cit.*, n. 2, t. 56, 1893, p. 176-180.

66  Élisée Reclus, *Estados Unidos do Brazil: geografia, etnografia, estatística*. Tradução e breves notas de Barão de F. Ramiz Galvão e anotações sobre o território contestado pelo Barão do Rio Branco, 1900. Rio de Janeiro, Paris: Livreiro-Editor; H. Garnier, 1899, p. 33-34.

INTELECTUAIS, MILITARES, INSTITUIÇÕES NA CONFIGURAÇÃO DAS FRONTEIRAS BRASILEIRAS (1883-1903)

anuais, que comparou com as do rio Nilo, no Egito: "(...) regular em seus movimentos como o Nilo, o rio Amazonas sobe e baixa alternadamente conforme as estações, por uma série de fluxos e de refluxos em que os indígenas vêm uma espécie de maré que eles designam pelos nomes correspondentes: enchente e vazante".[67] Dedicou grande atenção aos fenômenos que ocorrem durante as enchentes do Amazonas, a exemplo das pororocas, ondas que se formam na embocadura do rio quando suas águas se encontram com as do oceano Atlântico. O estudo demonstra sólida pesquisa de gabinete, aprofundado por um trabalho de campo minucioso.[68]

O 19º volume da *Nouvelle Géographie Universelle* foi lançado na França em 1894. Seis anos mais tarde, a parte relativa ao Brasil foi publicada em português, com o título *Estados Unidos do Brasil: geographia, ethnographia, estatistica*, por Élisée Reclus,[69] traduzida Barão de Ramiz que a atualizou com uma série de retificações em notas de pé de página: "(...) tendo traduzido esta excelente obra de Élisée Reclus, não nos julgamos autorizados a modificá-la em pontos substanciais, ainda que nem sempre concordássemos com a opinião do autor".[70] Coincidentemente a obra foi publicada no mesmo ano de divulgação do laudo arbitral do governo suíço sobre o contestado franco-brasileiro, o qual teve novamente Rio Branco como advogado da causa brasileira.

De todo modo, as correções efetuadas assinalavam apenas lapsos de texto em relação a nomes próprios e datas. Apesar disso, o livro não perdia a sua importância: "(...) prestará bons serviços e merece o favor do público brasileiro",[71] conforme as palavras de Ramiz Galvão. À guisa de curiosidade, serão aqui destacadas algumas dessas correções. Segundo o texto original, a língua oficial dos estabelecimentos de ensino superior seria o francês. O tradutor apontou o engano e observou que o idioma oficial era o português. Porém, atribuiu o equívoco ao uso frequente de compêndios escolares provenientes da

---

67    *Idem*, p. 58.

68    Baseou-se em diversos autores estrangeiros, a exemplo de Saint-Hillaire, de Spix e Martius e de Francis de Castelnau, além de brasileiros como Francisco A. de Varnhagen e o Barão do Rio Branco.

69    O livro divide-se em onze capítulos, a saber: "Vista Geral, a Amazônia, os estados do Amazonas e do Pará"; "Vertente do Tocantins"; "Costa Equatorial e os estados do Maranhão, Piauí, Ceará, Rio Grande do Norte, Paraíba, Pernambuco e Alagoas"; "Bacias do Rio São Francisco e vertente oriental dos planaltos e os estados de Minas Gerais, Bahia, Sergipe e Espírito Santo"; "Bacia do Paraíba e o estado do Rio de Janeiro e Distrito Federal"; "Vertente do Paraná e contravertente oceânica"; "Vertente do Uruguai e litoral adjacente do Estado de São Pedro do Rio Grande do Sul"; "o Mato Grosso"; "Estado social da sociedade brasileira e Governo e administração".

70    Ramiz Galvão, "Ao leitor". In: Élisée Reclus, *op. cit.*, s/p.

71    *Idem*.

França, ao número elevado de consultas a livros franceses nas bibliotecas públicas, superior inclusive ao das obras de autores nacionais. Do mesmo modo, esclarecia a fixação dos limites entre o Brasil e Argentina, apenas tangenciada pelo geógrafo, resolvida em 1895, com o laudo favorável ao Brasil, promulgado pelo presidente Cleveland do Estados Unidos. Outras notas menores atualizavam informações censitárias, a exemplo da nacionalidade e da entrada de imigrantes.

A questão do território disputado entre o Brasil e a França veio a merecer reparo de maior profundidade, preparado pelo Barão do Rio Branco,[72] representante diplomático nas negociações do litígio, cuja arbitragem coube ao Governo Suíço, resolvido pelo Tratado de 10 de abril de 1897. De acordo com Reclus, o território reclamado pela França se essendia por duzentos e sessenta mil quilômetros quadrados, área que correspondia "(...) a de quinze departamentos franceses e com cerca de três mil habitantes civilizados". O Tratado de Utrecht de 1713, no seu entender, ao invés de resolver o problema, complicou-o ainda mais: "(...) fixando como fronteira das possessões respectivas dos dois países um rio que ninguém conhecia, e cuja foz nenhum navegante havia explorado". Mais adiante, perguntava: "Qual é esse rio Yapok ou Vicente Pinzon que os diplomatas de Utrecht, ignorantes das coisas da América quiseram indicar nas suas cartas rudimentares?".[73] Acrescentou que o limite meridional seria o rio Amazonas, o que de certo relembrava as aspirações pretendidas por Napoleão III em 1841.

O geógrafo afirmou, também, que apenas dois terços da população local era de origem brasileira, "(...) todavia o dialeto crioulo francês de Caiena, mesclado de termos índios é geralmente conhecido. Portugueses, martinicanos e crioulos franceses constituem o outro terço com os mestiços indígenas que outrora eram os únicos habitantes dessa região".[74] Comentou, ainda, a suposta proclamação de uma república na região do Cunani, em 1886, que teria tornado a região independente:

> (...) era-lhes preciso, porém, um presidente francês, e Paris divertiu-se com a história de um honrado geógrafo de Vanves transformado subitamente em chefe de um estado de nome até então desconhecido, e que se rodeou imedia-

---

72  Entre 1893 e 1900, o Barão do Rio Branco fora designado para resolver as disputas pelos territórios de Palmas e do Amapá. Em 1902, foi indicado para o Ministério das Relações Exteriores e participou das negociações pelo Acre com a Bolívia e de questões fronteiriças com Venezuela e Colômbia.

73  Élisée Reclus, *op. cit.*, p. 475.

74  *Ibidem*, p. 479.

INTELECTUAIS, MILITARES, INSTITUIÇÕES NA CONFIGURAÇÃO DAS FRONTEIRAS BRASILEIRAS (1883-1903)

tamente de uma corte, constituiu ministério e fundou uma ordem nacional, a Estrela do Cunani (...).[75]

As retificações do Barão do Rio Branco ocupam mais espaço do que o texto de Reclus. São longos comentários, repletos de explicações históricas, fruto da pesquisa documental que empreendera para preparar a defesa brasileira, mais tarde publicada com o título "A questão de limites entre o Brasil e a Guiana Francesa (1899-1900)". Sua argumentação baseava-se no princípio do *uti-possidetis solis*, ou seja, na ocupação anterior do território.

Rio Branco, em primeiro lugar, procurou elucidar as dúvidas suscitadas pelo geógrafo. Esclareceu que o rio Japoc ou Vicente Pinzón do Tratado de Utrecht de 1713 era o mesmo rio Oiapoque ou Vicente Pinzón do Tratado Provisional de 1700. Concordava, entretanto, que era correta a premissa de que o limite primitivo da Guiana Francesa situava-se no rio Amazonas. Porém, os franceses não poderiam exigir a posse daquelas terras, pois nunca as ocuparam, enquanto que os portugueses lá se estabeleceram desde 1616. Ponderou, ainda, que: "(...) O aparecimento de um ou outro navio francês que em fins do século XVI e princípios do XVII foi negociar com os índios dessa região não constitui um titulo em favor da França".[76]

Quanto à população local, o Barão discordava da origem apontada pelo autor da *Nouvelle géographie*. Na sua maior parte, os habitantes eram brasileiros, conforme o relatório do próprio comandante francês, major E. Peroz, datado de Caiena em 27 de maio de 1895: "Les 8 ou 10000 habitants fixes actuellement sur le Contesté sont brésiliens de coeur et patriotes dans l'âme.[77] Na área em torno do rio Calçoene, havia uma população flutuante e adventícia, composta não só de brasileiros, como também de estrangeiros de diferentes nacionalidades".[78]

Em relação ao episódio da pretensa república de Cunani, Rio Branco opunha-se ao relato do geógrafo, afiançando que tal proclamação nunca chegou a ser conhecida em Cunani e no território contestado. Os diferentes núcleos de população (Amapá, Cunani, Cassiporé, Uaçá, Arucauá) sempre tiveram os seus chefes ou governos particulares.

As observações de Élisée Reclus sobre a região reclamada pela França, e posteriormente retificadas pelo Barão do Rio Branco, indicam um sólido conhecimento do

---

75  *Ibidem*, p. 477.

76  Élisée Reclus, *op. cit.*, p. 472.

77  *Ibidem*, p. 477.

78  *Ibidem*, p. 479.

geógrafo sobre a história do litígio. Não é demais relembrar que Reclus fora patrocinado pela Editora Hachette, se por um lado os seus comentários mantiveram-se sufocados em sua visita pelo país, por outro lado, a *Nouvelle Geographie* revela a defesa dos interesses políticos do Governo francês sobre aquela parte do território brasileiro.

A pretensão francesa por um desenho territorial da Guiana Francesa que chegava até a desembocadura do Amazonas revela uma tentativa de aproximação e de busca pela hegemonia cultural e econômica na América Latina, como veremos em outra oportunidade. Apesar do insucesso ocorrido no Brasil, vale acrescentar a emigração de colonos franceses para as terras do Uruguai e da província Corrientas na Argentina, além de novas tentativas em outras regiões da América. Seja como for, no final do século XIX, o planeta está não apenas conhecido, mapeado, descrito. Ele estará também partilhado em forma de colônias e de áreas de influência pelas potências que promoveram esse extenso inventário do mundo.[79]

---

79  Wilma P. Costa "Viagens e peregrinações: a trajetória de intelectuais de dois mundos". In: E.R Bastos; M. Ridenti; D. Rolland (Orgs.). *Intelectuais: sociedade e política*. São Paulo: Cortez, 2003, p. 65.

Eis aqui, senhores, a palavra de ordem da França atual, da França de 1891, e a origem dos rumores que novo chegam aos nossos ouvidos e que nos falam dessa nova espécie de guerra de conquistas – no último quartel desse século de luzes, que não é precisamente o de maiores glórias da França como potência colonial...

(...)O melhor meio de encontrar a glória, hoje, é procurando-a no continente negro ou na bacia, do Amazonas... Daí essa tendência à invasão pelo alargamento dos território da Guiana...aliás uma medíocre possessão até aqui como que abandonada pela própria metrópole e que ao lado das da Inglaterra e da Holanda representa um papel desolador...

(Torquato Tapajós, "Amazonas e a França", *Revista da SGRJ*, t. 7, 1891, p. 260-261)

# Militares, diplomatas e cientistas no Contestado Franco-Brasileiro

O desfecho favorável ao Brasil no conflito com a Argentina impulsionou o governo brasileiro a buscar uma solução para outra controvérsia territorial, desta vez, a fixação dos limites com a Guiana Francesa em 1895, confiando a contenda novamente ao Barão do Rio Branco. Não demoraria muito, apenas alguns dias após a declaração da decisão arbitral do presidente dos Estados Unidos, Grover Cleveland. Na ocasião, o ministro das relações exteriores, Carlos de Carvalho, levou em conta a opinião do ministro plenipotenciário em Paris, Gabriel de Toledo Piza e Almeida sobre o assunto. Ao que tudo indica, pairava o fantasma de uma possível luta armada entre os países. Gabriel de Piza receava que um conflito viesse abalar as relações diplomáticas e comerciais com a França. Para o plenipotenciário, o governo francês conhecia profundamente a região contestada, portanto, a criação de uma nova comissão mista demarcatória seria desnecessária.[1]

Não é demais recordar que o território contestado pelo governo francês correspondia a uma vasta área de soberania indefinida em fins do século XIX. Tentativas malogradas de ocupação francesa da faixa entre o Amazonas e o rio da Prata remontam ao período colonial, quando se estabeleceu a França Antártica, de Nicolau Durand Villegaignon, no século XVI, na Baía de Guanabara e a França Equinocial, de Daniel de la Touche, senhor de La Ravardière, no Maranhão, no século XVII. Os dois episódios foram duramente combatidos pelas forças portuguesas. Apesar de subjugados pelas tropas no litoral, os franceses granjearam sucesso ao estabelecer a primeira colônia francesa em 1626 às margens do rio Sinamari, posteriormente transferida para ilha de Caiena, um entreposto comercial francês na parte mais meridional na América.

Tempos depois, estabeleceu-se uma empresa mercantil de origem francesa, denominada de Companhia do Cabo Norte com objetivo de explorar o litoral que margeava às Guianas. Genericamente a região que se esendia do delta do rio Orenoco até o norte do rio Amazonas foi denominada de Guianas, cada qual seria adjetivada com o nome de sua respectiva metrópole de origem: Francesa, Inglesa, Holandesa e até mesmo Brasileira, esta última correspondia a região norte do atual Estado do Amapá.[2]

---

1     AIH, Comissão de limites com a Guiana Francesa: ofícios e minutas. Ofício reservado de Gabriel de Piza a Carlos de Carvalho, 18 fev. 1895. Correspondências relativas ao conflito, lata 542, maço 1.

2     Carlo Romani, "A história entre o oficial e o lendário", *Antíteses*, Londrina, UEL, n. 5, v. 3, 2010, p. 145-169.

Entre os séculos XVI e XVII, viajantes e missionários se aventuravam pela região. Dispersos encontravam-se ainda os fortes militares e os postos de trocas franceses, ingleses, espanhóis, holandeses e portugueses. A região atraía recorrentemente escravos negros fugidos e soldados desertores, que conviviam ao lado de sociedades indígenas, abastecida por uma economia local e conectada por um comércio fluvial assegurado pelo emprego das canoas que perfaziam os rios. Como se tratava de uma área de fronteiras, as disputas territoriais dificultavam o controle efetivo daquela área, assim, os habitantes daquela região gozavam de uma certa liberdade e mantinham o comércio clandestino até então proibido pelo pacto colonial. Qualquer movimento externo em tais "fundos territoriais" causava apreensão por parte da metrópole portuguesa. Havia o medo de uma possível invasão estrangeira ou até mesmo de uma insurreição escrava. Apesar disso, durante um longo período foi possível transpor as fronteiras em busca de fugitivos e até mesmo conservar as relações comerciais interfronteiriças.

Em suas origens, a Guiana Francesa foi ocupada na faixa costeira por missões religiosas, postos militares, unidades pesqueiras e criação de gado. A empreitada colonial deparou-se com vários empecilhos, como o relevo acidentado, o sub-povoamento, as epidemias, as pragas e as dificuldades de navegação. Faltava-lhes ainda capital para investimentos, tecnologia e mão de obra que por muito tempo dificultou a ocupação e a colonização. A região ainda seria sacudida pelos ecos da Cabanagem, uma revolta marcada pela grande participação popular que eclodiu na província do Grão-Pará entre 1835 e 1840. As suas origens remontam ao processo de independência do Brasil, o qual opôs defensores da emancipação e determinados setores da elite alinhados com o projeto recolonizador das Cortes portuguesas.[3]

Variadas eram as rotas de fuga para região que se ampliaram com declaração de extinção definitiva da escravidão pelo governo francês em seus territórios coloniais e suas possessões em 1848, o que por sua vez viria atrair uma massa de escravos fugidos do território brasileiro.[4] A região que corresponde ao Amapá seria povoada por uma leva cada vez maior de desertores, fugitivos e quilombolas. Não passava de um lugar de degredo também para aqueles indivíduos considerados criminosos pelo governo francês, a exemplo

---

3    Cf. Magali Gouveia Angel, "Cabanagem", In: Ronaldo Vainfas (Org.). *Dicionário do Brasil Imperial (1822-1889)*. Rio de Janeiro: Objetiva, 2002, p. 104-105.

4    Em 1794, depois da Revolução Francesa (1889) a escravidão foi decretada abolida nos territórios coloniais e nas possessões francesas. Em 1802, Napoleão Bonaparte restabelece o sistema servil, tornando-se definitivamente extinta somente em 1848.

de Alfred Dreyfus, acusado de traição e condenado à prisão na Ilha do Diabo na Guiana Francesa.[5]

Apesar do impacto relativo da escravidão negra na província do Grão-Pará e nas áreas amazônicas adjacentes, a sua mão de obra era utilizada em serviços domésticos e na agricultura, receava-se uma possível sublevação, tal como ocorreu no Rio Grande do Sul durante a Guerra do Paraguai (1865-1870), quando os soldados do presidente do Paraguai Francisco Solano Lopez instigaram os escravos contra os seus senhores. Algumas medidas preventivas foram colocadas em práticas pela administração da província do Grão-Pará. Nesse rol, podemos destacar a ocupação das regiões fronteiriças, a conservação de antigas práticas comerciais, o estabelecimento do contato com grupos sociais diversos, em especial nas áreas de conflitos territoriais.

Outro fato importante, a livre navegação no rio Amazonas em 1867 decorrente das pressões dos países capitalistas na bacia amazônica, possibilitou a internacionalização do rio. Até então, a fronteira norte era praticamente despovoada e de difícil acesso, a política imperial conservava a mesma política adotada em tempos coloniais, ou seja, resistia às investidas dos franceses e dos ingleses em direção ao rio Amazonas, restringindo à sua navegação. A promulgação do decreto de 1867 favoreceu a ampliação de movimentação de pessoas, embarcações e mercadorias, ao mesmo tempo que ampliou a concorrência comercial e econômica dos países estrangeiros na região.[6] Inserido nesse processo expansionista e neocolonialista em curso, o Brasil constituía uma peça no jogo de interesses das potências europeias na América Latina, acrescidos pela entrada emergente dos Estados Unidos que despontava o seu *destino manifesto* como potência. Nesse cenário de corrida por novas áreas para exploração e para investimentos capitais, o Brasil atraía a atenção das grandes potências.

Por esta razão, o Barão do Rio Branco considerou a questão do Amapá mais complexa do que a de Palmas e decidiu, portanto, centralizar a questão no rio Oiapoque, demonstrando que se travava do Vicente Pinzón,[7] afastando a pretensão francesa para

---

5   Alfred Dreyfus, oficial do exército francês de origem judaica, foi acusado de espionagem pelo governo francês e sentenciado a uma pena na Ilha do Diabo em 1894. O episódio polêmico conhecido como "Caso Dreyfus", que dividiu a França no final do século XIX, foi mascarada pela onda de xenofobia e de nacionalismo que se irradiou pelo continente europeu.

6   Ver Jonas Marçal de Queiroz; Flávio Gomes, "Amazônia, fronteiras e identidades: reconfigurações coloniais e pós-coloniais (Guianas, séculos XVIII-XIX)", Revue Lusotopie, Bordeaux, n. 1 2002, p. 25-49.

7   Navegador espanhol que acompanhou Cristóvão Colombo na histórica viagem de descobrimento da América. Vicente Yañez Pinzón foi um dos primeiros navegadores a percorrer o litoral norte do Brasil, alcançando a foz do rio Amazonas, apelidado de Mar Dulce ou mar doce.

outro curso de outro rio da região e que correspondia a uma área de quinhentos mil quilômetros, maior que o território do Amapá.

Desde o século XVII, Portugal e França vinham disputando as terras do contestado. Entre os século XVIII e XIX foram firmados variados tratados entre as principais nações daquela época e a Amazônia sucessivamente era o motivo da cobiça. O Tratado de Utrecht de 1713 e o Ato Final da Convenção de Viena de 1815 determinavam que o limite entre a Guiana Francesa e a colônia portuguesa era o rio Oiapoque ou rio Vicente Pinzón, como era denominado pelos franceses.

O formalismo jurídico desses acordos não foi capaz de frear as ambições imperialistas das potências europeias, a proximidade das colônias francesas e inglesas transferia as rivalidades e a dinâmica do equilíbrio do Velho Continente para a região. Desse modo, a única forma do governo francês de controlar as terras às margens do Amazonas seria a de colocar em dúvida a localização do rio Oiapoque mais ao sul, designado nos mapas como Araguari, desaguando no oceano Atlântico. A contestação se situava em uma região banhada pelo mar e localizada entre dois rios litigiosos, da nascente principal do Araguari seguindo até a margem esquerda do rio Branco. Além disso, as duas nações tentaram resolver o conflito por meio de comissões mistas demarcatórias de reconhecimento do território sem sucesso.

Se o Barão do Rio Branco alcançou o sucesso nas negociações diplomáticas durante o regime republicano, vale o registro da atuação de Paulino José Soares de Souza, o Visconde do Uruguai, durante o Império. Notório homem de Estado, fora escolhido pelo imperador para função de enviado extraordinário e ministro plenipotenciário em missão especial, em 1855, na França, na Grã-Bretanha e junto à Santa Sé. Militarmente frágil e sem um corpo diplomático profissional, o Império brasileiro utilizava-se das tradicionais armas da diplomacia, ou seja, a formulação de políticas, a materialização de doutrinas jurídicas e a articulação de alianças políticas na defesa da soberania. De acordo com as necessidades pontuais da política externa, D. Pedro II nomeava encarregados de negócios exteriores e ministros plenipotenciários. As chamadas missões especiais eram chefiadas por notáveis do política imperial, a exemplo do Visconde de Uruguai. Uma das figuras centrais da arena política do regime imperial, o Visconde percorreu todas as esferas do poder imperial, foi deputado, senador, conselheiro e ministro da justiça e dos negócios estrangeiros e líder do partido conservador e um dos responsáveis pela centralização política do Segundo Reinado.

Na pasta das relações exteriores, sua atuação foi fundamental nas negociações sobre os limites entre o Brasil, o Paraguai e a Argentina na década de 1840. Buscou consolidar a política externa imperial, ressaltando a manutenção da integridade territorial e da soberania nacional, premissas que adentraram com a instauração do regime republicano. Na corte de Napoleão III, o Visconde defendeu o limite na linha do rio Calçoene, em oposição às pretensões francesas que muito ampliariam o território francês na região.[8]

Apesar do empenho do enviado especial brasileiro na questão, as conferências realizadas entre os representantes das duas chancelarias em Paris, entre agosto de 1855 e julho de 1856, não obtiveram os resultados desejados, pois:

> Depois de uma longa discussão, em que a matéria foi esgotada, terminou a negociação ultimamente encetada em Paris sobre a fixação de limites da Guiana Francesa com o Brasil, sem que os negociadores pudessem chegar a um acordo, por não haver o plenipotenciário francês admitido as proposições do brasileiro, nem esse as daquele.[9]

Convém ressalvar que o Visconde de Uruguai propôs quatro possibilidades para a fixação dos limites entre os territórios do Brasil e da Guiana Francesa. A primeira, uma linha divisória entre os rios Oiapoque e Cassiporé; a segunda, pela margem esquerda do rio Cassiporé; a terceira, o rio Cunani e por último, a linha do rio Calçoene, estipulado no Tratado de 1797 firmado entre o Brasil e a França. Para o governo francês, esse último era o rio Vicente Pinzón. Em contrapartida, a chancelaria francesa ofereceu quatro proposições para o acordo: a margem esquerda do rio Araguari; o canal de Caraporis, que separa ilha de Maracá do Cabo do Norte; o ramo setentrional não obstruído do rio Araguari ou o curso desse rio que corre ao norte para o Canal de Caraporis.[10]

Assim, sem alcançar o êxito esperado o Visconde retornou ao Brasil. Tão logo, os dois governos, em 1858, determinaram a criação de uma comissão mista liderada pelo tenente francês Carpentier e pelo capitão-tenente brasileiro José da Costa Azevedo, Barão de Ladário, cuja missão era proceder a exploração dos rios próximos ao Amazonas.[11]

---

8    Sobre atuação de Visconde do Uruguai, ver José Murilo de Carvalho, *Visconde de Uruguai*. São Paulo: Editora 34, 2002; Gabriela Nunes Ferreira, *Centralização e Descentralização no Império: os debates entre Tavares Basto e Visconde de Uruguai*. São Paulo: Editora 34, 1999; Miguel Gustavo de Paiva Torres, *O visconde de Uruguai e sua atuação diplomática para a consolidação da política externa do Império*. Brasília: Fundag, 2011.

9    MRE. "Limites com a Guiana Francesa. Acordo para nomeação de uma comissão mista encarregada de explorar o território em litígio". *Relatório dos Ministério das Relações Exteriores*, 1892, p. 83. Disponível em: <http://brazil.crl.edu/bsd/bsd/u1607/000082.html>. Acesso em: 20 abr. 2013.

10   *Ibidem.*

11   AIH, "Limites entre o Brasil e a Guiana Francesa". Relatório do Capitão-Tenente Costa Azevedo sobre limites com a Guiana Francesa, p. 43-44, 1857, lata 540, maço 2.

Costa Azevedo possuía experiência anterior no processo de demarcação das fronteiras. [12] Em 1852, havia participado da comissão de limites com o Uruguai, chefiada pelo Barão de Caçapava.

Por outro lado, o comissário francês nunca participou dos trabalhos de exploração. A sua embarcação apresentou um problema técnico, o que acarretou o seu retorno para França. Assim, até 1861, Azevedo desenvolveu explorações unilaterais aguardando o regresso de um novo representante francês. O saldo de sua missão constituiu um alentado relatório, dividido em dois volumes manuscritos, que resume as incursões realizadas pelos rios e os trabalhos de fixação das latitudes e das longitudes entre o rio Oiapoque e o Amapá. Além disso, fornece pistas interessantes que ajudam a compor um retrato da realidade daquela região em meados dos Oitocentos. Sobre o desenvolvimento econômico da região do Amapá, o comissário brasileiro observou a pouca importância dada a agricultura e a pecuária. Registrou, ainda, um sentimento nostálgico presente entre os habitantes locais, que remontava à existência de um posto militar francês entre 1835 e 1841, a última data coincide com a assinatura do acordo bilateral de neutralidade da área contestada. Naquele período, muitos brasileiros fugiram do Pará em consequência dos conflitos oriundos da Cabanagem. Segundo Costa Azevedo, os que não escaparam "morreram de febres".

Se posteriormente, a região do Cunani viria a ser notadamente ocupada, marcada por inúmeras desordens e pela acirrada disputa entre os governos francês e brasileiro, naquele momento, a realidade era um pouco diferente. Habitavam aquela área um grupo de quarenta pessoas, entre os quais um comerciante francês. A esse respeito, Costa Azevedo narrou o espanto e o medo dos moradores com a aproximação de sua embarcação. Por conta disso, diversos habitantes se embrenharam pela selva com receio de serem possivelmente aprisionados. Em outra localidade, em Cassiporé, o militar desembarcou de madrugada, evitando, assim, qualquer alarde. Mais uma vez, constatou a atuação dos militares franceses na região. Com certa surpresa, observou ainda a tarefa de tais oficiais em tranquilizar os moradores sobre a presença de Costa Azevedo e de seu grupo, informando aos moradores da região de que se tratava apenas de uma comissão demarcatória.

---

12  Agraciado com o título de Barão de Ladário em 1885, José da Costa Azevedo seguiu carreira na Marinha, alcançando o almirantado. Lutou na Guerra do Paraguai (1865-1870). Participou da Comissão de Limites com o Uruguai, em 1852, chefiado pelo Barão de Caçapava. Envolveu-se ainda na demarcação das fronteiras com a Guiana Francesa. Foi professor de zoologia e de botânica do Museu Real (atualmente Museu Nacional). Participou da vida política imperial, como conselheiro do Imperador D. Pedro II e deputado pela província do Amazonas. Com o advento do regime republicando, foi eleito senador pelo estado do Amazonas em duas legislaturas, entre 1894 e 1897, e entre 1903-1904, quando veio a falecer. Cf. Raimundo Lopes, "Barão de Ladário". In: George Ermarkoff (Org.), *Dicionário Biográfico Ilustrado de Personalidades da História do Brasil*. Rio de Janeiro: George Ermakoff Casa Editorial, 2012.

Durante a missão, o comissário contatou algumas autoridades locais. Em Caiena, encontrou-se com o representante daquele governo, que defendia os interesses franceses sobre o território litigado. Os argumentos utilizados pelo chefe local variavam. Afirmava que a colônia francesa possuía "pouco território" fora do Velho Continente, além disso o Amapá garantiria a segurança com a supressão definitiva de "facínoras e desertores" de seu país. No seu entendimento, o governo francês legitimaria a sua soberania territorial, devido a existência de diversas vilas e povoados franceses entre o Oiapoque e o Amapá. Por fim, concluía que "o terreno era insignificante para o Brasil". Contudo, Costa Azevedo optou por abster-se de qualquer comentário sobre o assunto, apenas registrou a sua passagem por aquela região. O comissário brasileiro empreendeu uma viagem de exploração pela bacia amazônica, abarcando os rios Oiapoque, Uaçá, Cassiporé, Cunani, Calçoene, Maiacaré, Sangradouro Amapá e Amapá Grande.[13]

Como não houve o envio de um novo comissário por parte do governo francês, decidiu-se pelo encerramento dos trabalhos da comissão de Costa Azevedo. Sem alcançar o sucesso nas negociações, ambos governos mantiveram o artifício da neutralidade do território litigioso, o que implicava na inaplicabilidade da jurisdição de cada estado e a criação de um governo "tolerado pelo Brasil e pela França". Para a chancelaria brasileira, o desconhecimento daquela parte território interferiu na oportunidade de concretização das negociações entre os dois governos. Assim, em 1862, um acordo sobre a segurança daquela região foi assinado:

> (...) Em consequência, pois, e no interesse comum de ordem e segurança, fica entendido, pela presente declaração, que o governo de sua Majestade o Imperador do Brasil e o de Sua Majestade o Imperador dos Franceses não porão respectivamente obstáculo algum a que os malfeitores do território em litígio, que forem entregues às justiças brasileira ou francesa, sejam julgados por uma ou pela outra, não prejudicando, além disso, em nada esta declaração a solução a que deve ter a questão de limites, ainda pendente.[14]

Anos mais tarde, em 1887, a chancelaria brasileira anunciava a retomada das negociações relativas às demarcações de limites com as Guianas Francesa, Inglesa e Holandesa, paralisadas há muito anos.[15] Entretanto, somente em 1892 as negociações foram realmente

---

13    AIH, Relatório do Capitão-Tenente Costa Azevedo sobre a Guiana Francesa, 1858-1861, lata 540, maços 2 e 3. Registramos ainda um outro relatório mais sucinto de sua autoria datado de 1859, lata 462, maço 3.

14    MRE, "Limites com a Guiana Francesa", *Relatório dos Ministério das Relações Exteriores*, 1894, p. 43. Disponível em: <http://brazil.crl.edu/bsd/bsd/u1609/000044.html>. Acesso em: 20 abr. 2013.

15    *Ibidem*, 1887, p. 15. Disponível em: <http://brazil.crl.edu/bsd/bsd/u1602/000013.html>. Acesso em: 20 abr. 2013.

formalizadas. Em 1895, em virtude de um novo tratado, reestabeleceu-se a atuação do consulado brasileiro em Caiena. Além disso, por ocasião dos sucessivos conflitos deliberou-se a criação de uma comissão mista com efeitos de polícia na região.[16] Mas antes do comitê misto, em 1895, há o registro de um memorial do capitão Filinto Alcino Braga Cavalcanti, que realizou uma expedição pelo rio Araguari.

Ao que tudo indica, sua missão fora designada para investigar a possibilidade do estabelecimento de colônias de acordo com as instruções do governo da chamada Guiana Brasileira. Na ocasião, empreendeu o levantamento geográfico e descritivo, ressaltando a ocupação daquela região com intuito de refutar às alegações francesas. Como resultados de suas investigações, criticou o mapa publicado na Sociedade de Geografia de Paris em 1892. A carta organizada por J. Hansen reduzia as Guianas Inglesa e Francesa suprimindo os detalhes dos rios do Maroni e Oiapoque, alterando o curso desse último rio. Também censurou o traçado do rio Mapari por ele também explorado. Além das críticas ao mapa, se ateve na descrição da Guiana Francesa. Em relação ao Amapá, constatou se tratar da área mais rica da região contestada. Para provar sua premissa examinou a economia local e averiguou a exportação de gado, borracha e peixe, por exemplo. Sobre o rio Araguari e seus afluentes promoveu também uma breve relato geográfico.[17] Os resultados da exploração no Rio Araguari de Braga Cavalcanti foram utilizados, posteriormente, pelo Barão do Rio Branco para fundamentar a memória brasileira.[18] Logo em seguida, uma nova missão foi preparada, desta vez, com a participação do cientista suíço Emílio Goeldi.

O naturalista e zoólogo suíço, naturalizado brasileiro, Emílio Augusto Goeldi especializou-se em zoologia no país natal. Depois de formado, viajou para Itália e Alemanha. Na cidade de Nápoles, frequentou a Stazione Zoológica, onde desenvolveu estudos ornitológicos e ictiológicos. Na Alemanha, permaneceu por um período nas Universidades de Jena e de Leipizig. Em Jena, trabalhou como assistente de pesquisa do célebre zoólogo e evolucionista Ernst Häckel no Zoological Institute. Doutorou-se em 1884, e em seguida ingressou como professor universitário na cidade de Jena. No mesmo ano veio ao Brasil, a convite de Ladislau de Souza Mello Netto, diretor do Museu Imperial e Nacional, para trabalhar na Seção de Zoologia. Permaneceu na instituição por cinco anos desenvolvendo estudos significativos sobre répteis, mamíferos, aves, insetos, aranhas

---

16    MRE, "Guyana Francesa". *Relatório dos Ministério das Relações Exteriores*, 1895, p. 44. Disponível em: <http://brazil.crl.edu/bsd/bsd/u1610/000074.html>. Acesso em: 20 abr. 2013.

17    AIH, Limites com a Guiana Francesa: Exploração do rio Araguari e outros, por Filinto Alcino Braga Cavalcanti, lata 540, maço 1.

18    MRE, *Obras do Barão do Rio Branco IV: questões de limites Guiana Francesa, segunda memória*. Brasília: Funag, 2012, p. 75-76.

e crustáceos. No âmbito da zoologia agrícola, investigou as pragas que assolavam a agricultura no Brasil, em especial os cafezais. Participou da comissão encarregada de organizar as coleções científicas para Exposição de Paris em 1889.

Com o advento da República, desligou-se do Museu Nacional. Em seguida, associou-se ao seu sogro Carl Eugen Meyer na administração de uma colônia de imigrantes suíços em Teresópolis. Sem muito sucesso, a chamada Colônia Alpina da Serra dos Órgãos encerrou as suas atividades em 1892. No período em que viveu naquela região, se dedicou ao estudo e à pesquisa da fauna da Mata Atlântica, além de realizar o intercâmbio com cientistas estrangeiros e com instituições científicas, do porte da Zoological Society of London e da British Ornitholgists Union, além de publicar as obras conhecidas Os Mamíferos do Brasil (1893) e As Aves do Brasil (1894). Em 1894, recebeu um convite do governador do Pará, Lauro Sodré, para organizar o Museu Paraense, existente desde 1866, mas pouco ativo. Além de contratar uma equipe de cientistas e de técnicos, transformou a instituição num centro de pesquisa científica nos moldes dos museus de história natural da época, inserindo a região amazônica no circuito científico internacional.[19]

Logo após a sua nomeação como diretor do Museu Paraense, o cientista suíço Emílio Goeldi recebeu uma nova incumbência do governo do Pará e do ministro das relações exteriores, Carlos Carvalho. Mais uma vez argumentava-se o desconhecimento brasileiro sobre aquela parte do território, ele e outros cientistas do Museu realizaram duas incursões entre 1895 e 1896, pela região do Amapá e a foz do rio Amazonas, alegava-se que os franceses possuíam um conhecimento superior sobre a região do que os nacionais. Na primeira expedição, o cientista empenhou-se no levantamento geográfico e socioambiental da região litigiosa, além de averiguar os conflitos que tiveram lugar naquele ano. As informações levantadas foram reunidas em dois relatórios oficiais entregues ao ministro e ao governador.

---

19   Em 1895, inaugurou o Parque Zoobotânico do Museu Paraense, com objetivo de mostrar a fauna e flora regionais para educação e lazer da população. Um ano depois começava a ser editado o periódico científico da instituição, o Boletim do Museu Paranaense de História Natural e Etnografia, existente até os dias de hoje. Envolveu-se também na luta contra a febre amarela, mobilizando a instituição para identificar as espécies de mosquitos e moscas associadas à transmissão de doenças da região amazônica. Durante a sua administração, o Museu Paraense ganhou renome internacional e desenvolveu pesquisas em diversos campos das ciências, a exemplo da geografia, da geologia, da climatologia, da arqueologia e da etnologia. Foi defensor da preservação da cultura e da identidade indígenas. Em 1907, com a saúde abalada pela malária, aposentou-se e regressou à Suíça, onde foi admitido como professor de zoologia na Cantonal University, e de zoogeografia e biologia animal na Universidade de Berna. Sobre a trajetória de Emílio Goeldi, ver Nelson Sanjad, Emílio Goeldi (1859-1917): a aventura de um naturalista entre a Europa e o Brasil. RJ: EMC Edições, 2009.

Naquela oportunidade, refutou os argumentos do explorador francês Henri Coudreau, que defendia a existência de um população desejosa em se tornar francesa. Quanto à segunda expedição, desenvolveu levantamentos geográficos, botânicos e arqueológicos. O resultado dessas explorações consistiu na publicação de diversos estudos originais, entre 1896 e 1900, que compreendiam descrições geográficas, descobertas de novas espécies botânicas, além do exame da formação geológica, caracterização dos tipos indígenas da região, produção cartográfica e fotográfica, entre outros aspectos.[20] Assim como Braga Cavalcanti, Goeldi também enfatizou as riquezas naturais então disponíveis na região disputada até os limites do rio Oiapoque, o que legitimava às alegações brasileiras sobre o seu direito sobre a parte litigiosa.[21]

De todo modo, dois anos depois, o tratado de arbitramento entre os governos brasileiro e francês foi finalmente aprovado.[22] Nesse acordo, estipulou-se o protocolo para criação de uma nova comissão mista "destinada a preparar os elementos necessários, para que, proferida a sentença arbitral, se proceda de conformidade com ela a demarcação da fronteira". A comissão mista iniciaria os trabalhos após o laudo arbitral da Confederação Helvética. À esta época, o Barão do Rio Branco havia encaminhado a memória em dois volumes com os mapas e os documentos ao árbitro.[23] Integrariam a comissão mista os militares Augusto Cunha Gomes e Filinto Alcino Braga Cavalcanti, como primeiro e segundo comissários respectivamente. Além do médico Luiz da França Marques Faria, dos encarregados Alfredo Leopoldo de Moura Ribeiro e Leopoldo Rodrigues de Sousa, e o ajudante Elias Marinho de Albuquerque Uchôa.[24]

Além da exploração dos rios, caberia ao comitê misto a manutenção da segurança do território neutralizado[25], com intuito de impedir qualquer episódio que comprometesse a decisão do árbitro e as relações diplomáticas entre os dois governos. Para tanto, um documento fora organizado para orientar os trabalhos da comissão brasileira. De acordo com as instruções secretas:

---

20    Nelson Sanjad, op.cit, p. 60-69.

21    AIH, Relatório de Emílio Goeldi a Lauro Sodré, 29 jan. 1896. Missão Coudreau, lata 542, maço 3.

22    MRE, "Guyana Francesa: Tratado de arbitramento para fixação de seus limites com o Brasil". *Relatório dos Ministério das Relações Exteriores*, 1897, p. 234. Disponível em: <http://brazil.crl.edu/bsd/bsd/u1612/contents.html> Acesso em: 21 abr. 2013.

23    *Idem*, "Limites com a Guyana". *Relatório dos Ministério das Relações Exteriores*, 1898, p. 21. Disponível em: <http://brazil.crl.edu/bsd/bsd/u1780/000040.html> Acesso em: 21 abr 2013.

24    *Ibidem*, 1899, p. 40. Disponível em: <http://brazil.crl.edu/bsd/bsd/u1781/000059.html> Acesso em: 21 abr. 2013.

25    O território neutralizado correspondia aos vilarejos de Amapá, Calçoene, Cassiporé, Uaçá, Arucauá e Curipi.

Essa missão tem por objeto a conservação da ordem e da tranquilidade no território neutralizado durante o processo de arbitramento e por isso se estipula nas instruções ostensivas que os primeiros comissários se conservarão no lugar onde se estabelecer a sede da comissão. As administrações locais constituídas em consequência do regime de neutralização do território litigioso continuarão a ser toleradas, mas a comissão exercerá sobre elas a influência com o concurso dos governos do Estado do Pará e da Guiana, os quais pela autoridade dos seus conselhos persuadirão sem dúvida os seus nacionais a se conformarem com os da comissão.[26]

O documento ainda deliberava sobre os trabalhos de campo a serem cumpridos pela comissão. Previa-se a exploração do território e a listagem de plantas dos rios intermediários. A comissão realizou com sucesso a segunda missão relativa à segurança da região. Os trabalhos de demarcação de limites foram suspensos, de acordo com a sentença arbitral do governo suíço a fronteira seria formada basicamente pelo rio Oiapoque, excluindo a obrigação da exploração de outros rios. Depois da decisão arbitral, a comissão foi dissolvida temporariamente.[27] Porém, ao que tudo indica, até 1912, a fronteira não foi efetivamente demarcada, conforme consta no relatório anual do Ministério das Relações Exteriores.[28] Somente entre 1955 e 1962 os trabalhos técnico-geográficos foram reiniciados, quando foram colocados sete marcos ao longo da fronteira terrestre pela Serra Tumucumaque.[29]

Comprometida com a investigação de temas nacionais, a problemática da fronteira entre o Brasil e a Guiana Francesa começou a ser veiculada na seção "Noticiário" da *Revista* a partir de 1886. Dos periódicos das sociedades congêneres europeias, que eram diariamente recebidas, selecionavam-se notícias pelo redator da *Revista*. Em algumas ocasiões eram resumidas e comentadas. Em relação à região amazônica, o discurso denuncia-

---

26  IH, Limites com a Guiana Francesa. Missão Francesa (1897). Instruções secretas, reservadas e ostensivas, lata 545, maço 6.

27  MRE, "Limites com a Guyana Francesa: Sentença proferida pelo Conselho Federal Suíço". *Relatório dos Ministério das Relações Exteriores*, 1900, p. 6. Disponível em: <http://brazil.crl.edu/bsd/bsd/u1782/000021.html> Acesso em: 21 abr. 2013.

28  *Idem*, "Resumo e estado atual das questões de limites do Brasil (30 de abril de 1912): Guyana Francesa". *Relatório do Ministério das Relações Exteriores*, 1912, p. 5. Disponível em <http://brazil.crl.edu/bsd/bsd/u2313/000029.html> Acesso em: 22 abr. 2013.

29  Gutemberg de V. Silva; Aldomar A. Rückert, "A fronteira Brasil-França", Confins, *Revista Franco-Brasileira de Geografia* [online], n. 7, 2009. Disponível em: <http://confins.revues.org/6040>. Acesso em: 23 abr 2013.

va os interesses expansionistas europeus e as rivalidades interfronteiriças entre os países latino-americanos, o que incitava o patriotismo entre seus associados.

O Boletim da Sociedade de Geografia de l'Est, por exemplo, optou por rememorar a contenda. Assinalou que a reinvindicação brasileira remontava ao período colonial, apesar do registro das negociações e dos tratados assinados, a exemplo do Tratado de Utrecht de 1713, o ajuste diplomático não apontava "o verdadeiro lugar de certas designações geográficas". Ressalvava ainda que em 1856 o governo brasileiro ofereceu metade do território reivindicado, porém, o governo francês reivindicava uma extensão maior do território. Por esta razão, um novo acordo foi estabelecido, em 1883, entre as chancelarias francesa e brasileira. O presidente do conselho de ministro, José Maurício Wanderley, o Barão de Cotegipe,[30] foi incumbido de regular as contestações entre o Brasil e os demais países vizinhos, tendo como parâmetro "(…) ao Brasil o que se acha já sob a influência brasileira; a nação limítrofe o que está sob a sua influência; quanto às zonas neutras, partilha amigável depois do estudo de uma comissão mista".[31]

Ao que tudo indica, a divulgação de memórias e/ou livros que traziam, à baila informações sobre os recursos naturais existentes, a população, os aspectos políticos e econômicos estava na pauta dos periódicos das sociedades geográficas europeias. A Sociedade de Geografia de Lille apontou os motivos para a ampliação das relações comerciais da França com o Brasil:

> (…) O Brasil atrai hoje mui particularmente a atenção do mundo comercial e financeiro. Sua situação magnífica, o imenso desenvolvimento das suas costas no Atlântico, a fertilidade de muitas de suas províncias, suas inúmeras riquezas naturais, o sucesso repentino e poderoso de certos produtos, e o lugar que eles ocupam nos mercados do mundo inteiro, a felicidade que teve de encontrar uma forma de governo, e um príncipe, que há longos anos, lhe têm assegurado paz e prosperidade, por entre as revoluções dos países vizinhos, o porvir certo que muitos lhe auguram e as especulações, que se fazem por esse porvir, todas estas coisas excitaram a curiosidade dos viajantes, dos economistas e dos financeiros e

---

30 José Wanderley Pinho, o Barão de Cotegipe, notabilizou-se como político e diplomata durante o regime imperial. Encabeçou diversos ministérios, foi presidente do conselho de ministros e do Brasil. Envolveu-se em inúmeras questões políticas que sacudiram o Império brasileiro. Negociou o Tratado de Assunção em 1872, que encerra a Guerra da Tríplice Aliança. Além de relatórios e discursos, foi autor da obra *Apontamentos sobre os limites entre o Brasil e a República Argentina*, publicada em 1882, resultado de sua experiência nas questões fronteiriças com a Argentina como ministro da pasta dos negócios exteriores em dois períodos: 1875-1877 e 1885-1888.

31 SGRJ, op. cit., n. 1, t. 3, 1887, p. 74.

determinaram numerosas e sérias investigações sobre os seus recursos, e o melhor meio de utilizá-los.[32]

Se por um lado, o governo brasileiro buscava desenvolver àquela parte do território atraindo investimentos e promovendo a imigração, sobretudo europeia, por outro lado, tal publicidade causava a cobiça e a concorrência das grandes potências. Em fins dos Oitocentos, os conflitos entre brasileiros e franceses se perpetuaram. A proclamação de uma república localizada entre os rios Oiapoque e Araguari, correspondente ao território contestado entre o Brasil e a Guiana Francesa, viria a instigar ainda mais a situação. As notícias sobre a instalação da República de Cunani, sob a presidência de Jules M. De Gros, então redator do periódico *Explorateur* e um dos fundadores da Sociedade de Geografia Comercial de Paris,[33] com a suposta colaboração do geógrafo francês Henri Coudreau, foram divulgadas nos periódicos de repercussão regional e nacional.[34] Coudreau defendia a sua criação, afirmava que os habitantes da recém-criada nação almejavam permanecer sob a égide do governo francês, pois não se identificavam com o Brasil, segundo um plebiscito organizado por ele. O geógrafo Henri Coudreau se envolveria em outras polêmicas sobre a região contestada entre o Brasil e a França com o governo brasileiro.

Antes de Coudreau, outros desbravadores franceses viajaram pela região amazônica, a exemplo do médico naval Jules Crévaux. A região que compreendia o território litigioso não atraía apenas aventureiros, desertores ou escravos fugidos. Nomeado para servir na Guiana Francesa, acompanhado do afrodescendente Apatou, da tribo Boni, um notório conhecedor da região, o explorador francês pretendia alcançar a mítica Serra de Tumucumaque. Considerado o pioneiro na exploração do rio Trombetas, identificou seus afluentes, saltos e igarapés. Veio a falecer em outra expedição decorrente de um confronto com os índios Tobas às margens do rio Pilcomayo na Argentina em 1882, especula-se que

---

32    SGRJ, "As condições presentes no Brasil", *op. cit.*, n. 1, t. 4, 1888, p. 65.

33    Não é demais registrar que a origem das sociedades geográficas relaciona-se com o expansionismo europeu na África e na Ásia. A crescente importância das questões econômicas no continente africano estimulou o surgimento da bandeira comercial com a aproximação de empresas comerciais. Em Paris, a seção comercial da Sociedade de Geografia tornava-se independente em 1871. Logo em seguida, surgiam as sociedades de geografia comercial em Bordeaux (1874), Nantes (1882) e Le Havre (1884), por exemplo. Nestas cidades, proprietários, comerciantes e câmaras de comércio defendiam a geografia "de serviços públicos e comerciais." O conteúdo dos seus relatórios e boletins refletiam esta orientação. As questões abordadas sobre o continente africano apontavam para a construção de ferrovias, navegação em rios, rotas de comércio, produção econômica local etc. Sobre o assunto ver, Horácio Capel, *Filosofia y Ciencia em la Geografía Contemporanea*. España: Editorial Barcanova, 1998.

34    SGRJ, "Noticiário", *op. cit.*, n. 3, t. 3, 1887, p. 218.

toda a equipe tenha sido vítima da prática do canibalismo. Ao todo, Crévaux realizou quatro expedições: entre 1876 e 1877 pela interior da Guiana; entre 1878 e 1879, da Guiana aos Andes; entre 1880 e 1881, da Nova Granada (Colômbia) até Venezuela e entre 1881 e 1882 pelo Grão Chaco, patrocinado pelos governos argentino e boliviano; tais investigações foram reunidas no livro *Voyages dans l'Amérique do Sud*.

Formado pela École Normale de Cluny em 1877, filho de pais agricultores, Henri-Anatole Coudreau ingressou como docente de geografia e história na École Professionale de Reims por um curto período de tempo. Acompanhado de sua esposa Marie Octavie Coudreau, companheira de várias expedições, veio para a região amazônica em 1881, aos vinte e um anos de idade, estabelecendo-se em Caiena como professor de um liceu local. Em 1883, publicou um trabalho intitulado Richesses de la Guyenne Française, que viria a ser premiado com uma medalha na Exposição de Amsterdam. Nesse mesmo ano, por intermédio de Charles Maunoir, secretário da Sociedade de Geografia de Paris, à serviço do Ministério da Marinha e das Colônias, excursionou pela região contestada entre a Guiana Francesa e o Brasil entre 1883 e 1884. Seguiram-se outras duas expedições entre 1887-1889 e entre 1889-1891, ao fim de cada viagem realizada, Coudreau organizava um livro com os resultados das suas investigações.[35] Há o registro de uma correspondência de Coudreau ao Imperador D. Pedro II no final do Império. Em 1884, o jovem explorador apresentou os objetivos de sua missão na Guiana Francesa e ao sul da Amazônia. Informava que dava prosseguimento aos estudos arqueológicos, paleontológicos e linguísticos das sociedades indígenas iniciados na missão anterior. Além disso, pretendia examinar a situação socioeconômico dos habitantes daqueles povoados. Para tanto, solicitava ao monarca uma embarcação capaz de superar as dificuldades da navegabilidade dos rios amazônicos.[36] A resposta veio do ministro dos Negócios Exteriores Francisco Carvalho de Soares Brandão, que comunicou a impossibilidade da cessão por parte do serviço público de uma embarcação daquela natureza.[37]

A defesa da Guiana Independente ou da Nova Guiana, como era nomeada pelos franceses, apareceu de maneira consistente em *La France Équinoxiale* de Coudreau, como

---

35   *Aperçu générale des Tumucu-Humac (1893); Chez nos Indiens: quatre années dans la Guyane Française, 1887-1891 (1893); Dix ans de Guyane (1897); Etudes sur les Guyanes et l'Amazonie (1886); L'Amazonie (1886); La France Equinoxiale (1887); Le territoire contesté entre la France e le Brésil (1885); Les Français en Amazonie (1887); Un hivernage sous l'Equateur, Guyane centrale, 1889-1891 (1891); Voyage à Itaboca et à l'Itacayuna (1898).*

36   AIH, Carta de Henri Coudreau ao Imperador, sem data, Manaus. Missão Coudreau, lata 543, maço 3.

37   *Idem*, Carta do ministro Soares Brandão a Henri Coudreau, Rio de Janeiro, 10 mar 1884, Missão Coudreau, lata 543, maço 3.

resultado das expedições realizadas desde que aportou naquela região. A obra foi dividida em dois volumes: *Etudes sur les Guyanes et l'Amazonie*, publicada (1886), *Voyages à travers les Guyanes et l'Amazonie* (1887), encerra a coleção um atlas. A pesquisa de Coudreau fundamentou Vidal de La Blache na defesa francesa no Tribunal Arbitral de Berna no litígio franco-brasileiro.[38] A última década dos Oitocentos foi um período bem movimento para o jovem explorador francês. Viajou cerca de 2.600 quilômetros em rios, 1.400 em montanhas, marchou a pé valendo-se de bússolas e sabres para abertura de picadas, geralmente acompanhado de dois ou três índios. Em uma dessas viagens, seguiu escoltado pelo mesmo guia local que acompanhara Crévaux em suas expedições.[39]

Afirmando-se como um explorador autodidata, Coudreau destacou-se como geógrafo, historiador, zoólogo, botânico, etnógrafo e linguista, adquirindo conhecimento suficiente das línguas das sociedades indígenas da região. Organizou uma cartografia precisa da Serra Tumucumaque e dos principais rios do norte da Amazônia. Defendia que o controle do espaço pressupunha um conhecimento preciso da região litigiosa, principalmente da parte contestada pela Guiana Francesa e pelo Brasil. Além de publicar diversas obras importantes sobre a região, principalmente sobre as sociedade indígenas, ao que tudo indica Coudreau pretendia convencer as autoridades franceses da importância da região para emigração europeia e da viabilidade da exploração econômica, utilizando-se da mão de obra indígena e negra em atividades agrícolas e extrativistas. Com a intenção de comprovar a existência de sociedades indígenas no vale amazônico, no boletim da Sociedade de Geografia de Paris o geógrafo anunciou a existência de cinquenta e três sociedades indígenas na Guiana Francesa, cerca de cinquenta mil indígenas. Recorrente nas páginas do periódico da Sociedade de Geografia do Rio de Janeiro eram as notícias sobre suas atividades naquele território como explorador e as suas alegações publicadas em periódicos estrangeiros.

Na região litigiosa entre a Guiana Francesa e o Suriname haviam sido encontradas ricas jazidas de ouro, por esta razão, Coudreau vislumbrava a possibilidade de explorar tais depósitos. Segundo uma notícia publicada no Boletim da Sociedade de Geografia Comercial de Bordeaux, a descoberta vinha (...) *atraindo a atenção de aventureiros e causando alguns conflitos.*[40] Em sua obra *Études sur les Guyanes et l'Amazonie*, o geógrafo

---

38  O litígio somente acabaria após a pendência jurídica defendida na Suíça entre Paul Vidal de La Blache para a França e o Barão do Rio Branco, ganha por esse último para o Brasil, decisão definitiva ratificada pelo Tribunal Arbitral de Berna, em dezembro de 1900.

39  SGRJ, "Noticiário", *op. cit.*, n. 3, t. 3, 1887, p. 218.

40  *Ibidem*, n. 2, t. 3, 1887, p. 67.

francês esclarecia que os habitantes encontravam-se dispersos em seis capitanias, somando uma população estimada em mil e quinhentas pessoas, cuja idioma principal era o português, mas se advertira sobre o uso crioulo francês de Caiena. Apesar da efêmera duração, a República foi extinta pelo governo francês em 1887, mas a sua implantação contribuiu para divulgar e ampliar sentimentos patrióticos em relação àquele cantão do território brasileiro. Em 1890, Jules Gros pretendia restabelecer a República de Cunani, argumentando que o governo brasileiro não fazia objeção a ocupação do território pela França, então, reivindicava a posse da margem direita do rio Carsevena.[41]

As notícias sobre a fundação da "pseudo-república", "improvisada república" ou "Guiana independente" de Cunani rechearam as páginas dos boletins da Sociedade. Geralmente satírica, a comissão da redação comentava as notícias extraídas de periódicos europeus. Em retrospecto, relatou que a região havia sido alvo de disputa de diversos povos. Os portugueses quiserem impor um principado, os poloneses pretendiam estabelecer uma "Nova Polônia", os ingleses tentaram fundar uma estação naval e os norte-americanos pretendiam desenvolver estudos hidrográficos. Depois de criada a República, o presidente Jules Gros nomeou um gabinete e criou uma condecoração especial, a Estrela de Cunani, e curiosamente estabeleceu a sede do novo governo em Vannes, nos arredores de Paris.[42]

Devido a intensa propaganda da imigração francesa na região do Amapá, no Brasil buscou-se também promover a ocupação da área por nacionais em 1891. A ideia partira do chefe da comissão da colonização da então chamada Guiana Brasileira, o capitão Filinto Alcino Braga Cavalcante, que percorreu o rio Araguari. A discussão ainda envolveu o governador do Pará, Justo Leite Chermont, que elaborou um projeto de colonização brasileira. Demandava o estabelecimento de um orçamento específico destinado ao seu plano, a ampliação da navegação entre Amapá e Caiena, com intuito de estreitar o comércio e impulsionar a exportação de gado da Ilha de Marajó. Além disso, previa a abertura de uma estrada entre Óbidos e Campos Gerais, nas proximidades da Guiana Inglesa. Podemos inferir que a importância dada a agricultura e a pecuária inseria-se na constatação de que o extrativismo não promovia a fixação dos indivíduos ao solo e possuía um potencial de destruição dos recursos naturais da região, filiando-se a um projeto civilizador que se opunha ao extrativismo.[43] Para Chermont, era fundamental:

---

41  SGRJ, "O território de Cunani", *op. cit.*, n. 3 e 4, t. 6, 1890, p .169.

42  *Idem*, "A pseudo-república de Cunani", *Revista da SGRJ*, Rio de Janeiro, 1891, n. 3, t. 7, 1891, p. 224.

43  Kelerson Costa, "Intervenções humanas na natureza amazônica (século XVII ao XIX)". *Revista Ciência e Ambiente*, UFSM, História agrária e ambiental, v. 33, jul./dez, 2006.

aliciar colonos cearenses e de outros Estados da União, mas somente brasileiros, oferecendo-lhes vantagens para se estabelecerem nas colônias que se fundarem nas fronteiras e na linha do território em litígio no maior número possível. Os colonos se ocuparão na lavoura do cacau e do café, que já existe nesse região, explorando todos os pontos ainda não conhecidos e estendendo a linha das colônias nacionais pelo sul das Guianas Holandesa e Inglesa.[44]

Outra notícia foi extraída do periódico da Sociedade Royale de Geographie d'Anvers, uma memória do sócio-correspondente da Sociedade de Geografia do Rio de Janeiro, o vice-cônsul A. Baguet, sobre o território contestado entre o Brasil e a França de autoria. Naquela oportunidade, o vice-cônsul teceu comentários a respeito de um artigo publicado por Francisco José de Santana Nery, o Barão de Santana Nery, no *Jornal do Commércio*. Reconhecido especialista da região, o Barão, em seu trabalho, recordou o histórico do contestado franco-brasileiro à época das negociações de 1855, na ocasião, o governo francês refutou o acordo proposto por Paulino José Soares de Souza, o Visconde de Uruguai.[45] O diplomata belga compactuava com a política expansionista do governo da Terceira República Francesa. Além de enaltecer as potencialidades dos recursos naturais, ressaltava que o território contestado possuía um fim estratégico: seria o destino final para aqueles indivíduos considerados "indesejáveis" pela República Francesa. Por outro lado, ponderou sobre a possível eclosão de um conflito armado e recomendou certa prudência por parte do governo francês referente as relações comerciais entre os dois países, uma vez que "(...) a França depende do Brasil pelos seus produtos fabricados; e esse país pode procurá-los em outros pontos.[46] Afirmava ainda que "(...) se a França recusou a proposta do diplomata brasileiro, visou naturalmente outros fins mais altos".[47]

Na medida em que se difundiam no Brasil os trabalhos do geógrafo francês nos jornais locais e em outros periódicos, sua imagem se transformava. Fora acusado pelas autoridades de Manaus de ser agente político a serviço da França. Por esta razão, Coudreau decidiu se refugiar durante cinco meses entre os indígenas. Ao que tudo indica o afastamento não foi em vão, pois naquele período em que conviveu entre as nações indígenas, examinou

---

44    AIH, Medidas propostas relativa ao território litigioso do Amapá. Ofício reservado de Justo Chermont ao Ministro da Agricultura, 05 ago. 1891. Medidas relativas ao território litigioso do Amapá, lata 545, maço 4.

45    Sobre a trajetória do Barão de Santana Nery, c.b. Anna Carolina de Abreu Coelho, *Sant-Anna Nery: um propagandista "voluntário" da Amazônia (1883-1901)*. Dissertação (mestrado), Universidade Federal do Pará, 2007.

46    SGRJ, "Noticiário", *op. cit.*, n. 1, t .1, 1886, p. 44.

47    *Ibidem.*

os seus costumes e os seus hábitos. Apesar de argumentar que as suas incursões pela região amazônica não possuíssem fins políticos, uma carta de um dos integrantes da expedição de Coudreau havia sido publicada em solo francês, e divulgada também em terras brasileiras, contrariava as suas proposições, pois afirmava "(...) que a expedição tinha por objetivo de coletar documentos para esbulhar os brasileiros da margem esquerda do Amazonas".[48] Com o patrocínio financeiro do governo francês ele realizou o mapeamento da região disputada, passando inclusive a residir na vila de Cunani, um lugar estratégico durante o período da corrida do ouro, onde se tentou fundar uma república independente.[49]

Na defesa da fronteira pátria, membros da Sociedade se manifestaram, além de Antônio de Paula Freitas, dois estudiosos da região amazônica: Torquato Xavier Monteiro Tapajós e Frederico José Santana Nery, o Barão de Santana Nery. O engenheiro Antonio de Paula Freitas, redator do periódico da Sociedade de Geografia, aproveitou as reuniões da entidade para questionar as pretensões francesas na área contestada nos limites com a Guiana, baseando-se na conhecida obra do diplomata Joaquim Caetano da Silva.[50]

Ao reportar-se ao trabalho de Henri Coudreau, o engenheiro lembrava a partilha da África, então promovida pela famigerada Conferência de Berlim realizada entre 1884 e 1885, afirmando que "o Amazonas não é continente negro" e que um país não poderia anexar parte do outro somente para ter limites naturais: "(...) a palavra de ordem da França atual, da França de 1891 é a da expansão colonial, embora não seja dos mais gloriosos o papel daquela nação como potência colonial; como amante da geografia e das viagens: as descobertas do século XVI foram feitas sem a participação da França".[51]

O periódico da Sociedade de Geografia pretendia contribuir trazendo novas informações sobre aquela parte do território com memórias, documentos ou artigos. O engenheiro Antônio Manoel Gonçalves Tocantins relatava uma memória da viagem empreendida ao rio Trombetas, na ocasião ele destacou a opulência da fauna e da flora, uma fonte inexorável de incalculável riqueza nacional.[52] Outros sócios defendiam a intervenção imediata do governo brasileiro por meio da criação de um consulado em Caiena, com

---

48 Frederico José Santana Nery, "O terreno contestado entre a França e o Brasil e a missão Coudreau". SGRJ, *op. cit.*, t. 7, 1891, p. 211.

49 SGRJ, "A pseudo-república do Cunani", *op. cit.*, Rio de Janeiro, t. 7, 1891, p. 224-225.

50 *Idem*, "Ata da sessão de 22 de outubro de 1891". *op. cit.*, t. 8-9, 1892-1893, p. 209; *Idem*, "Ata da sessão de 20 de maio de 1902". *op. cit.*, t. 15, 1903, p. 94.

51 SGRJ, "Ata da sessão de 22 de outubro de 1891". *op. cit.*, t. 8-9, 1892-1893, p. 216.

52 Antônio Manoel Gonçalves Tocantins, "Exploração do rio Trombetas". SGRJ, *op. cit.*, t. 7, 1891, p. 8.

objetivo de reprimir as atividades francesas na região, evitando o contrabando e a propaganda religiosa.[53]

Inicialmente grande admirador de Henri Coudreau, Santana redigiu o prefácio da obra *La France Équinociale: Études sur les Guyanes et l'Amazonie*[54] publicado em 1886, posteriormente passaria a criticar as suas pretensões na região amazônica.[55] Sócio-correspondente da Sociedade de Geografia, o Barão de Santana Nery despontou no cenário intelectual no Brasil e no exterior, sobretudo na França. Natural do Belém do Pará, o Barão, descendente de uma abastada família da região ligada ao ciclo da borracha, iniciou seus estudos como seminarista em Manaus.

Em 1862, viajou para Paris, onde estudou no Seminário de Saint Sulpice, formando-se em letras e ciências. Na Itália, doutorou-se em direito pela Universidade de Roma em 1870. O título de barão foi concedido pelo Papa Leão XIII em reconhecimento à defesa dos interesses do Vaticano. Depois de formado, radicou-se em Paris, onde projetou-se como jornalista e escritor, participando de associações culturais e literárias, construindo um círculo de amizades, que incluía Victor Hugo, Franz Lizt e o príncipe Roland Bonaparte. À convite de Júlio Constâncio de Villeneuve, o Conde de Villeneuve, ministro do Brasil na Suíça e um dos fundadores da Sociedade de Geografia do Rio de Janeiro, Santana Nery ingressou como colaborador do periódico *Jornal do Commércio*.

Apesar de distante da sua terra natal, o Barão de Santana Nery manteve estreitos vínculos com a região amazônica, tornando-se o seu representante oficial. Envolveu-se na criação da Associação Literária Internacional, da Sociedade Internacional de Estudos Brasileiros e da Sociedade de Tradições Populares. Organizou a *Revue do Monde Latin*, idealizou a criação de uma sociedade paraense de imigração, incentivando a imigração europeia para o Pará. Publicou diversas obras, tais como *Les Pays des Amazones, Le Brésil en 1889* e *Flok-lore Brésilien*. Retornou ao Brasil em 1882, quando recebeu diversos prêmios, inclusive a medalha da Ordem da Rosa pelo imperador D. Pedro II.

Subvencionado pelo governo imperial, Santana Nery difundiu a literatura brasileira no exterior, procurou expor uma imagem positiva do Brasil e da América Latina através de suas publicações e conferências. A esse exemplo, em 1887, realizou uma conferência

---

53  José Agostinho dos Reis, "O consulado em Caiena". SGRJ, *op. cit.*, t. 7, 1891.

54  Henri Coudreau, *La France Équinoxiale: Études sur les Guyanes et l'Amazonie*. Paris: Challamel Ainé, 1886. Disponível em: <http://www.brasiliana.usp.br/bbd/handle/1918/00433710#page/1/mode/1up>. Acesso em: 25 out. 2010.

55  Frederico José Santana Nery, *op. cit.* Em 1885, Santana Nery publicou na França a obra *Le pays des Amazones: l'Eldorado, les terres à Caoutchouc*. O livro foi prefaciado pelo geógrafo francês Pierre Émile Levasseur, especialista em história econômica.

na Sociedade de Geografia do Rio de Janeiro sobre a população da Amazônia, sua riqueza e sua imigração. Com a participação do príncipe Conde d'Eu e de outras figuras políticas, Santana Nery discorreu sobre as potencialidades da região para imigração estrangeira e para exploração de seus recursos naturais, sem poupar críticas pontuais ao descaso governamental dado àquela parte do território brasileiro.[56] Compartilhava da visão das elites amazônicas, de que o processo modernizador da região amazônica ocorreria com a entrada maciça de imigrantes estrangeiros e nacionais, a ideia recorrente era a de que a região amazônica apresentava um vazio demográfico.

Do lado brasileiro, um dos defensores dos interesses nacionais na região amazônica foi o Barão de Santana Nery. Em relação aos interesses expansionistas franceses, o sábio Henri Coudreau certamente foi um de seus expoentes. Segundo o Barão de Santana Nery, mais do que realizar explorações científicas, o jovem Coudreau seria uma espécie de agente político do governo francês na região. De todo modo, não seria estranho pensar o contrário, constatou-se o patrocínio do governador da Guiana Francesa para desenvolver estudos sobre a fauna, a flora, a geografia e o estudo das línguas das sociedades indígenas, a fim de estabelecer a colonização francesa. Explorador de prestígio, ele circulava com desenvoltura pelas sociedades geográficas europeias e pelas esferas do governo francês. Assim, com objetivo de comprovar a premissa citava dois episódios. O primeiro tratava-se de uma conferência realizada na sala do Boulevard de Capucines e publicada no *Petit Journal*, no qual o jovem jornalista Henri Deloncle, integrante da organização nacionalista "Ligue des patriotes", revelava a facilidade de conquistar o território compreendido entre o Cabo Verde e o Rio Branco. O segundo incidente consistiu na descoberta de uma missiva cifrada "inflamada e bélica" escrita por um dos companheiros da missão Coudreau, Joseph Marie Roche, republicada no Boletim da Sociedade de Geografia Comercial de Paris.

Os dois episódios estremeceram momentaneamente as relações diplomáticas entre os dois países, promovendo uma troca de explicações "agridoces" entre Jules Ferry, à época ministro das relações exteriores, e o Barão de Itajubá, chefe da legação brasileira em Paris. Segundo Santana Nery, tais acontecimentos despertaram do "pesado sono as indiferenças dos estadistas brasileiros". Apesar do comentário mordaz sobre as supostas intenções de Coudreau, o Barão de Santana Nery realizou uma apreciação prosaica sobre a sua missão, comparando-a "as valentes epopeias dos primeiros conquistadores". Como resultado de suas explorações na região amazônica, o geógrafo francês foi premiado com a medalha de ouro pela Sociedade de Geografia Comercial de Paris.[57]

---

56    Frederico José de Santana Nery, " O povoamento na Amazônia". *SGRJ, op. cit.*, n. 3, t. 3, 1887, p .193-207.

57    Francisco José de Santana Nery, "Território contestado entre a França e o Brasil e a missão Coudreau", SGRJ, *op. cit.*,1891, t. 7, n.3.

Outra notícia, desta feita, um extrato de uma conferência por Henri Coudreau realizada em Bordeaux, subtraída do periódico da Sociedade Comercial de Bordeaux, versava sobre as algumas de suas observações realizadas durante as explorações. Na ocasião, o geógrafo francês salientou as potencialidades naturais da área contestada, a possibilidade da imigração francesa. Sugeriu, ainda, que o governo francês estabelecesse "uma proteção moral e econômica", tendo em vista o pleno desenvolvimento das casas comerciais existentes. A competição inglesa e francesa na região amazônica era marcante, muito embora destacasse a preponderância do comércio francês. Com o objetivo de ampliar as relações com a região amazônica, cogitou-se a criação de uma associação especializada presidida pelo conde francês Ferdinand de Lesseps. Responsável pela criação dos canais de Suez e do Panamá, o Conde de Lesseps foi alvo das atenções do "Noticiário" da *Revista*.[58] Na ocasião, foi publicada uma síntese de uma palestra realizada na Academia de Ciências de Paris. O Conde trouxe informações sobre a região onde estava sendo construída o canal do Panamá.[59]

Do boletim da Sociedade de Geografia de Paris, uma síntese de uma memória do geógrafo francês foi publicada no periódico da congênere brasileira. Coudreau avaliou o desenvolvimento econômico, a adaptação dos imigrantes, a colonização e o surto de ideias autonomistas, além disso, ressalvou o completo abandono da região pelo governo brasileiro.[60] Nesse mesmo número, publicado em 1886, a Sociedade de Geografia do Rio de Janeiro noticiou a memória *L'éveil de économique de l'Amazonie*, originalmente publicada no periódico *Revue du Monde Latin*. Tal publicação, idealizada pelo francês Charles de Tourtolon, circulou entre 1883 e 1896. Tratava-se de uma revista histórica, literária, científica, econômica e política, cujo objetivo constituía relatar os acontecimentos ocorridos nos diversos países latino-americanos.

Não é demais destacar que dois representantes brasileiros compunham o comitê da redação da *Revue*, o Barão de Santana Nery e Dominique Horace de Barral, o Conde de Barral.[61] A notícia relatava um congresso dos industriais e negociantes franceses que ocorrera no Palácio do Trocadero, na Argentina. O certame foi dividido em quatro comissões encarregadas de ouvir e aprovar propostas. Um dos palestrantes foi o Barão de Santana Nery, que discursou sobre os países da América do Sul, em especial sobre a região

---

58  SGRJ, "Noticiário", *op. cit.*, n. 2, t. 2, 1886, p. 115.

59  *Ibidem*, p. 120.

60  *Ibidem*, p. 314.

61  Cf. Maria José Ferreira dos Santos, *La revue du monde latin et le Brésil* (1883-1896). Paris: Cahiers du Brésil Conteporain, 1994, n° 23-24, p. 77-92.

litigiosa entre a França e o Brasil.[62] Outro extrato da *Revue du Monde Latin* consistiu na publicação de uma coleção de cartas comerciais editada pela Livraria Chaix de Paris, então organizadas pelo engenheiro-geógrafo E. Bianconi. Tal compêndio visava divulgar as regiões consideradas importantes para o desenvolvimento agrícola e comercial, e uma das regiões escolhidas foi a área da bacia amazônica.[63]

Entre 1893 e 1904, ocorreu uma troca de correspondência entre o Barão do Rio Branco e o casal Coudreau. Ao que tudo indica, havia uma estreita relação entre Coudreau e Élisée Reclus. Em uma missiva de 1893, Coudreau comentou que Reclus aguardava alguns documentos que o Barão ficara de enviar à *Maison Hachette*.[64] Logo após o anúncio do laudo arbitral pelo presidente do Estados Unidos, o explorador francês ansiava um encontro pessoal com Rio Branco, esse respondia com vivo interesse em saber quais constituíam os projetos de Coudreau.[65] Em janeiro de 1898, às vésperas da derradeira expedição, o sábio francês respondia com entusiasmo ao convite recebido pelo Barão para um jantar em Paris.[66] Aproveitou a oportunidade para anunciar a organização de uma nova exploração ao Pará.[67] Naquele estado, informou que realizaria uma viagem exploratória até o final daquele ano.[68] Sem perder as esperanças de um possível encontro, Coudreau escreveu sua última carta ao Barão às margens do rio Tapajós em 1899. Nesta missiva, avisava que estava incumbido de uma missão pelo governo do Pará no alto Tapajós para estudar as sociedades indígenas daquela região até o final de janeiro. Como resultado de suas investigações, deveria entregar um relatório a Lauro Sodré, governador daquele estado. Em seguida, previa uma viagem ao Rio de Janeiro a fim de obter autorização para uma nova expedição na região amazônica junto aos representantes do governo federal e do Pará. Adversamente, Coudreau não pôde concluir a missão, pois veio a falecer. Em 1904, quando o Barão ocupava a pasta do ministério das relações exteriores, Octavie Coudreau encaminhou duas missivas solicitando uma audiência. Infelizmente, não sabemos da resposta do então ministro, mas podemos supor que se tratava da viabilidade do traslado

---

62    SGRJ, "A República do Quanany. Noticiário", op. cit, 1886, n. 4, t. 2, p. 315.

63    *Ibidem*, p. 315.

64    AIH, Arquivo do Barão do Rio Branco, Carta de Henri Coudreau ao Barão de Rio Branco, 26 abr. 1893. Missão Coudreau, lata 543, maço 3.

65    *Idem*, Arquivo do Barão do Rio Branco, Carta do Barão do Rio Branco a Henri Coudreau, 09 abr 1895. Missão Coudreau, lata 543, maço 3.

66    *Idem*, Arquivo do Barão do Rio Branco, Carta de Henri Coudreau ao Barão do Rio Branco, 16 jan. 1898. Missão Coudreau, lata 543, maço 3. Ver também, Carta do Barão do Rio Branco a H. Coudreau. Paris, 16 jan. 1898. Limites do Brasil com a Guiana Francesa, livro 343.3.8.

67    *Ibidem*, 19 fev. 1898. Missão Coudreau, lata 543, maço 3.

68    *Ibidem*, 29 mar. 1898. Missão Coudreau, lata 543, maço 3.

do corpo do Coudreau das terras brasileiras para sua terra natal, pois sabe-se que seus restos mortais foram transferidos para o jazigo de sua família em Angoulome.[69]

De todo modo, observou-se que instituições do porte da Sociedade de Geografia e intelectuais como Santana Nery acompanhavam as atividades de Coudreau pela região litigiosa e na França. Não obstante, seus movimentos também eram observados com cautela pelos representantes do governo brasileiro. Em 1883, Rufino Enéas Gustavo Leão, Visconde de e Maracajú, presidente da província do Pará, anunciou a chegada de Coudreau ao ministro na Corte imperial. Ao que tudo indica, o geógrafo francês apresentou-se formalmente ao representante do governo e justificou o objetivo de sua missão: tratava-se de uma expedição científica destinada ao estudo e ao levantamento de plantas, equivalente aos estudos realizados por Crévaux e outros exploradores franceses. Devido aos rumores espalhados, o Visconde duvidava das reais intenções do jovem explorador, pois supunha que ele recebera instruções reservadas do governo francês. Segundo as notícias espalhadas naquela província, Coudreau afirmou que o litígio seria resolvido "pela ciência ou por meio de um conflito violento, o seu papel era conseguir tudo e tudo quanto for necessário sobre o território do Amapá".[70]

Desde 1885, correspondências estabelecidas entre a legação do Brasil em Paris e o ministério das relações exteriores (ou secretaria de negócios estrangeiros no Império) demonstravam certa inquietação sobre as conferências realizadas nas instituições parisienses e os trabalhos publicados sobre aquele parte do território. Ministro plenipotenciário em Paris, Torquato Fortunato de Brito, o Barão de Arinos, descrevia uma animada conferência de Coudreau na Sociedade de Geografia de Paris sobre as potencialidades do território pleiteado. Naquela oportunidade, Emile Levasseur, também presente entre a plateia, questionou a salubridade da região, ponderou sobre uma possível partilha daquele rincão que viesse comprometer as relações entre os dois países.[71]

À época que almejava estabelecer uma empresa comercial no território litigioso, em 1895, o casal Coudreau encontrou-se com Gabriel de Piza, então ministro plenipotenciário do Brasil naquele país, na sede da legação em Paris. No encontro, Coudreau relembrou suas atividades como comissário do governo francês, e como se encontrava de-

---

69   AIH, Arquivo do Barão do Rio Branco. Cartas de Octavie Coudreau, 03 maio 1904 e 11 maio 1904. Missão Coudreau, lata 543, maço 3.

70   *Idem*, Comissão de limites com Guiana Francesa: ofícios e minutas, Ofício reservado de Barão de Maracajú a Francisco de Carvalho Soares Brandão, ministro do estado negócios estrangeiros, 14 nov. 1883. Ofícios expedidos à Secretaria de Estado, lata 542, maço 7.

71   *Idem*. Ofício de Barão de Arinos ao Barão de Cotegipe. Ofícios expedidos à Secretaria de Estado, 24 de nov 1885, lata 542, maço 7.

sencarregado da função, ele ambicionava a constituição de uma nova atividade. Para tanto, solicitava proteção especial para ele e sua esposa. Argumentava que não era um espião ou defensor dos interesses franceses, apenas um empresário movido por interesse pessoal, lembrava ainda a existência de dois empreendimentos comerciais de revenda de produtos de origem europeia na região. Bem informado, Gabriel de Piza possuía conhecimento das palestras realizadas por Coudreau em Paris e em outras cidades franceses.

Além de organizar um empreendimento, Coudreau fora contratado pelo governo do Pará para explorar os afluentes do rio Amazonas. Naquela oportunidade, explorou sucessivamente os rios Tapajós, Xingu, Tocantins, Araguaia, Itaboca, Itacaiúnas, a região entre os rios Tocantins e o Xingu, e a região entre o Yamunda e o Trombetas. Na ordem do dia do periódico *Annales de Géographie* de 1897,[72] organizado pelos geógrafos Paul Vidal de Blache e Louis Gallois, constava um levantamento bibliográfico sobre cada região no globo. Na ocasião, aludiu-se às explorações de Coudreau no território contestado. Como resultado, as obras *Voyage au Tapajoz, Voyage au Xingu* e *Voyage au Tocantins-Araguaya* foram editadas. Uma sucinta apreciação sobre suas viagens evidenciava as possibilidades da ocupação daquelas terras por imigrantes europeus, a região era ainda deserto, e na opinião dos diretores do periódico, útil para as "populações aclimatizadas".[73]

Assessorado por sua esposa, Coudreau descobriu cerca de vinte tribos indígenas, das quais estudou os costumes, os hábitos e os dialetos, realizou um estudo exaustivo sobre o clima, as florestas de cacaueiros e as seringueiras em Tumucumaque.[74] Ao que parece, o explorador tentava incentivar a intervenção francesa na área disputada e enfatizar a imigração de africanos oriundos do Senegal, visto que não almejou sucesso no projeto de

---

72    Criada em 1891, por Paul Vidal de La Blache e Louis Gallois, o objetivo principal dos *Annales de Geográphie* era promover a reflexão e as conquistas da geografia contemporânea para pesquisadores, professores e estudantes, reunir estudos de geografia física e humana, observando as relações entre as sociedades e seus territórios.

73    "(…) Le pays est pour ainsi dire désert: quelques tribus d'Indiens, et de loin en loin quelques cabanes de blancs, chercheurs de caoutchouc ou éleveurs. Il y a là en somme d'immenses espaces qui sont utilisables, mais seulement pour des populations acclimatées. Guyanes." In: *Annales de Géographie*. Bibliographie de 1897: Brésil, 1898. p. 266. Disponível em: <http://www.persee.fr/web/revues/home/prescript/article/geo_0003-4010_1898_bib_7_35_19762> Acesso em: 20 abr. 2013.

74    Em 1900, foi publicada obra *Voyages au Trombetas* de Coudreau, organizada pela sua esposa, a partir das anotações de sua viagem ao rio Trombetas em 1899. Disponível em: <http://ia600300.us.archive.org/25/items/voyageautrombeta00coud/voyageautrombeta00coud.pdf> Acesso em: 20 maio 2013. Sobre a trajetória do sábio francês, ver Sébastien Benoit, *Henri Anatole Coudreau, dernier explorateur de la Guyane*. Paris: L'Harmattan, 2000; Carlo Maurizio Romani, "Um Eldorado fora de época: a exploração dos recursos naturais no Pará". São Paulo, Projeto História, n. 42, 2011.

imigração de colonos franceses. Nas suas andanças pelas instituições francesas, Coudreau levantou cerca de quinhentos mil francos destinados à exploração de ouro nas cabeceiras do rio Calçoene.[75] Não é demais recordar que a descoberta de jazidas auríferas precipitou uma corrida de estrangeiros de várias nações para a região, incitou uma série de atos violentos, cujo ápice foi a invasão francesa em maio de 1895 na vila do Amapá.

Inicialmente, as relações entre o explorador francês e as autoridades locais aparentavam certa plasticidade. O governador do Pará, Lauro Sodré, que viria a contratar os serviços do geógrafo para uma missão em 1898, relatava que o "empresário" Coudreau atuava como um "agente do governo francês e grande agitador da questão do território contestado" junto ao governo de Caiena, intervinha incentivando a ocupação de colonos franceses.[76]

Após um longo período de conflitos, principalmente depois de 1895, os governos da França e do Brasil concordaram em submeter o litígio de fronteira à arbitragem da Confederação Helvética, a Suíça, em 1897, confiando a tarefa da defesa da causa brasileira novamente a Rio Branco.[77] Em julho de 1895, depois do laudo arbitral do presidente Grover Cleveland, o Barão retornara às atividades como cônsul geral em Liverpool. No ano seguinte, exonerado da função, transferiu-se para Paris, onde formou a Comissão Preparatório de Limites com aGuiana Francesa. Compunham a sua equipe: Charles Girardot, Francisco Suárez, Domício da Gama, Hipólito de Araújo e seu filho Raul.

Novamente o Barão valeu-se da amizade e contatou diversos estudiosos, a exemplo de Rodrigo Vicente de Almeida, bibliotecário do rei de Portugal no Palácio da Ajuda; de João Lúcio de Azevedo, reconhecido historiador português, especialista na trajetória de Padre Antônio Vieira e nos jesuítas no Pará, e de um velho conhecido, Capistrano de Abreu. O comitê foi encarregado de compilar e organizar os documentos necessários e os mapas da região litigiosa anteriores ao Tratado de Utrecht. Do outro lado, o Conselho Helvético era composto por sete membros, presididos por Walter Hauser; o relator do

---

75    AIH, Comissão de limites com Guiana Francesa: ofícios e minutas, Ofício reservado de Gabriel de Piza a Carlos de Carvalho, 16 mar. 1895. Correspondência relativa ao conflito, lata 542, maço 1.

76    *Idem*, Comissão de limites com Guiana Francesa: ofícios e minutas, Ofício reservado de Lauro Sodré ao ministro das relações exteriores, 13 abr. 1895. Correspondência relativa ao conflito, lata 542, maço 1.

77    Com a descoberta de jazidas auríferas desdobra-se os conflitos entre franceses e brasileiros, tendo como estopim a investida militar dos franceses contra o governo triúnviro, chefiados pelo o cônego Domingos Maltez na presidência, tendo como vices Francisco Xavier da Veiga Cabral e Desidério Antonio Coelho. A invasão francesa resultou numa sequência de atos violentos, um verdadeiro massacre contra a população local. sob o pretexto de resgatar prisioneiros que colaboravam com o governo de Caiena, os franceses se envolveram em um conflito armado que resultou no incêndio de residências e assassinato de dezenas de brasileiros.

processo de arbitramento foi Eduard Müller, ex-presidente da Confederação. De todo modo, o Barão valeu-se ainda do auxílio do cientista Emílio Goeldi como consultor técnico. Entre 1899 e 1900, Goeldi viajou para Europa, onde visitou diversas cidades suíças, entre as quais Berna e Zurique. Localizamos as missivas enviadas ao Barão do Rio Branco nesse período, como veremos a seguir.

Assim que se instalou com sua família em uma casa alugada na cidade Berna, no início de dezembro de 1898, Goeldi encaminhou uma carta ao Barão, que se encontrava em Paris. Na ocasião, aguardava as instruções necessárias para o andamento do seu trabalho. Ao que tudo indica, a viagem teria uma segunda utilidade, visto que sua esposa encontrava-se doente e seria operada pelo especialista em epidemiologia Dr. Robert Koch.[78] Pretendia no início do ano seguir para Paris ao encontro do Barão, mas fora impedido devido a enfermidade da sua esposa e pelo mal-estar que o acometia, resultante de uma expedição realizada ao rio Capim em 1897, aliás isso haveria de ser relatado em outras correspondências. Mencionou ainda a dificuldade de se readaptar ao clima europeu, ao ponto de solicitar novamente adiamento de sua reunião em Paris.[79] Coube o cientista ainda a seleção de uma tipografia para publicação da memória arbitral.[80]

Mesmo surpreendido por uma grave pneumonia, Goeldi examinou o mapa organizado por Georges Brosseau, que explorou o território litigioso durante onze anos e defendia os interesses franceses sobre o mesmo. Em relação às observações sobre a população apresentadas na obra de Brousseau, Goeldi dizia que "(…) estrangeiros não tem senão no Calçoene. Se o Sr. Brousseau orça seu número em sete mil, certamente nada menos que três quartas partes cabe a imigração nómada dos mineiros franceses nas cabeceiras do dito rio".[81] Em outra oportunidade, aproveitou para descrever a impressão da sua reunião com o presidente suíço responsável pela arbitragem. Desse encontro, percebeu que o presidente examinava de perto o caso, pois observou "(…) provas eloquentes de inteligente penetração no meio desse complicado cipoal".[82] Em julho de 1900, narrou o encontro com

---

78  AIH, Carta de Emílio Goeldi ao Barão do Rio Branco, Berna, 09 dez .1898. *Arquivo Particular do Barão do Rio Branco, Correspondências de Emílio Goeldi*, lata 825, maço 1.

79  *Ibidem*, 03 jan. 1899. *Arquivo Particular do Barão do Rio Branco, Correspondências de Emílio Goeldi*, lata 825, maço 1.

80  *Ibidem*, 14 fev. 1899. *Arquivo Particular do Barão do Rio Branco, Correspondências de Emílio Goeldi*, lata 825, maço 1.

81  *Ibidem*, 20 fev. 1899. *Arquivo Particular do Barão do Rio Branco, Correspondências de Emílio Goeldi*, lata 825, maço 1.

82  AIH, Carta de Emílio Goeldi ao Barão do Rio Branco, Berna, 11 jun. 1899. *Arquivo Particular do Barão do Rio Branco, Correspondências de Emílio Goeldi*, lata 825, maço 1.

o conselheiro do presidente, responsável também pela arbitragem, e confiava na "completa vitória" e "achava que o homem está do nosso lado".[83]

Em outra missiva, identificou os peritos responsáveis pelo exame das memórias brasileiras e francesas e a sua relação com cada um deles. No rol, averiguamos que o grupo era formado por cientistas, professores de geografia, etnografia, zoologia e de geologia, além de um especialista nas línguas indígenas da América Central e versado na língua espanhola.[84] Além de assessorar o Barão e cuidar de assuntos familiares, o cientista suíço envolveu-se no ambiente científico e realizou palestras, a exemplo de uma realizada na Sociedade de Ciências Naturais em Berna. Podemos inferir que a assistência de Emílio Goeldi foi profícua, além de ser um notório conhecedor do território litigioso, ele possuía cidadania suíça e era um respeitado cientista de renome internacional, o que certamente facilitou a sua circulação pelos ambientes científicos e políticos na Suíça.[85]

Na defesa francesa coube ao sábio Paul Vidal de La Blache que redigiu a *Mémoire contenant l'Exposé des droits de la France dans la Questions de Frontiéres de la Guyane Française e du Brésil.* Parte dessa memória foi publicada, em 1902, sob o título *La Riviére Vicent Pinzón: Étude sur la cartographie de la Guyane.* A obra possui cento e quarenta e nove páginas, dividida em dezesseis capítulos, além da introdução e da conclusão. Reconhecido pelo seu papel na renovação da geografia francesa em fins dos Oitocentos, La Blache examinou a cartografia produzida sobre o rio Vicente Pinzón desde os tempos coloniais e as interpretações antigas e contemporâneas do Tratado de Utrecht de 1713. Ao apresentar a obra, advertia que não visava rememorar ou promover novas discussões, o seu interesse era puramente científico.

No seu entendimento, as relações entre a Guiana Francesa e a Europa constituem um capítulo especial da história do Novo Mundo, que remontava a vinda de um dos companheiros de Cristóvão Colombo, Vicente Pinzón. A defesa concentrava-se na argumentação de que o rio Vicente Pinzón era o rio Araguari, além de interpelar o monopólio da navegação do rio Amazonas. Para ele, a controvérsia fronteiriça entre a Guiana Francesa e o Brasil poderia ter sido evitada através de um exame cartográfico minucioso. Se por um lado, as cartas antigas possuíam imperfeições em seus detalhes, apresentavam,

---

83    *Idem*, Zurique, 19 jul. 1900. Arquivo Particular do Barão do Rio Branco, Correspondências de Emílio Goeldi, lata 825, maço 1.

84    *Idem*, Pará, 02 fev. 1900. Arquivo Particular do Barão do Rio Branco, Correspondências de Emílio Goeldi, lata 825, maço 1.

85    Nelson Sanjad, *op. cit.*

por outro lado, as relações das distâncias e das posições. O estudo das cartas demonstravam que a exploração da Amazônia e da Guiana ocorreu lentamente por diversos povos. Um outro empecilho, anotado pelo sábio francês, correspondia à instabilidade física da parte noroeste até a embocadura do Amazonas. Os deslocamentos dos canais fluviais, a formação de lagos interiores e de pântanos comuns em regiões de clima tropical.[86]

Localizamos também um pequeno artigo de três páginas, intitulado de "Le contesté franco-brésilien", elaborado pelo sábio francês publicado no periódico *Annales de Géographie* em 1901. Apesar da perda territorial, La Blache ressalvou a importante contribuição científica com a publicação de diversos mapas sobre o Baixo Amazonas e a Guiana Francesa, proporcionando novas informações sobre aquele território.[87]

Por outro lado, a memória da defesa brasileira foi organizada em dois volumes. O primeiro, dividido em doze seções, enriquecido de dois atlas com noventa e quatro mapas, acrescidos ainda de um apêndice com vinte e sete documentos, além da documentação pertinente às negociações de 1855 e 1856, em Paris, conduzidas pelo Visconde do Uruguai e da obra de Joaquim Caetano da Silva, *L'Oyapock et l'Amazonie: question brésilienne et française*, em dois volumes, redigida em francês, de autoria do diplomata e cônsul dos Países Baixos, Joaquim Caetano da Silva, publicada em 1861, decorrente de suas pesquisas nos arquivos franceses. Tal trabalho serviu ainda de fonte de investigação também para os franceses e os suíços.

Originalmente apresentada numa conferência realizada na Sociedade de Geografia de Paris em 1857, como uma resposta às pretensões francesas no Amapá. Foi lida para o imperador D. Pedro II numa sessão do Instituto Histórico e Geográfico Brasileiro. O segundo volume consistia numa réplica às contestações da memória francesa elaborada por Vidal de La Blache. Segundo o Barão, "(...) entre as peças que o Brasil verte agora no processo, há algumas que destroem completamente toda a hábil e complexa argumentação da primeira Memória francesa".[88]

---

86     Paul Vidal de La Blache, *La Riviere Vincent Pinzón: Études sur la cartographie de la Guyane*. Paris: Feliz Alcan Éditeur, 1902. Disponível em: <http://www.archive.org/stream/larivirevincent00blacgoog#page/n10/mode/2up> Acesso em: 25 abr. 2013.

87     Para La Blache, "(...) Un des résultats du débat auquel ce litige donné lieu est la publication de documents qui intéressent histoire de la cartographie et des découvertes dans la région du bas Amazone et de la Guyane Tant du côté brésilien que du côté fran ais des collections de cartes ont été produites quelques-unes inédites occasion se présentera sans doute prochainement étudier ces publications La sentence qui vient être rendue ne leur ôte rien de leur intérêt". Vidal de la Blache Paul. "Le contesté franco-brésilien". *Annales de Géographie*. 1901, n. 49, t. 10. p. 68-70. Disponível em: <http://www.persee.fr/web/revues/home/prescript/article/geo_0003-4010_1901_num_10_49_4846> Acesso em: 25 maio 2013.

88     MRE, *Obras do Barão do Rio Branco IV*: *questões de limites Guiana Francesa*, segunda memória. Brasília: Funag, 2012, p. 21.

INTELLECTUAIS, MILITARES, INSTITUIÇÕES NA CONFIGURAÇÃO DAS FRONTEIRAS BRASILEIRAS (1883-1903)

Ao que parece, a refutação da "Exposição Geográfica" de La Blache mereceu um exame mais minucioso, uma vez que se buscava comprovar que o rio Oiapoque citado nos tratados de 1700 e 1713 era o rio Araguari. Quanto à "Exposição Jurídica e Diplomática" e à "Exposição Histórica" francesas, o Barão demonstrou confiança na pesquisa realizada, pois afirmava que "(...) a evidência dos documentos que precederam e acompanharam a assinatura desses dois tratados basta amplamente".[89] Buscou fundamentar seu trabalho na comprovação da ocupação da região pelos portugueses, nas missões científicas do período colonial e nas diversas explorações militares. Aproveitou ainda na segunda memória brasileira para criticar a dúvida perpetrada pelo governo francês sobre a extensão dos poderes do juiz arbitral. Presumiu-se a possibilidade do Compromisso Arbitral, assinado em 1897, garantir poderes ilimitadas e soberanos ao árbitro. Em que pese os protestos do Barão, o governo suíço reconheceu a incoerência da pretensão francesa, afirmou que cabia ao árbitro o exame do artigo oitavo do Tratado de Utrecht baseado em saberes históricos e geográficos, excluindo qualquer probabilidade de mediação internacional, mas tão somente o arbitramento. O laudo arbitral da Confederação Suíça consistiu numa alentada obra de oitocentos e trinta e oito páginas redigidas pelo conselheiro Eduardo Müller e assinada pelo presidente Walter Hauser. Respaldado pela história dessa ação, o Barão do Rio Branco, utilizando-se de seus conhecimentos históricos e habilidade diplomática, obteve, na questão do Amapá, arbitrada pelo presidente da Confederação Suíça, o reconhecimento de que os limites com a Guiana Francesa seriam como estabelecia o Tratado de 1713.

O Barão sustentava seus argumentos baseando-se na defesa da fronteira histórica, geográfica, política e jurídica pelo talvegue do rio Oiapoque ou Vicente Pinzón, que desaguava no Oceano Atlântico, a oeste do Cabo de Orange, pela Serra do Tucumumaque. Uma superfície banhada pelo oceano e que compreendia dois rios litigiosos, além de uma faixa territorial interior, o que implicava na fixação de um limite marítimo e de um limite interior, duas linhas de fronteira. Na elaboração de sua memória, ele valeu-se de uma ampla pesquisa documental. Nesse rol, encontramos referências aos trabalhos realizados em meados dos Oitocentos por José da Costa Azevedo, o Barão de Ladário, além de citações às obras de Emile Levasseur, Henri Coudreau, Élisée Reclus, Capistrano de Abreu, velhos conhecidos seus, entre outros.

Não por acaso, em 20 de dezembro de 1900, a Sociedade de Geografia festejou o laudo favorável ao Brasil na questão dos limites com a Guiana Francesa. Assim, manifestou "reconhecimento e gratidão" ao Barão do Rio Branco "(...) pelos serviços extraordinários que nesse litígio secular, assim como no das Missões, prestou a nossa Pátria,

---

89  *Idem*, p. 23.

defendendo brilhantemente e levando a maior evidência os direitos do Brasil".[90] Para a instituição, o laudo suíço representava a vitória sobre uma grande potência como a França e a garantia da integridade territorial. Segundo Rubens Ricupero, os sucessos nas arbitragens com a Argentina e a França significaram a legitimação do regime republicano, que desde de seu advento em 1889 atravessou sucessivas turbulências políticas, econômicas e sociais, tais como a Revolução Federalista, a Revolta da Armada, a Revolta Canudos e a política do encilhamento, por exemplo.[91] Além disso, a vitória brasileira contribuiu para transformar o Barão do Rio Branco em herói nacional, assegurando a sua nomeação como ministro das relações exteriores em 1902.

Constata-se que a controvérsia territorial com a Guiana Francesa consistia essencialmente na interpretação dos artigos de um tratado firmado em tempos coloniais. Por outro lado, não podemos ignorar as pretensões do expansionismo colonial francês na América do Sul, especialmente após a descoberta de metais preciosos na região litigiosa, assiduamente combatida nas sessões da Sociedade de Geografia do Rio de Janeiro, quando afirmou que o Brasil não era o continente negro. Inspirada em moldes europeus, a instituição defendeu a integridade territorial e a integração comercial com as nações vizinhas, por meio da navegabilidade dos rios e pela construção de estradas.

Como se verificou, uma das estratégias desse expansionismo foi a organização de recursos financeiros disponíveis para dar prosseguimento à exploração econômica em lugares distantes do centro político. O território litigioso, próximo a Guiana Francesa, permanecia aparentemente abandonado. A esse exemplo, podemos citar o papel de Henri Coudreau e de sua esposa. Além de conquistar reconhecimento ao explorar a região, defendeu os interesses franceses, promoveu a imigração e dedicou-se ao comércio a partir de recursos também garantidos pelas sociedades geográficas comerciais.

Observa-se ainda que os produtos gerados pelas comissões demarcatórias, por seus integrantes individualmente, contribuíram para o reconhecimento e para a formação territorial brasileira, trazendo informações e promovendo o patriotismo nos primeiros anos da República. Além da contribuição das expedições militares, há de se destacar o papel de missões de cunho científico, do porte da liderada pelo cientista Emílio Goeldi, diretor do Museu do Pará, conhecedor da região e escolhido como assessor de Rio Branco, que também rendeu resultados para o reconhecimento do território brasileiro.

---

90    SGRJ, "Limites do Brasil com a Bolívia. Ata da sessão de 20 de dezembro de 1900", op. cit, t. 14, p. 72.

91    Rubens Ricupero, *Rio Branco: o Brasil no mundo*. Rio de Janeiro: Contraponto, 2000.

Os índios a chamam de caucho. Dão-lhe um talho e brota o leite. Em folhas de bananeira dobradas como se fossem tigelas, o leite é recolhido e endurecido ao calor do sol ou da fumaça, enquanto a mão humana vai-lhe dando forma. Desde tempos muitos antigos os índios fazem, como esse leite silvestre, tochas de fogo dourador, vasilhas que não se quebram, tetos que zombam da chuva e bolas que pulam e voam.
(...)
A Amazônia, selva descomunal que parecia reservada aos macacos, índios e loucos, é agora reserva de caça da United States Rubber Company, a Amazon Rubber Company e outras distantes empresas que mamam de seu leite.

("A árvore que chora leite", In: Eduardo Galeano, *As caras e as máscaras*, p. 332)

# Polêmicas fronteiriças e o imaginário territorial: o caso da Bolívia

Depois de encerrada a missão especial em Berna, o Barão do Rio Branco foi nomeado ministro plenipotenciário em Berlim. Não havia se passado dois anos quando recebeu um convite do presidente recém-eleito Rodrigues Alves (1902-1904) para chefiar a pasta do Ministério das Relações Exteriores. A princípio, hesitou aceitar tal incumbência, afinal envolveria novamente aspectos de sua vida pessoal, de ordem familiar e financeira, sem falar de sua própria saúde, fragilizada desde que defendeu os interesses brasileiros nas missões de Washington e da Suíça.

De todo modo, desembarcou na cidade do Rio de Janeiro no dia 02 de dezembro daquele ano e tão logo transferiu-se para a nova sede do ministério, o Palácio do Itamaraty, empenhou-se na modernização da sua estrutura administrativa. Outros desafios surgiram, deveria solucionar mais um novo litígio, desta vez com a Bolívia, a chamada Questão do Acre. Mas como toda contenda de fronteira que se observou até aqui, tratava-se de um processo complexo, anterior a gestão de Rio Branco como chanceler, e que, por sua vez, envolveria personagens e cenários diversos. O território do Acre constituía uma região inexplorada da América do Sul em fins dos Oitocentos, palco de reivindicações e de conflitos ao longo do século XIX. Os estudiosos da história diplomática do Brasil consideram esse caso como um dos mais difíceis e o mais emblemático.

Durante a Guerra do Paraguai (1865-1870), o Brasil e a Bolívia assinaram um acordo em 27 de março de 1867. Avaliado como o mais liberal e generoso assinado pelo Brasil durante o combate, o Tratado de La Paz de Ayacucho, assim denominado, consistia em um tratado de amizade, limites, navegação, comércio e extradição. O governo imperial pretendia angariar a simpatia dos países vizinhos e resolver com o governo boliviano as incertezas fronteiriças do país com o qual possuía a mais longa divisa territorial.

A convenção reconhecia o princípio da *uti-possidetis solis*, que remontava ao período da Independência e assinalava juridicamente a fronteira entre as duas nações através de uma linha oblíqua entre os rios Javari e Beni. Naquela época, a região do Acre era uma zona inóspita e mal conhecida geograficamente e se previa a futura retificação do tratado: "(...) Se para o fim de fixar, de um a outro ponto, limites que sejam naturais e convenientes a uma e outra nação, parecer vantajosa a troca de territórios, poderá esta ter lugar, abrindo-se, para isso, novas negociações" (Artigo 5º, Tratado).

Devido às dificuldades de acesso e à concentração da população no altiplano, a Bolívia até então não demonstrara interesse real pela região. Longe de centros políticos e administrativos, o Acre começou a ser povoado por brasileiros em 1869. A grande seca na região nordeste, em especial do Ceará, em 1877, originou um novo impulso migratório. A calamidade climática impeliu uma grande leva de imigrantes a trabalhar na extração da borracha, cujo consumo aumentava consideravelmente nos Estados Unidos e na Europa.[1] O boom da cultura da borracha viria alterar o interesse escasso pelo remoto e isolado Acre.

Não é demais ressalvar que entre 1880 e 1920, a região amazônica vivenciou o período de esplendor que se convencionou denominar de belle époque amazônica. Os lucros proporcionados pela exploração e pela comercialização da borracha ensejaram a transformação urbanística e arquitetônica das cidades de Manaus, no Amazonas, e Belém, no Pará. Inspiradas em padrões europeus, seriam construídas avenidas longas e arborizadas, praças. Foram instalados bondes, iluminação a gás, cinemas, teatros, saneamento básico, atraindo um afluxo constante de imigrantes estrangeiros.[2] A euforia dominava a região amazônica e predominava a certeza de um futuro próspero e seguro. Havia a crença da existência de várias áreas ainda inexploradas ou virgens para o cultivo da borracha.[3]

Decorrente de tais interesses econômicos, o governo de La Paz empenhou-se em exercer sua soberania na região, porém, os brasileiros rebelaram-se, recusavam obediência às autoridades bolivianas. Em 1899, a população de origem brasileira levantou-se contra a dominação boliviana, resultando na criação da República do Acre, que existiu efemeramente entre 1899 e 1900, sob presidência do jornalista espanhol Luís Galvez Rodrigues de Arias. Apesar dos revoltosos intencionarem à anexação ao governo brasileiro, as Forças

---

1     Com a seca do nordeste de 1877 e 1879, muitos nordestinos se dirigiram para o Acre em busca de terras, anos mais tarde outra seca (1888-9) empurrou uma nova leva de imigrantes para a região, burlando o tratado estabelecido.

2     Ana Maria Daou, *A belle époque amazônica*. Rio de Janeiro: Zahar, 2000.

3     A economia amazonense é, tradicionalmente, dividida em três partes. A primeira vai da colonização até meados do século XVIII, quando o interesse econômico voltava-se para o extrativismo, a coleta das chamadas "drogas do sertão"; o segundo momento contempla o período entre a metade do século XVIII a meados do século XIX, caracterizado pela política de incentivo à agricultura pelo Marquês de Pombal. O último momento se inicia a partir de meados do século XIX, em especial a partir de 1880-1890, estendendo-se até o início do século XX. É nesse período que a borracha torna-se matéria-prima indispensável à indústria para a confecção de vários produtos de uso diário, bélico, e para a construção naval. A economia brasileira volta-se para a exploração da borracha na região amazônica destinada a suprir o mercado internacional. Cf. Maria Lígia Coelho Prado; Maria Helena Rolim Capelato. "A borracha na economia brasileira da Primeira República". In: Boris Fausto (Dir.), *O Brasil republicano – estrutura de poder e economia (1889-1930)*, v. 8. Rio de Janeiro: Bertrand Brasil, 2006, p. 314-336.

Armadas brasileiras e bolivianas realizaram uma operação conjunta para expulsar o líder da revolta e pacificar a região, objetivando a devolução da área à Bolívia.[4]

Com a ocupação brasileira, segundo Craveiro Costa, o conflito tomara as proporções de uma guerra. Pois, a questão se deslocava da Bolívia para o Estados Unidos, visto que o governo boliviano, na impossibilidade de exercer o domínio naquela região, subscreveu um contrato de trinta anos com um sindicato de empresários ingleses e americanos, transferindo alguns poderes de estado ao Bolivian Syndicate of New York in North América.[5]

Desta forma, a posição brasileira viria atrapalhar os interesses desta empresa, um consórcio de três empresas inglesas e norte-americanas, instalado na região limítrofe do Brasil e que tinha como um dos investidores o filho do presidente dos Estados Unidos, Theodore Roosevelt.[6] Tratava-se de uma companhia colonizadora internacional, uma espécie de *chartered company*, com objetivos semelhantes daquelas existentes na Ásia e na África.

A questão tornava-se ainda mais grave, visto que existia um único acesso ao oceano pelas vias fluviais do sistema amazônica portanto, atravessando o norte, cruzando os rios da Amazônia.[7] Se de direito, a região acreana pertencia à Bolívia, o território de fato devia ser brasileiro, pois fora descoberto, colonizado e povoado por nacionais sem a intervenção governamental.[8] O episódio do Acre foi finalmente encerrado com a assinatura do Tratado de Petrópolis, entre o Brasil e a Bolívia, em 17 de novembro de 1903, depois de um longo período de tentativas de negociações infrutíferas como veremos a seguir.

Em 1851, Duarte da Ponte Ribeiro, ministro plenipotenciário do Brasil, foi enviado a Lima para negociar o Tratado de Comércio, Navegação, Limites e Extradição. Assinado entre os dois países, em 23 de outubro, o documento determinava ainda a fixação das fronteiras entre a Bolívia e o Peru, países que formam com o Brasil uma tríplice fronteira. Em relação ao Peru, regulou-se os limites entre os dois territórios em conformidade com os princípios do *uti-possidetis*, o governo peruano não manifestou interesse sobre áreas situadas ao sul ou à lese do rio Javari. De acordo com a Convenção de 1851, definia-se os marcos de limites nas proximidades da povoação de Tabatinga.

---

4    Luiz Galvez Rodrigo de Arias rendeu-se às margens do rio Acre, sendo preso e exilado em Recife, e posteriormente deportado para Europa.

5    Cf. Clodoaldo Bueno, "Rio Branco: prestígio, soberania e definição do território (1902-1912)". In: Amado Luiz Cervo. *História da política exterior do Brasil*. Brasília: UNB, 2002, p .190.

6    A empresa congregava as firmas Cary & Withridge, United States Rubber Company e Export Lumbe.

7    Craveiro, Costa. A *conquista do deserto oriental, subsídios para a História do Território do Acre*. Rio de Janeiro: Companhia Editora Nacional, 1941, p. 238.

8    Araújo Jorge, *Rio Branco e as fronteiras do Brasil*. Brasília: Senado Federal, 1999, p. 102-103.

De todo modo, a comissão mista iniciou os trabalhos somente em 1861 após a assinatura de uma convenção fluvial em 1858. Do lado brasileiro, a equipe foi liderada pelo capitão José da Costa Azevedo, que viria a receber o título de Barão de Ladário. Na ocasião, explorou-se cerca de mil novecentos e trinta e um quilômetros dos rios Japurá e Javari, desde da confluência com o rio Amazonas. O governo brasileiro assentava a demarcação das fronteiras pelos limites naturais, pois:

> (...) sendo, porém, preferíveis os limites naturais às retas, que nem sempre extremam a jurisdição dos pontos confinantes, muito importante é a missão dos comissários que têm de propor a troca dos terrenos que forem a propósito para realizar nesses pontos as vistas dos dois governos.[9]

Mas, quando a comissão mista subia o rio em canoas em direção às nascentes do Javari, em 1866, o grupo foi subitamente atacado numa emboscada arquitetada pelos índios que habitavam a região. No combate, o geógrafo do comitê brasileiro, o capitão José Soares Pinto, veio a falecer e um membro do grupo peruano ficou gravemente ferido.[10] Por esta razão, os trabalhos de demarcação do comitê misto foram suspensos. Contudo, enquanto aguardava um novo comissário peruano, o governo brasileiro determinou a continuidade da exploração dos rios Iça ou Putumaio[11] e Japurá.[12]

Um colaborador notável foi o engenheiro militar João Martins da Silva Coutinho, que entre 1851 e 1866, incumbido pelo governo do Amazonas, percorreu os rios Purus, Japurá, Madeira e Tapajós e realizou o levantamento do delta do foz do Amazonas. Considerado um dos maiores conhecedores da bacia amazônica, desenvolveu importantes estudos de exploração geográfica, geológica, paleontológica e botânica, o que lhe valeu a indicação para acompanhar a famigerada Expedição Thayer, chefiada pelo zoólogo suíço

---

9  MRE, "Demarcação da fronteira do Brasil com a República do Peru". *Relatório do Ministério das Relações Exteriores*, 1862, p. 29. Disponível em: <http://brazil.crl.edu/bsd/bsd/u1498/000032.html>. Acesso em: 20 maio 2013.

10  *Idem*, "Limites com o Brasil e o Peru", *Relatório do Ministério das Relações Exteriores*, 1866, p. 18. Disponível em: <http://brazil.crl.edu/bsd/bsd/u1503/000021.html> Acesso em: 20 maio 2013. A região era habitada pelos índios mangeronas, catuquinas e ticunas.

11  O Iça é um rio brasileiro que nasce na Colômbia, onde recebe o nome de Putumaio.

12  MRE, "Relações com a República do Peru", *Relatório do Ministério das Relações Exteriores*, 1868, p. 13. Disponível em: <http://brazil.crl.edu/bsd/bsd/u1582/000016.html>. Acesso em: 20 maio 2013.

Louis Agassiz em 1865.[13] Na ocasião, Silva Coutinho demonstrou o interesse em estender a fronteira por um linha geodésica pelas margens dos rios Madeira e Javari.[14]

Seja como for, a fixação dos limites entre o Brasil e o Peru foi criticada pelos governos colombiano e equatoriano. A chancelaria colombiana questionou o Tratado de 1851, argumentava que feria a sua soberania territorial e os direitos pretendidos sobre o Javari. Por esta razão, deliberou a destruição dos marcos provisórios instalados pelo comissário brasileiro no rio Iça. Em resposta, o governo brasileiro afirmou se tratar exclusivamente de uma área fronteiriça com o Peru definida no acordo diplomático de 1851, portanto, o questionamento era infundado:

> (...) Que ao território mencionado naquele artigo não alcançam as exageradas pretensões territoriais da Colômbia, nem mesmo as que se fundam as Reais Cédulas, porquanto, como é sabido, a linha do Madeira e do Javari está na latitude sul 100 20', isto é, seis graus ao sul da foz do Javari, território exclusivamente do domínio do Brasil, do Peru e da Bolívia.[15]

A chancelaria equatoriana professou o não reconhecimento de quaisquer atos decorrentes da demarcação em curso nos "territórios orientais do Equador". Por seu turno, a diplomacia brasileira declarou o desconhecimento sobre quais áreas eram reclamadas pelo Equador. Para dar fim ao desacordo, foi encaminhado um relatório sobre as negociações entre o Brasil e a Colômbia. O documento fora especialmente elaborado pelo ministro plenipotenciário e enviado especial à Colômbia, o conselheiro Bernardo Azambuja. Para a chancelaria brasileira:

> (...) o governo brasileiro tratou com quem estava de posse desses territórios, e o fato de reclamarem simultaneamente Equador e Colômbia, e de serem os títulos destas duas repúblicas contestados pela do Peru, justifica as cláusulas dos Protocolos assinados por parte do Império do Brasil com o Equador em 3 de novembro e com a Colômbia em 12 de julho de 1853, nos quais se ressalvou o resultado que possam ter as negociações entre as três repúblicas sobre o ajuste final das respectivas fronteiras.[16]

---

13    Ver: Pedro Carlos da Silva Telles, *História da Engenharia no Brasil (séculos XVI a XIX)*. Rio de Janeiro: Clavero, 1994, p. 575.

14    Araújo Jorge, *op. cit.*, p. 125.

15    MRE, "Protesto do governo colombiano contra algumas estipulações do tratado entre o Brasil e a Bolívia, relativas a limites". *Relatório do Ministério das Relações Exteriores*, 1869, p. 36. Disponível em: <http://brazil.crl.edu/bsd/bsd/u1583/000038.html>. Acesso em: 20 maio 2013.

16    *Idem*, "Protesto do governo do Equador contra os efeitos eventuais da demarcação entre o Brasil e o Peru".

Em 1870, estabeleceu-se uma comissão mista para a fixação dos limites entre o Brasil e o Peru. Do lado brasileiro, o comitê foi chefiado por Antônio Luís von Hoonholtz, o Barão de Tefé, um dos fundadores da Sociedade de Geografia do Rio de Janeiro em 1883.[17] Do lado peruano, Manoel Rainaud y Paz Soldan liderou o comitê, quando veio a falecer foi substituído por Don Guillermo Black.

A viagem de Tefé foi publicada na forma de um diário e transcrita no boletim da Sociedade de Geografia Comercial de Paris.[18] Parte desta caderneta também foi divulgada no boletim da Sociedade de Geografia do Rio de Janeiro, em 1888, intitulada de "Episódios da viagem de exploração às vertentes do famoso rio Javari".

À guisa de curiosidade, vale destacar que o Barão de Tefé, Antônio Luís von Hoonholtz, se destacou no cenário político dos Oitocentos como militar, diplomata, político e geógrafo. Participou da Guerra do Paraguai, notabilizando-se na célebre Batalha Naval do Riachuelo. Nesse embate, o Barão de Tefé realizou diversas explorações hidrográficas. Os resultados desses trabalhos foram publicados no livro "Compêndio de Hidrografia", premiado em 1864, considerada como a primeira obra brasileira sobre o assunto e adotado pela Escola da Marinha. Pela sua atuação foi laureado com as medalhas de prata do Riachuelo, do mérito militar e da campanha geral do Paraguai. Depois da Guerra, em 1874, foi nomeado Chefe da Comissão Mista de Demarcação entre o Brasil e a República do Peru, e devido a sua performance na inóspita região amazônica foi condecorado com o título de barão pelo Imperador. Em 1882, chefiou a comissão astronômica responsável pela observação do planeta Vênus nas Antilhas, um empreendimento internacional que buscava conhecer com precisão a distância entre o Sol e a Terra. Ocupou vários cargos, tais como o de diretor do Serviço Hidrográfico do Império, diretor da Repartição Hidrográfica da Marinha Brasileira e membro do conselho diretor da Sociedade Central de Imigração. Foi ministro plenipotenciário do Brasil na Bélgica, na Itália e na Áustria e como político, senador pelo estado do Amazonas entre 1913 e 1915.[19]

---

*Relatório do Ministério das Relações Exteriores*, 1870, p. 26. Disponível em: <http://brazil.crl.edu/bsd/bsd/u1584/000026.html>. Acesso em: 20 maio 2013.

17  Cf. Luciene P. C. Cardoso, "Barão de Tefé", In: George Ermakoff (Org.), *op. cit.* Ver também "O Barão de Tefé e uma outra geografia", In: Cristina Pessanha Mary, *Geografias Pátrias: Brasil e Portugal (1875-1899)*. Niterói: Eduff, 2010.

18  Cristina Pessanha Mary, op. cit, p. 130.

19  Barão de Tefé, "Episódios da viagem de exploração às vertentes do famoso rio Javari". SGRJ, *op. cit.*, 1888, n. 3, t. 4, p. 169-188.

Intelectuais, militares, instituições na configuração das fronteiras brasileiras (1883-1903)

No seu relato, Tefé discorreu sobre as inúmeras dificuldades que a expedição sofreu. Recordou, ainda, as lendas sobre o rio e os registros sobre as sociedades indígenas do Vale Amazônico. Um conjunto de oito embarcações protegidas por toldos de madeira e redes de arames partiam em direção ao Javari. Integravam ainda o comitê misto, além de marinheiros "bem armados", um grupo de "indígenas mansos". As adversidades foram variadas, desde do desconforto da viagem, a má alimentação, as doenças, o clima insalubre, as enchentes que atrapalhavam a navegação e o desaparecimento de alguns integrantes, que não resistiram ao ambiente deletério da região amazônica. Para se ter uma ideia das agruras encontradas, de um grupo inicial de oitenta e oito pessoas, cinquenta e cinco sobreviveram à chegada a suposta nascente do Javari. Tefé não poupou comentários aos índios encontrados durante a viagem.

Como um indivíduo de seu tempo, percebia-se como homem civilizado e a viagem àqueles confins representava a superioridade do homem branco. A sua narrativa oscilava, por uma lado, na descrição dos tipos indígenas encontrados e a possível identificação a qual sociedade pertenceria, e por outro, na eliminação daqueles que obstruíam a expedição. Na verdade, observa-se uma concomitância entre a perspectiva do indianismo romântico e as políticas indigenistas do período imperial, que variou entre a assimilação e o extermínio, ao lado de um processo de "invisibilização" dos grupos indígenas.[20]

O extrato de seu diário publicado no boletim da Sociedade de Geografia resumiu-se fundamentalmente na descrição das batalhas travadas contra os indígenas. Em um desses embates, Tefé narrou que "exterminou uma multidão de índios", empolgado afirmou que se encontrava entre "verdadeiros selvagens" pela primeira vez ao explorar o rio Amazonas, e por fim admitia "(...) não ficara também um único ferido, o que muito lastimo porque desejaria levar comigo e domesticar a custa de carinhos um índio tão valente e cuja nação não me é possível designar pelo nome por não haver meio de conhecê-la".[21]

Depois de atravessar tais peripécias, assegurou ter alcançado a nascente do Javari, considerado pelos dois governos como os limites meridionais dos dois territórios. O comitê misto havia determinado a fronteira setentrional pelo povoado de Tabatinga, no Amazonas, até o rio Apaporis.[22] O caudaloso rio transformou-se em um pequeno córrego, segundo seu relato. Como era impossível a utilização de canoas, Tefé continuou

---

20 Sobre isso ver Kaori Kodama, *Os índios no Império do Brasil*. Rio de Janeiro: Fiocruz, 2009.

21 Barão de Tefé, *op. cit.*, p. 182.

22 MRE, "Demarcação entre o Brasil e o peru". *Relatório do Ministério das Relações Exteriores*, 1873, p. 46. Disponível em http://brazil.crl.edu/bsd/bsd/u1588/000048.html Acesso em 20 de maio de 2013.

a exploração em terra. Com o auxílio do desenhista, seu irmão Carlos von Hoonholtz, ergueu um pequeno observatório e utilizando-se de um único cronômetro realizou as diversas medições das alturas do sol, necessárias para os cálculos da longitude. Ao terminar, batizou a nascente de Igarapé 14 de Março em homenagem ao aniversário da Imperatriz Teresa Cristina.[23]

Como resultado de sua expedição, o militar apontou o marco na nascente do Javari em 6° 59′ 29′ de latitude sul e 30° 58′26′ de longitude do Rio de Janeiro, a famosa "Linha Tefé".[24] Vale a pena registrar que além de publicar no boletim da Sociedade de Geografia uma memória sobre sua participação na comissão demarcatória com a Bolívia, Tefé organizou outros trabalhos, do porte de "O Bertioga (o Porto de Santos), "O porto de Antonina", "Explorações de Pedro Teixeira: trecho de uma longa memória inédita sobre o Amazonas", "Eldorado: trecho de uma longa memória sobre os primeiros navegadores do Amazonas", entre outras, memórias que aludem ao período colonial e reconstituem o movimento de formação territorial.

De todo modo, os resultados da expedição de Tefé trouxeram outros desdobramentos ao Brasil. Como o Javari forma uma fronteira tríplice com o Brasil, Bolívia e Peru, as coordenadas calculadas serviram de base para os tratados entre os países envolvidos. No caso do litígio com a Bolívia, os resultados de Tefé rejeitavam a latitude sul 10°20′, então mencionada no Tratado de Ayacucho de 1867, transformando em oblíqua a linha que antes era reta, o que por sua vez, subtraía do território brasileiro cerca de 242 léguas quadradas, distância métrica utilizada na época.

Em relação à fronteira boliviana, os governos brasileiro e boliviano negociaram a criação de uma comissão mista em 1869. Como comissário brasileiro foi nomeado o engenheiro militar e poeta Antônio Cláudio Soído, que organizou a Carta Geral da Fronteira entre Brasil e Bolívia publicada em 1875. Mas, a comissão foi interrompida em 1872.[25] Em 1875, o então coronel Rufino Enéas Galvão, o Barão de Maracaju, liderou os trabalhos de uma nova comissão, sendo substituído em 1877 pelo major Francisco Xavier Lopes de Araújo, o Barão de Parima. Esse último que havia sido exonerado da função de chefe da missão demarcadora com o Paraguai em 1872. Barão de Parima, anos mais tarde, em 1884, foi nomeado para chefiar os trabalhos na fronteira com a Venezuela.

---

23    Barão de Tefé, *op. cit.*, p. 183.

24    *Idem*, p. 185.

25    MRE, "Demarcação entre o Brasil e a Bolívia". *Relatório do Ministério das Relações Exteriores*, 1870, p. 27. Disponível em: <http://brazil.crl.edu/bsd/bsd/u1584/000027.html>. Acesso em: 20 maio 2013.

INTELLECTUAIS, MILITARES, INSTITUIÇÕES NA CONFIGURAÇÃO DAS FRONTEIRAS BRASILEIRAS (1883-1903)

As negociações entre o Brasil e a Bolívia foram descontinuadas em 1878, uma vez que as duas interpretações rivalizavam-se. A primeira endossava a fronteira como linha oblíqua e a segunda reiterava o Tratado de Ayacucho. Além disso, podemos inferir que a tardia demarcação das fronteiras entre os dois países foi influenciada pela situação política que atravessou a América Latina. Desde a sua independência, em 1809, a Bolívia vivenciou um período de instabilidade com golpes e constituições de curta duração, como o surgimento da efêmera Confederação Peru-Boliviana entre 1836 e 1839.

Em meados dos Oitocentos, descobriu-se no Deserto do Atacama, na fronteira natural entre a Bolívia e a Chile, um rico depósito mineral, com destaque para os nitratos, que eram destinados à produção de fertilizantes e de pólvoras. Em 1879, o governo boliviano decidiu aumentar a taxação sobre os depósitos de nitratos, explorados e comercializados por empresas chilenas, o que significou o estopim da chamada Guerra do Pacífico entre o Chile, o Peru e a Bolívia (1879-1883). Ao final desta guerra, o Chile, vitorioso, ampliou o seu território, anexando territórios anteriormente bolivianos e peruanos, transformando a Bolívia em um nação sem saídas para o Oceano Pacífico.

Com o fim da Guerra do Pacífico, as negociações entre o Brasil e a Bolívia se entorpeceram na década de 1880. Em 1883, o governo brasileiro denunciou o Tratado de 1867 na parte referente aos limites, uma vez que carecia da revisão de determinadas cláusulas provisórias.[26] Logo após o advento do regime republicano, em 1892, o governo boliviano postulou a ratificação no congresso brasileiro do Tratado firmado em 15 de maio 1882, muito semelhante ao de 1867.[27] O documento previa a construção de uma estrada de ferro ou de rodagem, por parte do Brasil, com o objetivo de superar o trecho encachoeirado dos rios Madeira e Mamoré às margens dos rios Madeira e Mamoré, concedendo livre trânsito aos bolivianos.[28] Somente dois anos depois retomaram-se as negociações sobre as fronteiras entre os dois países, culminando na assinatura de um protocolo em 1895, que determinou a criação de uma nova comissão mista demarcatória Brasil-Bolívia, com objetivo de localizar a verdadeira nascente do rio Javari. Do lado brasileiro, integravam

---

26   MRE, "Denúncia do Tratado de 27 de março de 1867 na parte que se refere a limites". *Relatório do Ministério das Relações Exteriores*, 1883, p. 11. Disponível em: <http://brazil.crl.edu/bsd/bsd/u1598/000010.html>. Acesso em: 21 maio 2013.

27   *Idem*, "Estrada de Ferro à margem dos rios Madeira e Mamoré". *Relatório do Ministério das Relações Exteriores*, 1892, p. 79. Disponível em: <http://brazil.crl.edu/bsd/bsd/u1607/000078.html>. Acesso em: 21 maio 2013.

28   *Idem*, "Estrada de Ferro Madeira Mamoré". *Relatório do Ministério das Relações Exteriores*, 1882, p. 07. Disponível em: <http://brazil.crl.edu/bsd/bsd/u1597/000006.html>. Acesso em: 21 maio 2013.

o comitê o Tenente-Coronel Gregório Taumaturgo de Azevedo[29] e o Capitão-Tenente Augusto da Cunha Gomes,[30] como primeiro e segundo comissários respectivamente.[31]

Ao que tudo indica, pairavam dúvidas sobre os resultados da comissão mista demarcatória de limites entre o Brasil e o Peru de 1874 do Barão de Tefé.[32] Taumaturgo considerava que o governo brasileiro, ao aceitar o marco do Peru como o último da Bolívia, perderia parte considerável da região amazônica. A linha geodésica determinada estavamuito inclinada para o norte, o que levaria a perda do alto do rio Acre, do Iaco e o Alto-Purus, os principais afluentes do Juruá, Jutaí e Javari; uma região com considerável potencial de produção de borracha extraída por brasileiros. Segundo Taumaturgo, a nascente do Javari não havia sido realmente localizada, assim como era impreciso o marco do rio Madeira.[33] Convém destacar que os rios Madeira e Mamoré constituíam dois referenciais para a política externa adotada durante o regime imperial. O primeiro consolidava o princípio do *uti possidetis*, assentado na ocupação secular, e o segundo representava a ideia de limite natural, um legado dos tempos coloniais.

Natural do Piauí, Taumaturgo de Azevedo galgou carreira militar, reformando-se como marechal. Ingressou nas Forças Armadas aos quinze anos de idade, formando-se em engenharia militar e bacharel em ciências físicas e matemáticas na Escola Militar em 1877. O seu envolvimento com o processo de demarcação das fronteiras entre o Brasil e seus vizinhos remonta à 1879, quando foi nomeado secretário da Comissão de Limites com a Venezuela. Com o advento do regime republicano elegeu-se governador do Piauí durante a administração de Deodoro da Fonseca. Pertenceu aos quadros sociais da Socie-

---

29 No estado do Amazonas, fundou a cidade de Cruzeiro do Sul. Cf. IBGE, *Revista Brasileira de Geografia*, Rio de Janeiro, n. 4, v. 15, 1953, p. 613-614.

30 Nascido na Bahia em 1862, Cunha Gomes seguiu carreira na Marinha. Cf. IBGE, *op. cit.*, n .1, v .11, 1949.

31 MRE, "Bolívia: Demarcação entre dos limites entre o Madeira e o Javari", *Relatório do Ministério das Relações Exteriores*, 1895, p. 32. Participaram ainda da comissão: os ajudantes Felisberto Pia de Andrade e Guilherme Calheiros da Graça; como secretario, Custódio Celso de Saboia e Silva, o médico Cândido Mariano Damásio, o farmacêutico Antônio Ribeiro de Aguiar, entre outros membros de apoio. Disponível em: <http://brazil.crl.edu/bsd/bsd/u1609/000033.html> Acesso em: 10 abr. 2013.

32 Em 1851, o diplomata Duarte da Ponte Ribeiro enviado a Lima negociou a Convenção Especial de Comércio, Navegação e Limites com o Peru, que definiu a fronteira pelo rio Javari e pela linha Tabatinga-Apapóris, com base no *uti possidetis*, e concede ao Peru o direito de livre navegação pelo rio Amazonas. Mas, somente em 1904, sob a égide do Barão do Rio Branco, um novo tratado ratifica a linha Tabatinga-Apapóris como limite. Tabatinga, situada na margem direita do rio Solimões, na tríplice fronteira entre o Brasil, Colômbia e Peru.

33 Taumaturgo de Azevedo, *O Acre: Limites com a Bolívia*. Artigos publicados na imprensa (1900-1901). Rio de Janeiro: Tip. do Jornal do Commércio, 1901.

dade de Geografia, como sócio e posteriormente como seu presidente entre 1914 e 1920, inaugurando uma fase de presidentes militares na instituição que perduraria até 1945.[34]

A nomeação de Dionísio Cerqueira como ministro da relações exteriores, acarretou a exoneração de Taumaturgo da comissão de limites em 1896. O comissário brasileiro insistia na possibilidade de erro na fixação da nascente do Javari, o que para Dionísio tratava-se de um ato de insubordinação.[35] Por conta disso, concluímos que Taumaturgo não tenha organizado seu relatório final, pois encontramos no Arquivo Histórico do Itamaraty um documento manuscrito elaborado pelo engenheiro Lopo Gonçalves Bastos Netto, o segundo encarregado da comissão brasileira e apontado como sendo o relatório oficial entregue ao ministro das relações exteriores, conforme consta a carta anexada pelo então segundo comissário Cunha Gomes.[36]

Encarregado pelo comissário Taumaturgo de Azevedo, Bastos Netto chefiou uma curta expedição de cinquenta dias ao Alto Purus destinada a explorar esse rio até o Iaco, mas que se estendeu para além da linha de limites. Não era uma operação incomum. Em algumas ocasiões, os comissários chefes dividiam seus auxiliares em equipes, apelidadas de turmas, para desenvolver uma exploração de curto prazo. De todo modo, o documento organizado pelo engenheiro Bastos Netto resume em treze páginas os aspectos gerais de sua viagem ao Purus.

O engenheiro não se restringiu apenas a uma descrição geográfica do rio Purus, considerado, por ele, um dos principais afluentes do Solimões. Discorreu sobre as potencialidades dos recursos naturais, apontando, além da borracha, outros gêneros como o cacau, o milho, o feijão, o café, a cana de açúcar, entre outros. Ateve-se ainda

---

34   Além do marechal Gregório Taumaturgo de Azevedo, sucederam-se na presidência da Sociedade de Geografia do Rio de Janeiro os militares: almirante Antônio Coutinho Gomes de Pereira (1920-1925), general José Maria Moreira Guimarães (1925-1940) e almirante Raul Tavares (1940-1945).

35   O coronel Taumaturgo de Azevedo, ao constatar a latitude da nascente do Javari, ponto inicial da linha divisória entre os dois países, percebeu que ficaria com a Bolívia uma grande região rica em látex, quase totalmente ocupada por brasileiros. Taumaturgo de Azevedo denunciou ao governo federal o prejuízo daí decorrente, já que o Brasil perderia o alto rio Acre e a região do Alto Purus. Infelizmente o ministro brasileiro da época não aceitou os argumentos do coronel, que contrariado demitiu-se e denunciou o grave erro da diplomacia brasileira na imprensa, dando origem a uma intensa polêmica que mobilizou a opinião pública nacional. Foi então nomeado como novo comissário, o capitão-tenente Cunha Gomes, que cumpriu literalmente as ordens da chancelaria brasileira, reconhecendo os limites estabelecidos pelo Tratado de Ayacucho de 1867, a fronteira entre os dois países seria fixada pela confluência dos rios Beni-Mamoré, no rumo do Lesse – uma linha de demarcação ainda pouco definida.

36   AIH, Ofício de Augusto da Cunha Gomes ao general ministro das relações exteriores. Manaus, 11 mar. 1897. Relatório Geral sobre a exploração do Rio Javary, 1898, lata 452, maço 6.

à descrição do clima e das doenças que afligiam a população local, a observações sobre a formação geológica e aos levantamentos das coordenadas geográficas.[37] Com a divergência entre os cálculos das latitudes das comissões de 1874 e de 1895, o ministro Dionísio Cerqueira observou a necessidade de retificá-las e de suspender os trabalhos de demarcação, no seu entender:

> (...) A comissão mista organizou um quadro das latitudes de diversos pontos da linha entre o Madeira e o Javari calculador para longitudes de 10' em 10'. Examinando-se esse quadro, vê-se que 52 médias adotadas, 31 estão erradas. Acompanha esse Relatório, no qual acrescentei uma coluna contendo as médias corrigidas e outras contendo os erros encontrados.[38]

No intuito de se defender dos ataques espalhados pela imprensa, principalmente, por Dionísio, Taumaturgo de Azevedo organizou a obra *O Acre: Limites com a Bolívia*, que consiste de uma coletânea de mapas, de correspondências e de artigos de sua autoria publicados entre 1900 e 1901. Sem poupar acusações ao então ministro, Taumaturgo ironicamente o reprochava: "(...) o litígio das missões, as indenizações italianas, o tratado do Amapá e a questão do Acre, são os grandes traços pelos quais se aferem o patriotismo e a competência administrativa do Sr. Dionísio. Neles está a sua revelação como profissional, diplomata e estadista".[39]

A opinião pública e as instituições culturais e científicas manifestaram-se contra uma possível perda territorial. Não por acaso, Dionísio Cerqueira determinou a reexploração do Javari por Cunha Gomes, então nomeado novo chefe da comissão brasileira demarcatória. Em 1898, o novo comissário brasileiro entregou ao ministro o relatório final, resultado de suas investigações na região do Javari.[40] O documento manuscrito reúne informações geográficas sobre os rios Solimões, Galvez e Javari, observações sobre os indígenas capanauas

---

37    AIH, Relatório do segundo ajudante Lopo Gonçalves Bastos Netto ao ministro das relações exteriores, 09 mar. 1897, lata 452, maço 06.

38    MRE, Bolívia: Demarcação de limites entre o Madeira e o Javari; Verdadeira posição da nascente desse rio; suspensão dos trabalhos resolvida pelo governo brasileiro, correspondência com a Legação. *Relatório do Ministério das Relações Exteriores*, 1897, p. 35. Disponível em: <http://brazil.crl.edu/bsd/bsd/u1612/000051.html>. Acesso em: 20 maio 2 013.

39    Taumaturgo de Azevedo, *op. cit.*, p. 141.

40    Integravam o comitê brasileiro, além de Cunha Gomes, o engenheiro civil Lopo Gonçalves Bastos Netto, o médico Frutuoso Vicente Bulcão Viana, o farmacêutico Luiz de Oliveira Campos, os encarregados Angelo dos Santos e Pedro Ferreira Bandeira, além de um sargento e vinte e nove praças.

que habitavam àquela região, as vias de comunicação, a população, a flora, a fauna e o clima, além do levantamento das coordenadas geográficas.

Concluía que o rio Jaquirana era a continuidade do Javari, avaliado como um rio extraordinário devido a quantidade de afluentes e pela extraordinária navegabilidade. Contudo, constatou que os produtos brasileiros eram exportados como peruanos. Averiguou ainda que a população que habitava os vales dos rios Jaquirana, Bathan e seus afluentes eram de origem peruana e cerca de cinco mil pessoas falavam a língua quíchua.[41] Surpreendeu-se com a utilização escrava da mão de obra indígena, em especial o grupo dos chamacocos, descritos como "domesticados e explorados".

Mas, por outro lado, descreveu como "fracos e selvagens" aqueles grupos que ocupavam a margem direita do rio Bathan e como "ferozes e inimigos" aqueles residentes à margem oposta, os capanauas. Assim como Bastos Netto, Cunha Gomes se ateve à descrição da flora e da fauna do Javari, conferiu a existência de uma variedade de borboletas e de outros insetos, além de animais como jacarés, botos e morcegos. Como não localizou fósseis, não pôde apurar a idade geológica da região do rio Javari. Apresentou ainda um retrato sobre a exploração da borracha e dados sobre o clima. Segundo Cunha Gomes, a expedição consistiu numa grande aventura,

> (...) cheia de peripécias e muitos perigos a reexploração do rio Javari, foi também de grande abnegação e patriotismo, a dedicação com que todos os membros da Comissão de Limites entre o Brasil e a Bolívia, cumpriram a porfia, o seu dever, não poupando sacrifícios de qualquer natureza e suportando todas as vicissitudes de uma viagem em zona infestada de selvagens e doentia.

Além do relatório oficial entregue ao ministro Dionísio, em 1899, Cunha Gomes publicou uma memória sobre a missão destinada ao público, intitulada de *Comissão de Limites entre o Brasil e a Bolívia*. A obra foi dedicada ao Barão de Tefé, que vinha criticando os trabalhos da comissão de Cunha Gomes através de artigos publicados no Jornal do Commércio. Assim como Taumaturgo, o novo comissário evidenciou a inexatidão dos trabalhos de Tefé. De forma intencional, o livro pretendia esclarecer a controvérsia da nascente do Javari, comprovar o erro de Tefé a partir das observações de sua exploração por aquelas paragens. O relato organizado por Cunha Gomes, além de responder de forma mordaz aos artigos publicados por Tefé na imprensa, oferece um quadro sobre o clima, a

---

41 O quíchua é falado ainda hoje por milhões de pessoas dos seguintes países: Argentina, Chile, Peru, Bolívia, Equador e Colômbia, por exemplo.

vegetação, as sociedades indígenas, os recursos naturais encontrados, as observações sobre a reexploração do Javari e dos rios Gálvez, Solimões e Jaquirana. Na sua opinião, a comissão mista de 1874 considerava erroneamente a hipótese do Gálvez ser a continuidade do Javari. Sobre os trabalhos de Tefé, declarou Cunha Gomes:

> (...) Ora, si o Javari nascia nesse lugar em 1874, como diz o sr. Almirante Barão de Tefé, e se a comissão de 1897 chegou a esse mesmo ponto, em canoas, como declara o Exmo. Senhor, a conclusão lógica e evidente a tirar-se do V. Ex. escreveu é que esta nascente, em 23 (vinte e três) anos, mudou de posição, fato por demais assombroso e que causará admiração, não só a Sociedade de Geografia do Rio de Janeiro, mas ainda as suas congêneres no mundo inteiro.[42]

Em janeiro de 1898, findada a aferição, chegou-se à conclusão de que, pelo Tratado de 1867, pertencia o território acreano à Bolívia. Vale a pena ressaltar que este acordo baseou-se no famoso "Mapa da Linha Verde", elaborado por Duarte da Ponte Ribeiro. Nele, constatava-se o limite oriental da fronteira, a nascente do Javari. De todo, Cunha Gomes, apesar de apontar o erro de Tefé, deixou praticamente inalterada a situação geográfica daquela região produtora de borracha, uma diferença de 10 graus, o que contribuiu para promover um novo desapontamento, incitando novas críticas pela imprensa e debates calorosos nas instituições Oitocentistas.

A esse cenário, envolveu-se o diretor do Observatório Nacional do Rio de Janeiro, o astrônomo belga Luiz Cruls, também sócio efetivo e um dos fundadores da Sociedade de Geografia. Designado pelo ministro Olyntho de Magalhães, durante o governo de Campos Sales, em 1901, para chefiar a Comissão de Limites entre o Brasil e Bolívia, novamente encarregada de explorar as nascentes do rio Javari. Mas, ao que tudo indica, constatamos que outro nome havia sido inicialmente proposto para ocupar o cargo de comissário brasileiro, tratava-se do astrônomo Manoel Pereira Reis.[43] Com a desistência de Pereira Reis, outros integrantes solicitaram afastamento, a exemplo do engenheiro civil Alfredo Américo de Souza Rangel.[44]

---

42  Augusto da Cunha Gomes, *Comissão de Limites entre o Brasil e a Bolívia*. Rio de Janeiro: Tip. Leuzinger, 1899, p. 7.

43  MRE, "Instruções para exploração do Javari". *Relatório do Ministério das Relações Exteriores*, 1899, p. 13-14. Além de Manoel Pereira Reis e Alfredo Américo de Souza Rangel, também fora nomeado o engenheiro civil Mario de Oliveira Roxo, formado pela Escola Politécnica. Disponível em: <http://brazil.crl.edu/bsd/bsd/u1781/000032.html>. Acesso em: 22 maio 2013.

44  AIH, Limites entre o Brasil e a Bolívia, Ofício de Alfredo Américo de Souza Rangel ao ministro das

INTELECTUAIS, MILITARES, INSTITUIÇÕES NA CONFIGURAÇÃO DAS FRONTEIRAS BRASILEIRAS (1883-1903)

A informação é interessante, uma vez que Manoel Pereira Reis, antigo astrôno-mo-adjunto do Observatório Nacional (Imperial Observatório), envolveu-se em diversas polêmicas com os diretores da instituição. Reis desenvolveu algumas atividades científicas na instituição como a determinação das posições geográficas de diversos pontos da província de São Paulo e da Estrada de Ferro de Rio Claro. Em 1874, em decorrência de algumas divergências, foi destituído da chefia da Carta Geral do Império pelo então diretor do Observatório, o astrônomo francês Emmanuel Liais. Depois do afastamento, demitiu-se voluntariamente e ingressou como professor substituto da Escola Politécnica do Rio de Janeiro, tornando-se posteriormente catedrático de astronomia. Ao lado de outros dois professores, Joaquim Galdino Pimentel e André Gustavo Paulo de Frontin, fundou o Observatório do Morro de Santo Antônio em 1880.

Mesmo afastado, Pereira Reis não economizou críticas à competência técnica do Observatório em determinar o meridiano absoluto, a partir do método empregado pelo diretor Emmanuel Liais. As censuras dirigidas à instituição alcançaram as esferas governamentais, o que promoveu o desgaste do diretor e a autonomia das suas atividades. Vale acrescentar que o Observatório era sempre solicitado pelo governo, desde longa data participava das comissões demarcatórias e em muitas ocasiões cedeu pessoal especializado ou instrumentos técnico-científicos.[45]

Ao que tudo indica, a polêmica continuou mesmo após a demissão de Liais. Com a nomeação do belga Luiz Cruls, em 1882, a situação não se modificou. Novas acusações se perpetuaram, geralmente publicadas nas páginas do *Jornal do Commércio*. Pereira Reis não se limitou às páginas de jornais, em 1902, pronunciou um discurso na Câmara

---

relações exteriores, 28 set. 1900. Aviso 187 de 09 out. 1900. Diversos: requerimentos, recortes de jornais, avulsos, lata 454, maço 8. Natural da Paraíba, Alfredo de Souza Rangel, formado pela Escola Politécnica, chefiou a Comissão da Carta Cadastral e foi Diretor Geral de Obras e Viação durante a administração do prefeito Pereira Passos no Rio de Janeiro.

45 Em 1902, outro importante astrônomo e futuro diretor do Observatório, Henrique Morize foi convidado pelo Barão de Rio Branco para auxiliar na comissão de limites com a Argentina, determinando as posições geográficas do Uruguai, Peperí-Guassú, Santo Antônio e Paraná. Luiz Muniz Barreto ressalta que cerca de três quartos dos funcionários do Observatório Nacional estavam envolvidos no processo de demarcação de limites no ministério. Segundo o autor, o Barão considerava o Observatório Nacional como uma instituição vital ao país. Sobre o papel desempenhado pelo Observatório, ver Luiz Muniz Barreto, *Observatório Nacional, 160 anos de história*. Rio de Janeiro: MCT/CNPq, Observatório Nacional, 1987. Sobre a comissão demarcatória Brasil e Argentina ver Bruno Capilé; Moema de Resende Vergara, "Ciência na fronteira meridional: a Comissão Demarcadora de Limites entre Brasil e Argentina (1900-1905)". São Paulo, *Anais do 13°. Seminário da Sociedade Brasileira de História da Ciência*, 2012.

dos Deputados em 1902, novamente reprovando os resultados da comissão demarcadoras de limites com a Bolívia, considerando-os incompletos ou inconclusivos.[46]

De origem belga e formado em engenharia, Cruls veio ao Brasil em 1874. No vapor Orénoque, que o trouxe ao Brasil, conheceu Joaquim Nabuco, futuro líder abolicionista e personalidade de destaque do cenário político, que o introduziu aos espaços de sociabilidades intelectuais do Rio de Janeiro, sendo inclusive recebido pelo imperador D. Pedro II no Paço de São Cristóvão. Dos contatos realizados, surgiu a nomeação para integrar a Comissão da Carta Geral do Império e realizar o Levantamento do Município Neutro, sob a chefia do marechal Henrique de Beaurepaire Rohan.

Em 1876, ingressou como astrônomo adjunto do Observatório Imperial do Rio de Janeiro, alcançando o cargo de diretor da instituição entre 1884 e 1908. Foi também professor de Astronomia e Geodésia da Escola Superior de Guerra e da Escola Militar do Brasil. Sob a sua égide, o Observatório Imperial, depois denominado de Observatório Nacional com o advento do regime republicano, desempenhou importantes funções, como o fornecimento e a determinação da hora certa; a participação nas comissões de limites com países latino-americanos com a Argentina e a Bolívia; a Comissão Exploradora do Planalto Central; a determinação das posições geográficas por onde passavam os trilhos da estrada de ferro e a criação de rede de estações meteorológicas pelo país, entre outras.

O cientista belga também participou de missões diplomáticas e científicas internacionais, a exemplo da observação da passagem de Vênus diante do disco solar na cidade de Punta Arenas (1882); representou o país em algumas conferências como a de Washington, quando se estabeleceu um meridiano universal (1884) e participou do Projeto Internacional da Carta do Céu organizada pelo Observatório de Paris (1887). Empenhou-se também na transferência da instituição, que se localizava no morro do Castelo, para outro lugar apropriado, com objetivo de melhorar a qualidade dos serviços fornecidos e das suas atividades científicas. Inicialmente seria transferida para a Fazenda Imperial de Santa Cruz, mas sem a devida dotação orçamentária a mudança ocorreria somente em 1922, para o morro de São Januário, no bairro de São Cristóvão.

Integrou ainda os quadros sociais de várias associações científicas e recebeu importantes comendas imperiais e honrarias, a exemplo do Prêmio Valz, concedido em 1882 pela a Academia de Ciências de Paris em reconhecimento à sua contribuição ao estudo e

---

46    A esse respeito ver Januária Teive de Oliveira; Antonio Augusto Passos Videira, "As polêmicas entre Manoel Pereira Reis, Emmanuel Liais e Luiz Cruls na passagem do século XIX para o século XX". *Revista da SBHC*, Rio de Janeiro, n. 1, 2003, p. 42-52.

às observações de cometas. Por conta da estreita relação com o Exército durante o tempo em que se dedicou ao magistério militar, recebeu o título de major-honorário e de tenente--coronel após a sua participação na Revolta da Armada em 1892.[47]

Seja como for, recém-nomeado para liderar a comissão brasileira, Cruls promoveu o aparelhamento técnico da expedição rumo a região amazônica, o que consistia numa complexa logística. Envolvia a compra de equipamentos óticos e científicos adquiridos nas principais casas do Rio de Janeiro, além da solicitação de outros artefatos às instituições, do porte do Observatório e do Ministério da Marinha. No rol das casas de instrumentos científicos, encontra-se a requisição de termômetros a Oficina de José Hermida Pazos, conhecida pela contribuição na construção do famoso Altazimute do astrônomo Emmanuel Liais, instrumento de alta precisão capaz de realizar observações astronômicas e geodésicas, que fora contemplado com a medalha de prata na Exposição Universal de Paris em 1889.[48] Completava a lista de objetos técnicos e científicos a aquisição de mantimentos, de remédios e de munições.[49]

A bordo do vapor Alagoas, Cruls e os outros integrantes da comissão brasileira partiam da capital para a cidade de Belém no dia 04 de janeiro de 1901. Integravam o grupo liderado pelo diretor do Observatório os militares Carlos Accioli, Augusto Tasso Fragoso, Eduardo Chartier, Leovegilo Honório de Carvalho (médico), Alfredo José Abrantes (farmacêutico) e o encarregado de material Artur Torres Nogueira.[50] Vale acrescentar que os comitês de demarcação eram concebidos sob a égide do ministério de relações exteriores de cada país, lideradas por militares ou técnicos, especializados em geodesia, tais como engenheiros ou astrônomos. Além de médicos, oficiais, farmacêuticos e engenheiros civis, compunham a equipe do pessoal de apoio um grupo de quarenta ou cinquenta soldados.[51]

---

47 Além de criar a *Revista do Observatório* em 1886, Cruls publicou diversas obras científicas, a exemplo da *Passagem de Vênus pelo Disco Solar em 1882 (1886); Comissão Exploradora do Planalto Central (1893), O Clima do Rio de Janeiro (1894) e o Relatório da Comissão de Limites entre o Brasil e a Bolívia (1902).*

48 Sobre esse assunto ver, Almir Pita Freitas Filhos, "José Maria dos Reis e José Hermida Pazos: fabricantes de instrumentos científicos no Brasil (séculos XIX-XX)". *Revista de História Econômica & Economia Regional Aplicada*, UFJF, n. 10, v. 6, jan./jun. 2011.

49 IH, Contas e recibos (1900-1902), lata 454, maço 7. Os recibos de materiais comprados e das solicitações de instrumentos encontram-se organizadas nesta pasta.

50 Integravam o comitê boliviano: como primeiro e segundo comissários Adolfo Ballivian e Carlos Satchell respectivamente, o médico Arthur Fox, o auxiliar John Muro e o secretario Luiz Augusto Fontaine, além de vinte e seis soldados.

51 Cf. Moema de Resende Vergara, "Ciência, fronteiras e nação: comissões mistas Brasil-Bolívia na Primeira República (1895-1901)", *Boletim do Museu Paraense Emílio Goeldi*, Belém, n. 2, v. 5, 2010. Disponível em:

Na embarcação, incluíam-se ainda os instrumentos científicos e os mantimentos devidamente encaixotados, depois de fiscalizados pelo médico, pelo farmacêutico e pelo encarregado da comissão brasileira. De acordo com a recomendação do Ministério da Marinha, estipulou-se uma quantidade suficiente de víveres para cerca de duzentos dias de viagem. No rol de instrumentos científicos, encontravam-se listados: uma coleção de barômetros e termômetros, sete cronômetros, uma luneta, dois sextantes, três teodolitos, um micrômetro, um círculo meridiano e um altazimute.

No dia 21 de janeiro, o comitê brasileiro finalmente chegou a cidade de Pará. Logo em seguida, construiu-se um pequeno observatório destinado aos cálculos das coordenadas geográficas daquela cidade. Na ocasião, Cruls pretendeu localizar o local onde uma comissão norte-americana se fixou em 1879. Como resultado da expedição foi publicado, em 1880, o livro *Telegraphic measuremente of diferents of longitude by officers of the U.S. Navy in 1878 and 1879*. Segundo Cruls, o local se encontrava urbanizado ao ponto da iluminação elétrica prejudicar as observações astronômicas. Por esta razão, transferiu-se o observatório para o Forte do Castelo. Após a realização das primeiras investigações astronômicas e a regulação da marcha dos cronômetros, Cruls comparou os seus resultados com os da comissão norte-americana de 1879.[52]

Dando continuidade, entre os dias 07 e 19 de março, procedeu-se a comparação dos cronômetros da comissão mista, quando encontrou-se uma diferença de seis décimos de segundo, então considerada insignificante pelo cientista. Na Biblioteca do Estado, cedida pelo governador, ocorreu a primeira conferência oficial entre os dois comitês, sendo registrada no livro de atas da comissão mista. Nesta reunião, prosseguiram a recomendação do protocolo de 1900 e partiram para Tabatinga a bordo do vapor João Alfredo. Um pouco antes de empreender a viagem, a Companhia Telegráfica daquele estado permitiu a utilização do cabo sub-fluvial entre Belém e Manaus para determinação da longitude entre as duas cidades. Acordou-se que o grupo brasileiro realizaria as observações a partir de Manaus e o grupo boliviano a partir de Belém.

De todo modo, mesmo fisicamente distante das contestações disseminadas pela imprensa e pelas instituições científicas na capital da República, Cruls acompanhava de perto o debate. Em carta reservada ao ministro das relações exteriores, ressaltou que a

---

<http://www.scielo.br/scielo.php?script=sci_arttext&pid=S1981-81222010000200009&lng=en&nrm=iso>. Acesso em: 20 maio 2013.

52   Luiz Cruls, *Relatório apresentado ao ministros Olyntho de Magalhães, ministro das relações exteriores*. Rio de Janeiro: Imprensa Nacional, 1902.

polêmica concentrava-se na valorização de uma única coordenada de limites, a latitude, enquanto que se ignorava a longitude. Afirmava que

> (...) comparando as longitudes achadas pelos comissários José da Costa Azevedo e de Barão de Tefé, com as do capitão tenente Augusto da Cunha Gomes, notam-se diferenças que vão crescendo desde a foz do Galvez, onde ela é apenas de 25" (cerca de 750 metros), até o ponto cuja latitude é 70 1', e onde atinge 46 quilômetros".[53]

Assim, enfatizava o objetivo principal da sua expedição, a determinação da longitude da nascente do Javari, considerado como um trabalho mais complexo do que a fixação de latitudes.

Mas desde 1897, Cruls vinha se manifestando sobre a controvérsia territorial entre o Brasil e o Bolívia. Em um trabalho publicado no periódico *Revista Brasileira*, o astrônomo realçou a dificuldade do cálculo das longitudes e esclareceu o método científico usualmente empregado. O procedimento envolvia a escolha de um ponto do planeta como meridiano inicial e o outro ponto a ser calculado por meio da determinação da hora certa.[54]

Alguns dias depois, providenciou as embarcações necessárias para dar início a viagem, que consistiam inicialmente em seis canoas e uma lancha. Mal começara a excursão, o primeiro desfalque da equipe brasileira ocorreu, o capitão Augusto Tasso Fragoso, gravemente enfermo, abandonou a missão. Cruls deu continuidade a sua missão, negociou com o Comptoir Colonial Français, em Remate de Males, na confluência entre os rios Javari e Itecuai, o fretamento de um batelão, a típica embarcação comercial utilizada no comércio fluvial nos rios da Amazônia.[55] Depois da aquisição do barco, aproveitaram a facilidade de navegação do rio Javari decorrente das cheias para seguir em direção à nascente. Na confluência dos rios Jaquirana e Galvez determinaram mais uma vez a posição geográfica, como estabelecia o protocolo de 1900. De lá, a comissão brasileira se transferiu para uma lancha de pequena porte que carregava à reboque as canoas.

---

53 AIH, Comissão de Limites entre o Brasil e a Bolívia, Ofício reservado de Luiz Cruls ao ministério das relações exteriores, Manaus, 22 abr. 1901. Ofícios recebidos do chefe da comissão de limites (1900-1902), lata 454, maço 1.

54 Cf. Moema de Resende Vergara, "Ciência, fronteiras e nação: comissões mistas Brasil-Bolívia na Primeira República (1895-1901)", *Boletim do Museu Paraense Emílio Goeldi*, Belém, n. 2, v. 5, 2010.

55 A Comptoir Colonial Français recebeu autorização para realizar serviços financeiros no Brasil em 1899. Sobre a ampliação das instituições financeiras após o advento do regime republicano, ver o livro do diplomata Paulo Roberto de Almeida, *Formação da Diplomacia Econômica no Brasil*. São Paulo: Senac, 2001, p. 281.

Ao subir o rio Jaquirana, a rápida vazante e os troncos de árvores obstruíram a passagem da lancha. Os encalhes passaram a ser cada vez mais frequentes, a situação foi retratada por Cruls como "tão demorada quão difícil e penosa", ao ponto do pessoal de apoio passar a maior parte do tempo dentro d'água. Nas proximidades do rio Bathan ou Paisandú, um grupo de soldados e o médico do comitê brasileiro, Carlos Accioli, adoeceram. Seriamente debilitado, o médico veio a falecer. Assim, reduzida, seguiu a comissão, liderada por Cruls e composta pelo tenente-coronel Abrantes, o mecânico Eduardo Chartier e vinte e um soldados. As dificuldades cresciam a cada instante, tornando cada vez mais arriscada a viagem. No dia 02 de agosto, os integrantes do comitê brasileiro finalmente reencontraram o grupo boliviano na região do Chamicuro, entre os rios Jaquirana e Black.

Nesta região, o comitê brasileiro encetou o trabalho de levantamento da planta do rio Jaquirana, com intuito de confrontar os seus resultados encontrados com os da comissão de Tefé de 1874 e a de Cunha Gomes de 1897. Naquela faixa, exploraram o rio Rumyaco, nomeado de Dionísio no relatório de Cunha Gomes, então indicado como um afluente do Jaquirana. Devido ao quantidade de cachoeiras e saltos, Cruls conjecturava se tratar da nascente principal do rio Jaquirana ou Alto Javari. Por conta da inviabilidade da navegação, o comitê misto seguiu viagem por terra, abrindo picada e acompanhando a margem esquerda do Jaquirana. No dia 16 de agosto, os comissários e as suas equipes chegaram ao ponto final da expedição, onde montaram o acampamento e o observatório astronômico, denominando-o de Nossa Senhora da Glória. Procedeu-se ainda o levantamento topográfico do rio até a nascente principal para conectar com as coordenadas do Observatório Nacional.

Observou que o rio dividia-se em dois braços, depois de uma bifurcação se depararam com duas cachoeiras, à esquerda denominaram de General Pando e à direita de Campos Sales, quando se constatou que a última pertencia ao braço da nascente principal. A comissão mista, paralelamente e independentemente, executou os trabalhos técnicos e os cálculos de fixação das coordenadas da nascente principal do rio Jaquirana, onde se estabeleceu o marco indicativo. O comissário brasileiro estranhou a diferença de latitude nos cálculos realizados por Cunha Gomes, advertiu ainda que a expedição de 1897 esteve também na nascente principal, mas preferiu evitar "(...) explicar a origem da diferença que apresentam os valores de latitude achada pela Comissão de 1897 e a da Comissão Mista de 1901". Restringiu-se a comentar que a expedição de 1897 permaneceu "apenas 48 horas", enquanto que a nova comissão mista permaneceu treze dias desenvolvendo trabalhos técnicos na nascente. Assim, após a cerimônia de inauguração do marco da nascente, o comitê misto empreendeu viagem de regresso no dia 29 de agosto.[56]

---

56  Luís Cruls, *op. cit.*, p. 18.

Além da determinação da nascente do Javari, Cruls se ateve a um sucinta descrição do clima da região baseada principalmente nos relatos dos habitantes, ao contrário das observações realizadas por Tefé, Cunha Gomes e Bastos Netto. Argumentava o pouco tempo para realizar os estudos necessários para uma análise segura. Resumidamente, revelou que as condições de salubridade do rio variavam nos diversos afluentes. Em relação ao Javari e o baixo Jaquirana, predominavam-se a infestação de mosquitos e de outros insetos, que propagavam endemicamente o beribéri. Com a subida do rio, as condições de salubridade melhoravam, preponderando um clima temperado e caracterizado pelas águas cristalinas, diferente do baixo Amazonas. Além disso, a excessiva umidade da região amazônica dificultou o manuseio das lunetas e consequentemente a localização dos astros, por isso, tornava-se frequente a limpeza de tais instrumentos.[57]

Ao contrário da expedição realizada por Tefé em 1874, a comissão brasileira não se deparou com grupos indígenas. Prudentemente, ao anoitecer, explodia-se dinamites e disparava-se armas de fogo provocando um espantoso barulho que ecoava no silêncio da floresta e que, por sua vez, afugentava a possibilidade de qualquer ataque. O astrônomo belga circunscreveu-se às narrativas dos moradores locais, sobretudo às dos seringueiros, assustados com as investidas dos Mayus, habitantes da margem direita do rio Galvez. Segundo Cruls "(…) essa tribo não usa nem o arco, nem a lança, mas unicamente sabres, bastante afiados, feitos de madeira dura e resistente".[58] Ao que parece, os grupos indígenas costumavam advertir um ataque iminente em duas ocasiões. O primeiro aviso consistia em depositar caroços de açaí nos recipientes utilizados pelos seringueiros, quanto ao segundo colocavam duas flechas no meio de uma estrada formando um sinal de cruz.

Apesar da inocorrência de ofensivas indígenas, a comissão mista foi acompanhada de perto por uma comissão de militares peruanos, que desde maio seguia observando os trabalhos do grupo. De Iquitos, no Peru, uma embarcação armada trazia o subprefeito da província do Baixo Amazonas, um oficial da marinha e um grupo de soldados, que vedaram observações na ilha Mauá, território peruano, e afirmavam que "(…) o governo peruano pretendia opor-se à exploração das nascentes do Jaquirana".[59]

Em uma determinada ocasião, a comitiva peruana acampou à margem esquerda do mesmo Jaquirana, cerca de cem metros de onde estava assentada os integrantes do comitê misto. A despeito da abordagem cordial, o subprefeito peruano, ao relembrar os tratados de limites firmados entre o Brasil, a Bolívia e o Peru, considerou uma violação territorial a

---

57 *Ibidem*, p. 24.

58 *Ibidem*.

59 *Ibidem*, p. 33.

exploração em curso e a colocação do marco em um ponto distinto daquele erigido pela comissão mista de 1874. Como resposta, Cruls afirmou impossibilitado de discutir e interpretar tais acordos, e informava que encaminharia os questionamentos ao governo brasileiro.[60]

O relatório organizado pelo comissário brasileiro, além de registrar as principais ocorrências até o alto Javari, também assinala o levantamento astronômico e observações meteorológicas do rio Jaquirana desde o Observatório até as nascentes. Compõe ainda o documento uma parte de anexos que apresenta a intimação escrita pelo subprefeito peruano, a resposta do comissário brasileiro, ofícios sobre assuntos técnicos e as quatro primeiras atas da comissão mista.

Ao terminar os trabalhos na nascente, Cruls encontrava-se com a saúde fragilizada em decorrência do beribéri, ele mal podia caminhar. Sensibilizado, o chefe do comitê boliviano solicitou ao médico de sua equipe, Dr. Arthur Fox, acompanhar o regresso do comissário brasileiro até Manaus. As atas das comissões mistas assinalam as diversas dificuldades encontradas, o estado físico de Cruls e a preocupação com o transporte dos instrumentos científicos imprescindíveis para as observações astronômicas e os cálculos das coordenadas geográficas:

> (...) a travessia por terreno tão acidentado além de ser fatigante, especialmente para o comissário brasileiro (L. Cruls) cujo estado de saúde não lhe permitia caminhar grandes distâncias, sendo necessário conduzi-lo penosamente em rede sustentada por dois homens, era também difícil para o cuidadoso transporte que requeriam os cronômetros e demais instrumentos.[61]

Da sua missão oficial à região amazônica em 1901, Luiz Cruls retornou ao Rio de Janeiro, dedicando-se a organização do relatório de sua missão. Com a saúde abalada, solicitou diversas licenças de saúde, o que levou a se ausentar das atividades de pesquisa e da direção do Observatório Nacional. Quando Rio Branco assumiu a pasta do Ministério das Relações Exteriores, Cruls encaminhou uma correspondência, uma espécie de relato sobre a sua expedição.

Nesta missiva, o astrônomo discorreu sobre as dificuldades encontradas, a redução do pessoal de sua equipe com o afastamento de Tasso Fragoso e o falecimento de Carlos

---

60  AIH, Ofício de Luiz Cruls ao Sr. J. L. Ramirez del Villar, subprefeito da província do Baixo Amazonas, Acampamento da Comissão na confluência do rio Bathan com o rio Jaquirana, 12 jul. 1901. Ofícios recebidos do chefe da comissão de limites (1900-1902), lata 454, maço 1.

61  MRE, "Ata da conferência da quarta comissão mista demarcadora de limites entre as Repúblicas do Brasil e da Bolívia", *Relatório do Ministério das Relações Exteriores*, 1901, p. 129. Disponível em: <http://brazil.crl.edu/bsd/bsd/u1783/000205.html> Acesso em: 25 abr. 2013.

Accioly. Ressaltava que os cálculos referentes à Tabatinga e à confluência do Galvez com as nascentes do Jaquirana (Alto Javari) foram realizados apenas por ele. Em decorrência da saúde fragilidade e por recomendação médica, não pôde aguardar a comissão boliviana regressar a Manaus. Assim, por um acordo entre o governo brasileiro e o governo boliviano, o comissário boliviano viajou para a cidade de Petrópolis, onde Cruls estava momentaneamente residindo, buscando se recuperar da enfermidade adquirida na região amazônica.[62]

Naquela oportunidade, a comissão mista dedicou-se à conclusão dos trabalhos referentes às observações perpetradas nos rios Tabatinga e Galvez e à confecção de um mapa da nascente principal do Javari. Depois de encerrado o relatório final, Cruls foi exonerado da função. Ao finalizar sua missiva dirigida ao novo chanceler, o ex-comissário brasileiro criticou a redução dos seus vencimentos entre janeiro e maio de 1902, quando se dedicava aos trabalhos de gabinete, o que contrariava a determinação do protocolo de 1900, desse modo, solicitou a revisão da resolução deliberada pelo seu antecessor, o ex-ministro Olyntho de Magalhães.[63]

Ao contrário dos ex-comissários Barão de Tefé, Cunha Gomes e Taumaturgo Azevedo, o astrônomo Cruls não se envolveu em polêmicas na imprensa ou nas instituições científicas e culturais. Ao publicar os resultados da sua expedição sobre as nascentes do Javari, limitou-se a tecer comentários de caráter científico em alguns periódicos, tais como *Renascença*, *Revista Brasileira* e *Bulletin Astronomique*, neste último divulgou os cálculos matemáticos na nascente do Javari e observações climatológicas sobre a viagem empreendida.[64]

Vale a pena registrar que a Sociedade de Geografia acompanhou de perto as atividades de Cruls, sócio-fundador e ilustre membro da comissão de geografia matemática. Em 1886, comentou o convite realizado pela Academia de Ciências de Paris para participar dos levantamentos do mapa fotográfico do céu que teria lugar naquela cidade.[65] Em outra ocasião, celebrou a notícia publicada no Jornal do Commércio sobre os resultados da observação da passagem do planeta Vênus pelo Sol em 1882 e o reconhecimento pela Academia de Ciências Paris.[66]

---

62    Em 1908, decidiu mudar-se para Paris com objetivo de buscar de uma cura para malária, mas veio a falecer naquela cidade pouco tempo depois, e seu corpo seria trasladado para o Rio de Janeiro.

63    AIH, Carta de Luiz Cruls ao ministro Barão do Rio Branco. Rio de Janeiro, 09 dez. 1902, Ofícios recebidos do chefe da comissão de limites (1900-1902), lata 454, maço 1.

64    Moema Resende Vergara, "Ciência, fronteiras e nação: comissões mistas Brasil-Bolívia na Primeira República (1895-1901)", *op. cit.*

65    SGRJ, Mapa fotográfico do céu, Seção Noticiário, *op. cit.*, n. 1, t. 3, 1887.

66    SGRJ, Observação da Passagem de Vênus, Seção Noticiário, *Revista da SGRJ*, Rio de Janeiro, n. 1, t. 4, 1888, p. 64.

Quando o meteorito de Bendegó caiu no sul da Bahia, coube a Cruls a redação de um estudo sobre os meteoros para o relatório organizado pelo engenheiro José Carlos de Carvalho, responsável pela remoção do objeto e seu traslado para o Museu Nacional, sob os auspícios da Sociedade de Geografia do Rio de Janeiro.[67] Em 1889, quando teve lugar a Exposição Geográfica Sul-Americana na Escola Politécnica, patrocinada pela Sociedade de Geografia, Cruls, ao lado de Hermida Pazos, José Manoel da Silva e Índio do Brasil, organizou uma mostra de instrumentos científicos.[68] A conferência dos exploradores alemães Karl von den Steinen, Guilherm von den Steinen e Othon Clauss sobre a expedição ao rio Xingu atraiu a atenção do cientista, que também esteve presente ao lado da princesa Isabel e de seu esposo Conde D'Eu, e outras personalidades do cenário cultural e intelectual dos Oitocentos.[69] Mereceu destaque uma notícia extraída do *Jornal do Commércio* e reproduzida no boletim da Sociedade sobre a Comissão Exploradora do Planalto Central de 1893, liderada pelo cientista.[70]

A disputa entre o Brasil e a Bolívia pelo território do Acre proporcionou ainda inúmeras polêmicas entre os intelectuais, políticos e cientistas de várias instituições cientificais e culturais, do porte da Sociedade de Geografia, da Escola Politécnica e do Club de Engenharia. Na Sociedade de Geografia, o engenheiro Paula Freitas criticou o trabalho de algumas comissões que se dirigiram ao território do Acre, como a do Barão de Tefé de 1874 e a de Cunha Gomes de 1897.[71]

A questão do Acre serviu para animar o patriotismo entre os membros da Sociedade, que teve no redator Antônio de Paula Freitas seu maior representante, afirmava que a instituição (...) não, devia, conserva-se indiferente, ao que se passava; e por isso, venho expor novas considerações em favor dessa causa, que se pode dizer, propriamente nacional.[72] Em 1900, Paula Freitas realizou uma série de conferências na entidade e na Escola Politécnica. O engenheiro criticou um artigo publicado pela imprensa que defendia a soberania boliviana no território litigioso. Na ocasião, lembrou as advertências do ex-comissário brasileiro Taumaturgo de Azevedo, o primeiro a "despertar o interesse do governo para o que se passava no Acre".

---

67  *Idem*, O meteorito de Bendegó, Seção Noticiário, *op. cit.*, n. 4, t. 4, 1888, p. 333.

68  *Idem*, Exposição Geográfica Sul-Americana, *op. cit.*, n. 1, t. 5, 1889, p. 11.

69  *Idem*, Ata da sessão ordinária de 17 de junho de 1888, *op. cit.*, n. 3, t. 5, 1889, p. 201.

70  *Idem*, Comissão Exploradora do Planalto Central, Seção Noticiário, *op. cit.*, n. 3, t. 8, 1892, p. 196.

71  Cf. Cândido de Mello Leitão, *História das expedições científicas no Brasil*. Rio de Janeiro: Editora Nacional, 1941, p. 135.

72  SGRJ, Limites do Brasil com a Bolívia, 3ª. Conferência, *op. cit.*, n. 1, t. 14, 1901, p. 7.

INTELECTUAIS, MILITARES, INSTITUIÇÕES NA CONFIGURAÇÃO DAS FRONTEIRAS BRASILEIRAS (1883-1903)

Na defesa da soberania brasileira, listou os nomes de Paulo de Frontin do Club de Engenharia; de Rui Barbosa no parlamento e na imprensa e de Lauro Sodré, que organizou a obra *O Rio Acre*. Criticou o discurso do então ministro das relações exteriores, Dionísio Cerqueira, que afirmava que a origem do litígio devia-se a redação do Tratado de 1867, pois aquela parte do território constituía de um imenso deserto. Paula Freitas repreendia o ministro ao asseverar que, "(...) se era deserto para o Brasil, também era para Bolívia; e, portanto, o princípio do uti possidetis, aplicado agora, quando o Acre se povoou de brasileiros acima do paralelo 19° 20', é evidentemente em favor do Brasil, de acordo com o Tratado de 1867".[73]

A par disso, discordou, ainda, dos termos do protocolo de 1900, que no seu entender cometia dois erros graves para prejuízo do território nacional. O primeiro dizia respeito à persistência de se explorar unicamente o rio Jaquirana, um dos afluentes do rio Javari. O segundo substituía um paralelo do Brasil com a Bolívia por uma linha oblíqua do Madeira ao Javari, o que causava a perda de: "(...) uma área calculada em cerca de mil léguas quadradas".[74] Mais adiante dizia,

> (...) E, como o que torto nasce, tarde ou nunca se endireita, aí estão os fatos recentes a causar apreensões sérias ao Brasil. Ora, é irritação dos brasileiros, que ali se haviam estabelecido numa parte do território nacional. Ora, são os bolivianos a arrendá-lo a um sindicato sul-americano. E agora o Governo do Brasil emaranha-se em novas dificuldades, que estuda e discute, a fim de dar-lhe conveniente solução.[75]

A propósito das questões levantadas por Paula Freitas, o Barão de Tefé ofereceu à Sociedade um mapa que ele havia organizado, traçando a fronteira do Brasil entre os rios Beni e o Javari. Em artigo publicado no *Jornal do Commércio*, sob o título "As nascentes do rio Javari", Tefé revidou as críticas e defendeu-se confrontando a linha do Beni ao Javari de sua comissão com as informações levantadas pela comissão Cruls: "(...) veio dizer nos que não desmembrou uma só polegada do território nacional e que a sua linha é que faz o Brasil perder menos terreno".[76]

Na réplica, Paula Freitas reafirmava a necessidade identificar com precisão a nascente do rio Javari e de explorar todos os seus afluentes. Relembrou os trabalho das quatro

---

73   SGRJ, Limites do Brasil com a Bolívia, 4ª. Conferência, *op. cit.*, n. 1, t. 14, 1901, p. 17.

74   *Idem*, Ata da sessão de 20 de maio de 1902, *Revista da SGRJ*, Rio de Janeiro, t. 15, p. 95.

75   *Ibidem*.

76   SGRJ, Ata da sessão de 19 de julho de 1902, *op. cit.*, t. 15, 1903, p. 103.

comissões anteriores. A primeira, a comissão Ladário de 1864, malogrou devido aos ataques dos índios. As outras três expedições: a de Tefé-Black de 1874, a de Cunha Gomes de 1897 e a de Luiz Cruls de 1901 percurreram o mesmo trajeto, seguiram o rio Javari até a bifurcação dos rios Galvez e Jaquirana, acompanhando esse último até a sua nascente. Cada uma das missões emitiu coordenadas completamente diferentes. Questionou, ainda, os argumentos de Tefé, sobretudo o mapa por ele organizado, concluindo que houve perda de território para o Brasil. Para ele, a solução seria demarcar a fronteira até o limite da Bolívia com o Peru. Assim, a nascente do Javari seria finalmente conhecida, executando-se, desse modo o protocolo do Tratado de 1867. Concluindo, desautorizava o mapa Tefé e afirmava:

> (...) Não tem igualmente razão o sr. Barão de Tefé, para dizer no seu artigo que "questão tem sido discutida nesses últimos anos que o governo e povo acham-se desorientados". Se povo aqui quer dizer os que têm tomado parte na discussão, é forçoso confessar que o povo tem antes obstado a má orientação dada ao caso em questão pelo Governo, desde que tratou erradamente de demarcar a linha geodésica Tefé-Black, como o fecho da fronteira entre o Beni e o Javary.[77]

Quanto à expedição de Cruls, Paula Freitas, todavia, censurava-o, alegando que a expedição não trouxera nenhuma novidade para o andamento do caso, que continuava nas mesmas condições em que se achava, de 1893 a 1900, quando era debatido na Sociedade, no Club de Engenharia e na Escola Politécnica, na imprensa e no Senado. Nas suas palavras: "(...) o sr. dr. Cruls não fez realmente mais do que seguir a mesma rota dos seus sucessores, como se fosse incumbido de verificar os trabalhos até então feitos".[78] Para ele, as divergências se encontravam no fato de que nem todos os afluentes do tal rio haviam sido explorados. Aliás, Augusto Cunha Gomes refutou às críticas perpetradas por Paula Freitas aos trabalhos de sua comissão em carta publicada no *Jornal do Commércio* e republicada no boletim da Sociedade de Geografia.[79]

Seja como for, em 1902, os brasileiros instalados no Acre se rebelaram e, liderados pelo gaúcho Plácido de Castro, expulsaram os militares bolivianos e instalavam o Estado Independente do Acre, chamada pela historiografia de Revolução Acreana.[80] Desta vez, solicitavam a rescisão do contrato da Bolívia com a empresa internacional Bolivian Syndicate ou a mudança de determinadas cláusulas que feriam os interesses dos

---

77  *Ibidem*, p. 103.

78  *Idem*, Ata da sessão de 20 de maio de 1902. *op. cit.*, t. 16, 1903, p. 94.

79  *Idem*, "Limites do Brasil e da Bolívia", *op. cit.*, t. 13, 1898-1900.

80  Entre 1900 e 1902, travou-se uma verdadeira guerra no seio da floresta amazônica e em seus rios. Criou-se um exército não oficial, liderado por Plácido de Castro, patrocinado pelo governo de Manaus e pelos seringalistas, seringueiros nordestinos ainda se envolveriam na luta contra as forças bolivianas.

INTELECTUAIS, MILITARES, INSTITUIÇÕES NA CONFIGURAÇÃO DAS FRONTEIRAS BRASILEIRAS (1883-1903)

brasileiros na região. A situação foi agravada com a declaração da partida de uma expedição militar liderada pelo presidente do governo boliviano, o general José Manuel Pando, e do ministro de guerra, com objetivo de garantir militarmente a sua autoridade, afiançar a posse do sindicato anglo-americano, uma vez que seus representantes aguardavam em Manaus a possibilidade do embarque ao porto do Acre. Ao retomar as negociações com o ministro da Bolívia, Rio Branco encontrou certa resistência com o congresso daquele país, pois reconhecia como flibusteiros aqueles brasileiros que ocupavam o território em litígio.

O Barão compreendia que os limites do Brasil com a Bolívia haviam sido demarcados pelo acordo diplomático de 1867, sem execução legal até 1903. Portanto, não se sabia a quem pertencia a região do Acre, pois dada às várias divergências entre as expedições sobre as nascentes do rio Javari, havia a necessidade de uma comissão mista internacional. Na sua opinião, "(...) preferiu-se o infeliz protocolo de 1895, o erro marcado Tefé, aliás, plantado em demarcação com o Peru e não com a Bolívia (...) substituído pelo não mais feliz protocolo de 1889, que adotou provisoriamente a linha Cunha Gomes por fronteira".[81] O chanceler brasileiro reinterpretou o tratado de 1867 a favor da posição brasileira. Assinalava-se que em caso de grave dúvida, esta seria resolvida pelos governos envolvidos. Assim, defendeu como fronteira a linha do paralelo 10° 20', rejeitando a linha oblíqua defendida pelos governos anteriores. Além disso, reconhecia como litigioso o território acreano para a Bolívia e para o Peru.

Depois de quatro meses de negociações, assinou-se, em 1903, o Tratado de Permuta de Territórios e outras compensações, o famoso Tratado de Petrópolis, firmado na cidade onde Rio Branco residia. Na ocasião, o chanceler foi assessorado por dois antigos conhecidos, os diplomatas Rui Barbosa e Assis Brasil. No desenrolar das negociações, Rui Barbosa decidiu-se dissociar, pois julgava excessiva as concessões territoriais, o que por sua vez acarretou mais polêmica na imprensa. Considerado como um dos fatos mais importantes na trajetória de Rio Branco, o processo de elaboração e redação da exposição de motivos compreendeu o tradicional conhecimento em geografia e em história, a experiência na arena diplomática e uma visão política sobre o caso. Rio Branco percebeu que havia três forças interessadas na região, a Bolívia, o Peru e o Bolivian Syndicate, que representava os interesses do capitalismo internacional.

Com efeito, interessava ao Peru a demarcação de suas fronteiras com o Acre, para tanto, pretendia uma solução tríplice. O governo peruano reclamava uma extensa parte do estado do Amazonas. Com a derrota na Guerra do Pacífico, há pouco menos de três décadas, perdera as províncias de Tarapacá, Tacna e Arica, portanto, não assentia uma nova redução territorial. Porém, no entendimento de Rio Branco, a pressão do governo peruano

---

81  SGRJ, Ata da sessão de 20 de dezembro de 1900, *op. cit.*, t. 15, 1902, p. 239.

poderia levar a questão à arbitragem, o que se arrastaria por mais alguns anos, gerando novos conflitos. No caso de uma acordo com a Bolívia, propôs ao governo peruano retomar as negociações em outra ocasião, afirmando que levaria em consideração as suas reivindicações sobre a região que compreendia o rio Purus, um dos afluentes do rio Solimões originário da Serra Contamana, no Peru.

Desde 1896, caucheiros peruanos atravessavam o rio Javari e iam se estabelecendo nos vales do Juruá e Purus. Em 1904, o Barão nomeou o escritor e engenheiro Euclides da Cunha, autor de Os Sertões, como chefe da Comissão Brasileira de Reconhecimento do Alto Purus.[82] Ao percorrer parte da região amazônica, Euclides cogitava a elaboração de um livro chamado Um paraíso perdido, a partir das investigações e observações realizadas ao longo da exploração. Infelizmente, o seu precipitado desaparecimento anularia esse projeto. Além do relatório oficial, Euclides publicou uma série de artigos na imprensa sobre as observações na região amazônica, parte dessa coletânea foi reunida na obra póstuma À margem da História publicada em 1909. De todo modo, a missão perdurou entre abril e outubro, coincidindo com um período climático desfavorável, marcada pela temporada das vazantes dos rios, o que dificultou as navegações a vapor, limitando a expedição ao uso pequenas embarcações.

O percurso de três mil e duzentos quilômetros resultou no documento oficial, o Relatório da Comissão Mista Brasileiro-Peruana ao Alto Purus, que seria entregue ao ministro. Publicado, posteriormente, também, no periódico oficial da Academia Brasileira de Letras e pelo ministério das relações exteriores sob o título "O rio Purus". O documento foi organizado em sete seções que contemplam o levantamento hidrográfico, a determinação das coordenadas, as informações sobre o clima e os habitantes da região e os aspectos gerais sobre o Purus e seus afluentes, acrescida ainda das notas complementares sobre a história da geografia e a navegabilidade daquele rio, e de um mapa sobre a região litigiosa entre o Peru e a Bolívia.

Para Euclides, a missão não se restringia ao reconhecimento hidrográfico, se desdobrava em um estudo científico, cuja inspiração derivava da viagem do engenheiro inglês William Chandless, enviado pela Royal Geographic Society à região amazônica.[83] Chandless explorou vários rios e levantou várias coordenadas geográficas, assim como organizou os mapas dos rios Tapajós, Juruena e Arinos, Purus e seu afluente Aquiri entre 1865 e 1866. Além disso, comprovou uma questão até então controvertida, a inexistência de uma suposta ligação entre

---

82 Integravam o comitê brasileiro: o tenente Alexandre de Argollo Mendes como ajudante, o engenheiro Arnaldo Pimenta da Cunha como auxiliar técnico, o médico Thomaz Catunda, engenheiro Manoel da Silva Leme como secretário, além de um grupo de vinte soldados.

83 Cf. José Carlos Barreto de Santana, Ciência & Arte: Euclides da Cunha e as ciências naturais. Rio de Janeiro: Hucitec, 2001.

os rios Madeira e Tapajós.[84] O relatório e o mapa organizados por Euclides fundamentaram a composição da Exposição de Motivos do Barão e a elaboração do Tratado de 08 de setembro de 1909, como se observa:

> (...) O mapa de Euclides da Cunha mostra os territórios que, fundando-se no Tratado Preliminar de 10 de outubro de 1777, o Peru reclamava do Brasil, antes e depois do Tratado de Petrópolis, isto é, ao norte e ao sul da linha oblíqua Javari--Beni. Mostra também os que, ao sul dos limites que ajustamos com a Bolívia, ele reclamava dessa República, baseando-se em cédulas reais e outros atos do antigo soberano espanhol.[85]

Com relação ao consórcio anglo-americano, Rio Branco identificou o interesse dos acionistas e do governo norte-americano pelo ressarcimento do capital investido. Como o governo boliviano não possuía recursos financeiros para arcar com a revogação do contrato, o chanceler optou pelo pagamento de uma pesada indenização financeira aos investidores do Bolivian Syndicate. Aparentemente a compensação constituía uma forma de extorsão. Mas, a intenção era isolar as forças estrangeiras na região. Uma das atitudes tomadas no processo foi fechar a navegação do rio Amazonas, dificultando o trânsito da Bolívia, o que incitou protestos dos Estados Unidos, Grã-Bretanha, Suíça, França e Alemanha. O Barão identificava a tentativa de atuação do Bolivian Syndicate como "(...) a primeira tentativa de introdução no nosso continente do sistema africano e asiático da Chartered Companies."[86]

Por intermédio do Barão de Rothschild, credor financeiro do Brasil em Londres, e de seu representante nos Estados Unidos, August Belmont, um dos sócios do grupo anglo--americano, o governo brasileiro assinou o distrato mediante o pagamento de 114 mil libras. Tal acordo gerou uma série de críticas na imprensa e nas instituições científicas e culturais. A questão do Acre haveria de ser lembrada em outras ocasiões na Sociedade de Geografia. Nas comemorações do centenário de natalício do Barão em 1945, por exemplo, o escritor e político Luiz Felipe de Castilhos Goychochea rememorou que as pretensões norte-americanas na região amazônica remontavam à meados dos Oitocentos, quando foi publicada, em 1853, a obra *The Amazon and the Atlantic slopes of South America de Matthew Maury*, que defendia o "(...) direito que os Estados Unidos tinham de forçar o Brasil a abrir o rio Amazonas a navegação."[87]

---

84  Ver: Pedro Carlos da Silva Telles, *História da Engenharia no Brasil (séculos XVI a XIX)*. Rio de Janeiro: Clavero, 1994, p. 543.

85  MRE, *Obras do Barão do Rio Branco V: questões de limites – exposições de motivos*. Brasília: Funag, 2012, p. 133.

86  *Idem*, p. 54.

87  Luiz Felipe de Castilhos Goychocea, "O Barão do Rio Branco na questão do Acre". SGRJ, *op. cit.*, 1945, t.

Matthew Maury incentivava a colonização norte-americana na região amazônica, por esta razão, comparava as riquezas naturais do Vale do Mississipi e do Vale Amazônico.

Além disso, Castilhos Goychochea corroborava com as advertências de Eduardo Prado explicitadas na obra *Ilusão Americana* publicada em 1893. Bacharel em direito, homem de negócios e escritor, Eduardo Prado pertencia ao seleto círculo de amizade do Rio Branco. Com o advento do regime republicano, então um monarquista convicto, Prado observou a inspiração do modelo norte-americano na carta constitucional e na nova bandeira. No seu entendimento, tais observações foram ignoradas pelos dirigentes da política exterior brasileira. Denunciou que a Doutrina Monroe, defendida pelo governo norte-americano como um princípio de cooperação e de defesa, representava a interferência direta daquele país em todo continente americano. Nas suas palavras, "(...) essa doutrina resume-se nesta frase: a América para os americanos. Ora, eu proporia com prazer um aditamento: para os americanos, sim senhor, mas, entendamo-nos, para os americanos do norte (aplausos)".[88] O manifesto antiamericano e as críticas ao governo recém-instaurado conduziram ao confisco de sua obra pelo presidente Floriano Peixoto, o Marechal de Ferro, e ao seu autoexílio na Europa.

Em relação à Bolívia, o Barão negociou a permuta de alguns territórios da fronteira mato-grossense entre os rios Beni e Madeira. O tratado incorporava um território mais extenso que outros estados da União. Além disso, previu-se o pagamento de uma compensação financeira de dois milhões de libras e a construção de uma via férrea entre Porto Velho e Guajará-Mirim, a famigerada Madeira-Mamoré, apelidada de "ferrovia do diabo", que só seria construída no período de 1907 e 1912. Cogitava-se que ferrovia promoveria também o desenvolvimento dos estados da Mato Grosso, Amazonas e Pará.[89]

De todo modo, o debate sobre a comunicabilidade daquela região foi alvo da atenção da Sociedade de Geografia em 1885, quando os engenheiros Júlio Pinkas e Herbert Smith participaram de três sessões extraordinárias com a presença do imperador D. Pedro II e do Conde d'Eu. Na ocasião, defendeu a utilidade da ferrovia do ponto de vista estratégico, político e comercial e a necessidade das comunicações transversais no continente americano e o papel que o Império representava na América do Sul, devido à sua posição geográfica estratégica e à

---

52, p. 108.

88   Eduardo Prado, *A ilusão americana*, *1917*. Disponível em: <http://www.dominiopublico.gov.br/download/texto/bd000049.pdf> Acesso em: 02 maio 2013.

89   Sobre o desfecho dessa contenda, ver Synesio Sampaio Goes Filho, *Navegantes, bandeirantes, diplomatas: um ensaio sobre a formação das fronteiras do Brasil*. São Paulo: Martins Fontes, 1999. (Coleção Temas Brasileiros); Amado Luiz Cervo; Clodoaldo Bueno, *História da política exterior do Brasil*. Brasília: Editora Universidade de Brasília, 2002; Francisco Doratioto, "O Brasil no mundo", In: Lilian Moritz Schwarcz (Dir.), *A abertura para o mundo (1889-1930)*. Madrid; Rio de Janeiro; Fundación Mapfre: Objetiva, 2012.

extensão de seu litoral. Ressaltava a facilidade que o país encontrava para estabelecer as comunicações fluviais e o potencial que os rios Madeira e Amazonas ofereciam, desde que se eliminando os obstáculos naturais, como as cachoeiras no alto Madeira.[90] Em 1887, o engenheiro Pinkas retornaria a Sociedade para palestrar novamente sobre o rio Madeira.[91]

Aliás, o coronel Antônio Rodrigues Pereira Labre, sócio da Sociedade, empreendeu uma viagem de exploração pelo rio Madre de Dios ao Acre com objetivo de comprovar a viabilidade de uma comunicação fluvial entre a Bolívia e o Brasil e a possibilidade de estendê-la ao Peru. Ao contrário do engenheiro Pinkas, Pereira Labre valorizava a utilização do rio Madeira como comunicação estratégica ao Mato Grosso e desprezava a criação da estrada de ferro Madeira-Mamoré. Publicada na forma de um diário no boletim da Sociedade, o militar descreveu os rios, os recursos naturais existentes e os indígenas encontrados.[92] Em outra oportunidade, apresentou um breve um relato sobre o rio Ituxi, que banha a província e atual município amazonense de Labrea, fundada por ele, e deságua no rio Purus. Na ocasião, retratou os diversos grupos indígenas que habitam o rio e seus afluentes e fez um apelo "(...) antes de concluir, imploro do Governo Imperial providências em favor da catequese dos selvagens, que extraviados na vida nômade e errante que levam, não podem aproveitar a sociedade e a menos a humanidade. O rio Purus e seus afluentes podem ter 40.000 selvagens falando 40 ou mais dialetos diferentes".[93]

A proposta da construção de uma ferrovia naquela região margeando o rio Madeira como uma alternativa de comunicação viável datava de meados do século XIX. A Guerra do Paraguai somente veio a reforçar essa ideia, na medida em que deixava clara a importância estratégica da via de comunicação pelo Amazonas, uma vez que a ligação com o Mato Grosso, pelo rio Paraguai, estava obviamente prejudicada pelo conflito. O Tratado de 1867 reiterava essa intenção, como se observou. Entretanto, fracassaram os projetos de ingleses e norte-americanos, sobretudo pela insalubridade da região e a falta de mão-de-obra para a empreitada, fazendo com que muitos estrangeiros desertassem e abandonassem na própria floresta os materiais de construção da estrada de ferro.

---

90    SGRJ. Ata das sessões extraordinárias de 14 e 19 de agosto de 1885. *op. cit.*, n. 2, t. 2, 1886, p. 157. As conferências concentraram-se na ligação do alto Madeira com a estrada de ferro Madeira-Mamoré.

91    Julios Pinkas, "O alto Madeira", SGRS, n. 3, t. 4, 1887.

92    Antonio Rodrigues Pereira Labre, "Viagem exploradora do rio Madre de Dios ao Acre". SGRJ, n. 2, t. 4, 1888, p. 102-116.

93    Antonio Rodrigues Pereira Labre, "Exploração do rio Ituxy", SGRJ, op. cit, p. 117-120.

A preocupação em se interligar a região do Amazonas com o resto da nação foi alvo de muitos estudos e trabalhos geográficos por parte de brasileiros e estrangeiros durante todo o século XIX. Os rios Ituxí, Beni e o Aquirí foram explorados pelo coronel Antônio Rodrigues Pereira Labre e o Madre de Díos, na Bolívia, pelo coronel Church. A região encachoeirada do Madeira foi mais tarde examinada pela comissão constituída por H. Morsing, Alexandre Haag e Júlio Pinkas, nos trabalhos preparatórios de estudos para a elaboração do projeto da estrada de ferro Madeira-Mamoré, quando muitas vidas se perderam, basicamente por causa da insalubridade da região. Estudos sobre a navegabilidade dos rios e a possibilidade da construção de uma via férrea naquela região foram divulgados nas páginas dos boletins da Sociedade de Geografia.

Com da derrota da Guerra do Pacífico e a fim de evitar o pagamento de pesados tributos que certamente Chile e Peru cobrariam pela passagem de mercadorias bolivianas, o governo de La Paz recorreu ao Brasil em busca de auxílio. O governo brasileiro facilitava o comércio boliviano, inclusive isentando-o de taxação no trânsito pelo território brasileiro. Não por acaso, reconhecia-se as vantagens da abertura desse caminho, cujo interesse não se limitava ao acesso às províncias de Mato Grosso, Amazonas e Pará. A questão era de ordem da política internacional, sobretudo sul-americana, já que no âmbito das relações exteriores não se deveria ignorar a posição da Bolívia.[94]

Sem dúvida, os trabalhos da comissão liderada pelo astrônomo Luiz Cruls, contribuíram na elaboração do Tratado de Petrópolis, assinado em 17 de novembro de 1903. Como bem constatou Luís Cláudio Villafañe, a definição das coordenadas da nascente do Javari davam razão à Bolívia, mas o território já estava ocupado por brasileiros, inclusive ao sul dos tais 10 graus já citados anteriormente. Segundo Villafañe, bom geógrafo como era, o Barão sabia que do ponto de vista "técnico" não tinha solução e partiu para uma compra de território disfarçada em uma permuta desigual de terrenos, acrescida de outras compensações. O viés diplomático prevaleceu em relação ao conhecimento técnico e às polêmicas entre os demarcadores. Certamente, o intricado contexto político à época em que o Barão assumiu a pasta das relações exteriores ensejou um tratamento mais pragmático e uma conduta política adequada à situação. Entretanto, podemos citar duas exceções, o caso com a Guiana Francesa, que contou com a assessoria do cientista suíço Emílio Goeldi e o caso peruano, no qual o Barão fundamentou o acordo diplomático a partir das observações apontadas pelo escritor e engenheiro Euclides da Cunha.

---

94    MRE, "Guerra entre as Repúblicas do Chile e as do Peru e da Bolívia". *Relatório do Ministério das Relações Exteriores*, 1881, p. 29. Disponível em: <http://brazil.crl.edu/bsd/bsd/u1595/000028.html> Acesso em 21 maio 2013.

Como se observou, a controvérsia territorial com a Bolívia serviu para animar o patriotismo dos sócios da Sociedade de Geografia, em especial de seu redator, o engenheiro Paula Freitas. Embora o seu regimento interno determinasse a neutralidade dos seus associados em assuntos polêmicos. Os debates contribuíram na promoção de sentimentos de pertencimento e de divergências intelectuais. Além disso, os relatórios e as obras publicadas pelos eventuais demarcadores trouxeram dados e informações sobre uma região praticamente inacessível ao resto dos brasileiros, promovendo ainda uma visão idealizada sobre aquela parte do território nacional, sobre a região amazônica que perduraria por muitos anos. Concebida como uma área a dominar e conquistar, um fundo territorial com uma natureza rica em recursos naturais disponíveis para exploração econômica e demograficamente vazia. Segundo o Barão,

> (...) o Acre, até pouco tempo, era, para os acusadores do governo transato, a região mais maravilhosamente rica da América do Sul, um território cobiçado pelos americanos do norte e pelas grandes potências comerciais da Europa. Era preciso a todo custo que o Acre fosse incorporado ao Brasil, da linha geodésica Javari-Beni à latitude austral de 11°.[95]

---

95  Barão do Rio Branco, "A questão do Acre e o tratado com a Bolívia", *Jornal do Commércio*, 21 dez. 1903. In: Manoel Gomes Pereira (Org.). *Obras do Barão do Rio Branco X: artigos de imprensa*. Brasília: Funag, 2012, p. 465.

# Conclusão

Esse trabalho pretendeu examinar o processo de demarcação das fronteiras brasileiras entre fins dos Oitocentos e o início do século XX, principalmente os casos da Argentina, da Guiana Francesa e da Bolívia. Embora esse estudo já tenha sido alvo de investigações anteriores, buscamos trazer uma contribuição original a partir do apreciação do envolvimento da Sociedade de Geografia do Rio de Janeiro, dos trabalhos das comissões brasileiras demarcatórias e da colaboração de estudiosos estrangeiros que auxiliaram ao Barão do Rio Branco em tais episódios, como Émile Levasseur, Luiz Cruls, Élisée Reclus e Emílio Goeldi.

A fundação da Sociedade inspirava-se no modelo da Sociedade de Geografia de Paris, estabelecida em 1821. Os integrantes da congênere brasileira perceberam o papel fundamental que as sociedades geográficas europeias exerciam nos projetos políticos dos Estados nacionais e adaptaram os seus objetivos às circunstâncias dos governos monárquico e republicano. A partir de meados do século XIX, quando já se formava uma visão de conjunto do território brasileiro, iria emergir a preocupação de se assegurar a unidade física do Império. Apesar disso, até a queda do regime monárquico ainda não havia um efetivo conhecimento de todo o território. Com a República, essas questões permaneceriam na agenda do governo, reforçadas em decorrência das questões dos limites com os países vizinhos.

Coube ao Estado a responsabilidade por garantir as fronteiras nacionais, mapear as riquezas e fomentar sua ocupação, assim como zelar pela conservação e integração da unidade entre áreas isoladas e distantes do *hinterland* nacional. Não se pretendia expandir as fronteiras, não era um desígnio cultural, político ou econômico, almejava-se, sobretudo, manter a integridade do espaço geográfico herdado do período do colonial. Em fins dos Oitocentos, a construção de um imaginário territorial fundamentava-se em sua grandeza e na disponibilidade de seus recursos naturais existentes.

Concluímos que o processo de demarcação das fronteiras brasileiras envolveu diversos personagens e instituições, fomentou ainda inúmeros debates, bem como produziu um grande número de trabalhos que contribuíam para o reconhecimento do território brasileiro. Proclamado o regime republicano por meio de um golpe militar em 1889, o país experimentou um período político conturbado por revoltas militares e a possibilidade de perda territorial decorrente das controvérsias com as nações latino-americanas vizinhas. Desse modo, asseveramos como a herança colonial ibérica interferiu nas relações diplomáticas entre o Brasil e a Argentina. Além disso, também verificamos a ingerência do capitalismo internacional em assuntos latino-americanos, a exemplo dos casos da Guiana Francesa e da Bolívia, relacionada ao interesse por metais preciosos e pela exploração da borracha na região amazônica, como observamos na atuação de Henri Coudreau.

Apesar dos trabalhos exaustivos das comissões demarcatórias de limites, o governo brasileiro optou pela solução diplomática das controvérsias por meio da eficácia da arbitragem internacional como observamos. De todo modo, há de se destacar a contribuição de estudiosos brasileiros e estrangeiros, que cooperaram nas pesquisas documentais para elaboração de suas exposições de motivos. Ao lado dos estudiosos estrangeiros, averiguamos que Barão de Capanema, Barão de Tefé, Cunha Gomes, Taumaturgo de Azevedo, entre outros, deixaram interessantes contribuições resultantes da atuação como chefes das comissões de demarcação.

As polêmicas entre os demarcadores sobre os resultados dos cálculos das coordenadas geográficas e sobre a localização da nascente de rios lindeiros, assim como de seus afluentes, elucidam como as divergências eram travadas em espaços de sociabilidades e na imprensa. Por outro lado, evidenciam o quanto tais expedições eram arriscadas para seus integrantes, levando ao desaparecimento de alguns e legando enfermidades permanentes para muitos. Constatamos como a utilização do conhecimento empírico dos habitantes naturais da região, sobretudo indígenas, como ajudantes nas expedições também era recorrente. É digno de nota ainda que, aparentemente relegado a um segundo plano, o transporte dos instrumentos científicos e as condições climatológicas deviam influenciar os resultados obtidos, daí a discrepância entre eles e a rivalidade entre os chefes das comissões demarcatórias.

O estudo do processo de demarcação das fronteiras do Brasil constitui um interessante campo de investigação para se compreender as relações estabelecidas entre a política, a diplomacia, a opinião pública e os conhecimentos científicos empregados, entre outros aspectos. Além disso, o assunto se estendia do Parlamento e da Chancelaria brasileira para outros espaços, tais como os jornais de grande circulação, a exemplo do *Jornal do Commércio* e de instituições científicas e culturais.

Com sucesso, o Barão do Rio Branco habilmente resolveu antigas pendências fronteiriças. Desde 1876, em paralelo as atividades de cônsul em Liverpool, o Barão conservou ligações estreitas de colaboração, que o acompanharam por toda vida, a exemplo de Eduardo Prado e de Joaquim Nabuco. Como historiador nas horas vagas, reuniu uma extensa coleção de mapas e de documentos históricos em arquivos europeus que, posteriormente, seriam indispensáveis na resolução dos litígios. Ademais, manteve desde então uma estreita relação com a imprensa de sua época, foi colaborador e jornalista em periódicos brasileiros.

Fiel ao seu estilo sucinto e pragmático, manteve uma intensa troca de correspondência com diversos intelectuais e circulava com desenvoltura por diversos espaços de sociabilidades. Ao observar a nova configuração do sistema internacional com o declínio da influência inglesa, ele consolidou as relações do Brasil com o Estados Unidos, uma vertente que viria orientar a política externa brasileira. Como ministro entre 1902 e 1912, dedicou-se à reorganização de sua estrutura hierárquica, bem como das instalações físicas, definindo um projeto de modernização da diplomacia brasileira, o qual abrangia uma imagem favorável e de relevo ao Brasil no cenário internacional.

# Fontes básicas

a) Biblioteca Nacional:
Hemeroteca Digital Nacional. Disponível em: <http://hemerotecadigital.bn.br/>
–Coleção digitalizada da *Revista da Sociedade de Geografia do Rio de Janeiro.*

b) Instituto Histórico e Geográfico Brasileiro:
–Coleção da *Revista do Instituto Histórico e Geográfico Brasileiro.*
–Arquivo Barão de Capanema.

c) Arquivo Histórico do Museu Imperial
–Coleção do Barão de Capanema.
–Arquivo da Casa Imperial do Brasil.

d) Relatórios do Ministério das Relações Exteriores
–Disponível no site Center of Research Libraries – Global Resources Network:
<http://www.crl.edu/brazil/ministerial/relaçoes_exteriores>.

e) Arquivo Histórico do Itamaraty
–Arquivo Particular do Barão do Rio Branco:

1) Correspondência passiva de Emile Levasseur, Emílio Goeldi, Élisée Reclus, Henri Coudreau, José Lustosa da Cunha Paranaguá, Guilherme Capanema.
2) Questões de Limites com a Argentina.
3) Questões de Limites com a Guiana Francesa.
4) Questões de Limites com a Bolívia.

–Catálogo das comissões demarcadoras de limites com a Argentina, a Guiana Francesa e a Bolívia.

# Referências bibliográficas

ALSINA JR, João Paulo Soares. "O poder militar como instrumento da política externa brasileira contemporânea". *Revista brasileira de política internacional*, Brasília, n. 2, v. 52, dez. 2009. Disponível em: <http://www.scielo.br/scielo.php?script=sci_arttext&pid=S0034-73292009000200010&lng=en&nrm=iso>. Acesso em: 20 abr. 2013.

ALMEIDA, Paulo Roberto de. *Formação da Diplomacia Econômica no Brasil*. São Paulo: Senac, 2001.

ANDRADE, Manuel Correia de. *Élisée Reclus*. São Paulo: Ática, 1985.

ARAÚJO, Jorge. *Rio Branco e as fronteiras do Brasil*. Brasília: Senado Federal, 1999.

ARBARET-SCHULZ, Christiane *et al* (Groupe Frontière). "La frontière, un objet spatial en mutation". *Espacessemps.net*, Textuel, 29 out. 2004. Disponível em: <http://espacessemps.net/document842.html>. Acesso em: 25 de outubro de 2010.

AZEVEDO, Taumaturgo de. *O Acre: Limites com a Bolívia*. Artigos publicados na imprensa (1900-1901). Rio de Janeiro: Tip. do *Jornal do Commércio*, 1901.

BARRETO, Luiz Muniz. *Observatório Nacional, 160 anos de história*. Rio de Janeiro: MCT/CNPq, Observatório Nacional, 1987.

BASTOS, E.R; RIDENTI, M.; e ROLLAND, D. (Orgs.). *Intelectuais: sociedade e política*. São Paulo: Cortez, 2003.

BERDOUALAY, Vincent. *La formation de l'École Française de Géographie (1870-1914)*. Paris: Bibliotheque Nationale, 1981.

BLACK, Jeremy. *Mapas e história: construindo imagens do passado*. São Paulo: EDUSC, 2005.

BROC, Numa. "La geographie française face à Allemande (1870-1914)", *Annales de Géographie*, Paris, 1977, t. 86, n°473, p. 71-94.

BURNS, E. Bradford. *A Aliança não escrita: o Barão do Rio Branco e as relações Brasil-Estados Unidos*. Rio de Janeiro: EMC, 2003.

CAMPOS, Eduardo. *As profissões imperiais: medicina, engenharia e advocacia no Rio de Janeiro (1822-1930)*. Rio de Janeiro: Record, 1999.

CANDEAS, Alessandro. *A integração Brasil-Argentina: história de uma ideia na "visão do outro"*. Brasília: FUNAG, 2010.

CAPEL, Horácio. *Geografia contemporânea: ciência e política*. Maringá: EDUEM, 2010.

_____. *Filosofia y Ciencia em la Geografia Contemporanea*. España: Editorial Barcanova, 1998.

CAPILÉ, Bruno; VERGARA, Moema de Resende. "Ciência na fronteira meridional: a Comissão Demarcadora de Limites entre Brasil e Argentina (1900-1905)". São Paulo, *Anais do 13º Seminário da Sociedade Brasileira de História da Ciência*, 2012.

CARDIM, Carlos Henrique; ALMINO, João. *Rio Branco, a América do Sul e a modernização do Brasil*. Rio de Janeiro: EMC, 2002.

CARDOSO, Luciene P. Carris. *O lugar da geografia brasileira: a Sociedade de Geografia do Rio de Janeiro entre 1883 e 1945*. São Paulo: Annablume, 2013.

_____. "Barão de Tefé" (verbete). In: ERMAKOFF George (Org.), *Dicionário Biográfico Ilustrado de Personalidades da História do Brasil*. Rio de Janeiro: George Ermakoff Casa Editorial, 2012.

_____. "Visconde de Beaurepaire Rohan" (verbete). In: ERMAKOFF George (Org.), *Dicionário Biográfico Ilustrado de Personalidades da História do Brasil*. Rio de Janeiro: George Ermakoff Casa Editorial, 2012.

_____. "Luiz Cruls" (verbete). In: ERMAKOFF George (Org.). *Dicionário Biográfico Ilustrado de Personalidades do Brasil*. Rio de Janeiro: George Ermakoff Casa Editoral, 2012.

_____. "Barão Homem de Mello" (verbete). In: ERMAKOFF George (Org.). *Dicionário Biográfico Ilustrado de Personalidades da História do Brasil*. Rio de Janeiro: George Ermakoff Casa Editorial, 2012.

CARNEIRO, João Paulo Jeannine Andrade. "Exploradores franceses na Amazônia Brasileira durante o século XIX: breve biobibliografia". *Anais do II Encontro Nacional de História do Pensamento Geográfico*, São Paulo, 2009.

CARVALHO, José Murilo de. *Teatro de sombras*. Rio de Janeiro: UFRJ e Relume Dumará, 1996.

_____. *Pontos e bordados: escritos de história política*. Belo Horizonte: UFMG, 1998.

CAVENAGHI, José Airton. *Olhos do Barão, boca do sertão: uma pequena história da fotografia e da cartografia no noroeste do território paulista (Da segunda metade do século XIX ao início do século XX)*, Tese (doutorado) – Universidade de São Paulo, 2004.

CARVALHO, Valéria Nely Cézar de. "Soberania e confronto na fronteira amazônica (1850-1910)". In: Conselho Superior de Investigaciones Científicas, *Anuário de Estudios Americanos*, Espanha, n. 2, v. 52, 1995. Disponível em: <http://estudiosamericanos.revistas.csic.es/index.php/estudiosamericanos/article/view/451/457>.

CERVO, Amado Luiz; BUENO, Clodoaldo (Orgs.), *História da Política Exterior do Brasil*. Brasília: Editora Universidade de Brasília, 2002.

COELHO, Anna Carolina de Abreu. *Sant-Anna Nery: um propagandista "voluntário" da Amazônia (1883-1901)*. Dissertação (mestrado) – Universidade Federal do Pará, 2007.

CORRÊA, Lúcia Salsa. *História e Fronteira: o sul de Mato Grosso (1870-1920)*. Campo Grande: UCDB, 1999.

COSTA, Craveiro. *A conquista do deserto oriental, subsídios para a História do Território do Acre*. Rio de Janeiro: Companhia Editora Nacional, 1941.

COSTA, Emília Viotti da. *Da monarquia à república: momentos decisivos*. São Paulo: Unesp, 1999.

COSTA, Wanderley Messias da. *Geografia Política e Geopolítica: discurso sobre o território e o poder*. São Paulo: Edusp, 2008.

DI TELLA, Torquato S. *História social da Argentina Contemporânea*. Brasília: Funag, 2010.

DORATIOTO, Francisco. "O Império do Brasil e a Argentina (1822-1889)". Brasília: *Textos de História*, Revista do Programa de Pós-Graduação em História, v. 16, n. 2, 2008.

_____. "A política platina do Barão do Rio Branco". *Revista Brasileira de Política Internacional*, v. 2, n. 43, 2000, p. 130-149.

ESCOLAR, Marcelo. *Crítica do discurso geográfico*. São Paulo: Hucitec, 1996.

FAUSTO, Boris (Dir.), *O Brasil republicano: estrutura de poder e economia (1889-1930)*, v. 8. Rio de Janeiro: Bertrand Brasil, 2006.

FAUSTO, Boris; DEVOTO, Fernando J. *Brasil e Argentina: um ensaio de história comparada (1850-2002)*. São Paulo: Ed. 34, 2004.

FERREIRA, Gabriela Nunes. *O rio da Prata e a consolidação do Estado imperial*. São Paulo: Hucitec, 2006.

FERREIRA, Jorge; DELGADO, Lucília de A. N. (Orgs.). *O tempo do liberalismo excludente: da Proclamação da República à Revolução de 1930*. v. 1. Rio de Janeiro: Civilização Brasileira, 2003.

FERREIRA, G. N.; FERNANDES, M. F. L.; REIS, R. R. "O Brasil em 1889: um país para consumo externo". *Revista Lua Nova*, São Paulo, n. 81, 2010.

FIGUEIRÔA, Silvia F. M. "Ciência e tecnologia no Brasil imperial: Guilherme Schüch, Barão de Capanema (1824-1908)". *Varia História*, Belo Horizonte, n. 34, v. 21, jul. 2005, p. 437-455.

FOUCAULT, Michel. *Microfísica do poder*. Rio de Janeiro: Graal, 1982.

FREITAS FILHO, Almir Pita. "José Maria dos Reis e José Hermida Pazos: fabricantes de instrumentos científicos no Brasil (séculos xix-xx)". *Revista de História Econômica & Economia Regional Aplicada*, ufjf, n. 10, v. 6, jan-jun, 2011.

GOES FILHO, Synesio Sampaio. *Navegantes, bandeirantes, diplomatas: um ensaio sobre a formação das fronteiras no Brasil*. São Paulo: Martins Fontes, 1999.

GOLIN, Luiz Carlos. *A fronteira: governos e movimentos espontâneos na fixação de limites do Brasil com o Uruguai e a Argentina*. Porto Alegre: L&PM, 2002.

GOMES, Augusto da Cunha. *Comissão de Limites entre o Brasil e a Bolívia*. Rio de Janeiro: Tip. Leuzinger, 1899.

GOYCOCHEA, Luiz Felipe Castilhos. *Fronteiras e fronteiros*. São Paulo, Rio de Janeiro: Companhia Editora Nacional, 1943.

GRANDIDIER, Alfred. *Histoire de la geographie de Madasgacar, (1892)*. Disponível em: <http://archive.org/stream/histoiredelago00gran#page/92/mode/2up>. Acesso em: 01 abr. 2013.

GUIMARÃES, Lúcia Maria Paschoal. *Debaixo da imediata proteção imperial: Instituto Histórico e Geográfico Brasileiro*. 2ª. ed. São Paulo: Annablume, 2011.

_____. *Da Escola Palatina ao Silogeu: o Instituto Histórico e Geográfico Brasileiro (1889-1938)*. Rio de Janeiro: Museu da República, 2007.

GUIMARÃES, Manoel Luiz Salgado. "Nação e civilização nos trópicos: o IHGB e o projeto de uma história nacional". *Estudos Históricos*, Rio de Janeiro, n. 1, v. 1, 1988, p. 5-27.

HAESBAERT, Rogério. "Concepções de território para entender a desterritorialização". In: SANTOS, Milton *et al*. *Território, territórios: ensaios sobre o ordenamento territorial*. Rio de Janeiro: DP&A, 2006, p. 43-70.

HAMBURGUER, Amélia Império; DANTES, Maria Amélia M; PATY, Michel; PETITJEAN, Patrick. *A ciência nas relações Brasil-França (1850-1950)*. São Paulo: Edusp, 1996.

HOBSBAWM, Eric. *A era dos impérios (1875-1914)*. Rio de Janeiro: Paz e Terra, 2009.

_____. *Nações e nacionalismo desde 1780*. Rio de Janeiro: Paz e Terra, 1990.

LA BLACHE, Paul Vidal de. *La Riviere Vincent Pinzón: Études sur la cartographie de la Guyane*. Paris: Feliz Alcan Éditeur, 1902. Disponível em: <http://www.archive.org/stream/larivirevincent00blacgoog#page/n10/mode/2up>. Acesso em: 25 abr. 2013.

_____. "Le contesté franco-brésilien". In: *Annales de Géographie*, n. 49, t. 10, 1901, p. 68-70. Disponível em: <http://www.persee.fr/web/revues/home/prescript/article/geo_0003-4010_1901_num_10_49_4846>. Acesso em: 25 maio 2013.

LACOSTE, Yves (Dir.). "Élisée Reclus". *Hérodote: Revue de géographie et de gépolitique*, Paris, n. 117, 2º trim. 2005.

LEITÃO, Cândido de Mello. *História das expedições científicas no Brasil*. Rio de Janeiro: Editora Nacional, 1941.

LIMA, Nísia Trindade. *Um sertão chamado Brasil: intelectuais e representação geográfica da identidade nacional.* Rio de Janeiro: Revan; Iuperj, Ucam, 1999.

LOPES, Raimundo. "Barão de Ladário" (verbete). In: ERMARKOFF George (Org.), *Dicionário Biográfico Ilustrado de Personalidades da História do Brasil.* Rio de Janeiro: George Ermakoff Casa Editorial, 2012.

LUCA, Tânia Regina de. *A Revista do Brasil: um diagnóstico para a nação.* São Paulo: Unesp, 1999.

MAGALHÃES, Amílcar Botelho. *Pelos sertões do Brasil.* São Paulo: Editora Nacional, 1941.

MAGNOLI, Demétrio. *O corpo da pátria: imaginação geográfica e política externa no Brasil (1808-1912).* São Paulo: Unesp; Moderna, 1997.

MARTIN, André Roberto. *Fronteiras e Nações.* São Paulo: Contexto, 1992.

MARY, Cristina Pessanha. *Geografia Pátrias: Brasil e Portugal (1875-1889).* Niterói: UFF, 2010.

MATTOS, Ilmar Rohloff de. "Construtores e herdeiros: a trama dos interesses na construção da unidade política". *Almanack Braziliense*, Revista Eletrônica Semestral, São Paulo, n. 1, maio 2005, p. 9-26. Disponível em: <www.almanack.usp.br>. Acesso em: 23 nov. 2010.

_____. *O tempo Saquarema: a formação do estado imperial.* Rio de Janeiro: Access, 1994.

MEIRA, Sílvio. *Fronteiras Setentrionais: 3 séculos de lutas no Amapá.* Belo Horizonte: Itatiaia; São Paulo: Edusp, 1989.

MELLO-LEITÃO, C. *História das Expedições Científicas no Brasil.* São Paulo: Companhia Editora Nacional, 1941.

MIYAHRIRO, Marcelo Augusto. *O Brasil de Élisée Reclus: território e sociedade em fins de século XIX.* Dissertação (mestrado em Geografia Humana, Universidade de São Paulo, 2011.

MIYAMOTO, Shiguenoli. *Geopolítica e poder no Brasil.* São Paulo: Papirus, 1995.

MONIZ BANDEIRA, Luiz Alberto. *Brasil, Argentina e Estados Unidos: conflitos e integração na América do Sul (da Tríplice Aliança ao Mercosul), 1870-2007.* Rio de Janeiro: Civilização Brasileira, 2010.

_____. *Geopolítica e política exterior: Estados Unidos, Brasil e América do Sul.* Brasília: Fundação Alexandre de Gusmão, 2009.

MORAES, Antonio Carlos Robert de. *Território na geografia de Milton Santos.* São Paulo: Annablume, 2013.

_____. *Geografia histórica do Brasil: capitalismo, território e periferia.* São Paulo: Annablume, 2011.

_____. "Notas sobre identidade nacional e a institucionalização da geografia no Brasil". *Estudos Históricos*, Rio de Janeiro, n. 8, v. 4, 1991.

_____. *Bases da Formação Territorial do Brasil: o território colonial brasileiro no "longo" século XVI.* São Paulo: Hucitec, 2000.

_____. *Geografia: pequena história crítica.* São Paulo: Hucitec, 1999.

_____. *Meio Ambiente e Ciências Humanas.* São Paulo: Annablume, 2005.

_____. *Território e história no Brasil.* São Paulo: Hucitec, 2002.

MRE. *Obras do Barão do Rio Branco.* Brasília: Funag, 2012.

OLIVEIRA, Januária Teive de; VIDEIRA, Antonio Augusto Passos. "As polêmicas entre Manoel Pereira Reis, Emmanuel Liais e Luiz Cruls na passagem do século XIX para o século XX". *Revista da SBHC*, Rio de Janeiro, n. 1, 2003.

OLIVEIRA, Lúcia Lippi. "Natureza e identidade: o caso brasileiro". *Desigualdade & Diversidade*, Revista de Ciências Sociais da Puc-Rio, n. 9, ago./dez. 2011, p. 123-134.

_____. "Nação, região e geografia". In: HEIZER, Alda; VIDEIRA, Antonio Augusto Passos. *Ciência, civilização e república nos trópicos.* Rio de Janeiro: Mauad; Faperj, 2010, p. 45-56.

_____. "A conquista do espaço: sertão e fronteira no pensamento brasileiro". *História, Ciências, Saúde — Manguinhos*, Rio de Janeiro, v. v (suplemento), jul .1998, p. 195-215.

PALACIOS, David. *Élisée Reclus e a geografia da Colômbia: cartografia de uma interseção.* Dissertação (mestrado) – Faculdade de Filosofia, Letras e Ciências Humanas, Universidade de São Paulo, 2010.

PEIXOTO, Renato Amado. *"O mapa antes do territóri:. o Rio Javari e a Construção do Espaço Nacional"*. *Trajetos*, Revista de História UFC, n. 3, v. 2, 2002, p. 139-151.

PEREIRA, Daniel Mesquita; FILIPE, Eduardo Ferraz. "Missivas que constroem limites: projeto político e projeto intelectual nas cartas de Capistrano de Abreu ao Barão do Rio Branco (1886-1903)". *Revista Brasileira de História*, São Paulo, v. 28, n. 56, p. 487-506, 2008.

PEREIRA, Gabriel Terra. *A diplomacia da americanização de Salvador de Mendonça (1889-1898)*. São Paulo: Cultura Acadêmica, 2009.

QUEIROZ, Jonas Marçal de; GOMES, Flávio. "Amazônia, fronteiras e identidades: reconfigurações coloniais e pós-coloniais (Guianas, séculos XVIII-XIX)". Bordeaux, *Revue Lusotopie*, 2002, n .1.

RAFFESTIN, Claude. *Por uma geografia do poder*. São Paulo: Ática, 1993.

RECLUS, Élisée. *Estados Unidos do Brazil: geografia, etnografia, estatística*. Trad. e breves notas de Barão de F. Ramiz Galvão e anotações sobre o território contestado pelo Barão do Rio Branco (1900). Paris; Rio de Janeiro: H. Garnier/Livreiro-Editor, 1899.

RECLUS, Onésime. *Geographie: Europe, Asie, Océanie, Afrique, France et ses colonies*. Paris: L. Mulo, 1873. Disponível em: <http://gallica.bnf.fr/ark:/12148/bpt6k54459155/f9.image>. Acesso em: 20 mar. 2013.

RIBEIRO, Guilherme. *Luta pela autonomia e pelo território: geografia e os estados alemão e francês na virada do século XIX ao século XX. Mercator – Revista de Geografia da UFC*, ano 08, n. 15, 2009.

RODRIGUES, José Honório; SEITENFUS, Ricardo A. S; RODRIGUES Lêda B. (Org.). *Uma história diplomática do Brasil, 1531-1945*. Rio de Janeiro: Civilização Brasileira, 1995.

ROMANI, Carlos. "A história entre o oficial e o lendário". *Antíteses*, Londrina, UEL, n. 5, v. 3, 2010, p. 145-169.

SÁ, Dominichi Miranda de; SÁ, Magali Romero; LIMA, Nísia Trindade. "Telégrafos e inventário do território no Brasil: as atividades científicas da Comissão Rondon (1907-1915)". *História ciência saúde – Manguinhos*, Rio de Janeiro, v. 15, n. 3, set. 2008.

SAID, Edward. *Cultura e Imperialismo*. São Paulo: Companhia das Letras, 1995.

SANJAD, Nelson. "Ciência e política na fronteira brasileira: Emilio Goeldi e o Contestado Franco-Brasileiro (1895-1900)". In: FAULHABER, Priscila; DOMINGUES, Heloísa M. B; BORGES, Luiz (Orgs.). *Ciências e fronteiras*. Rio de Janeiro: Museu de Astronomia e Ciências Afins, 2012, p. 107-130.

_____. *Emílio Goeldi (1859-1917): a aventura de um naturalista entre a Europa e o Brasil*. Rio de Janeiro: EMC Edições, 2009.

SANTANA NERY, Francisco José de (org.). *Le Brésil en 1889*. Disponível em: <http://issuu.com/scduag/docs/bresilen1>. Acesso em: 20 mar. 2013.

SANTANA, José Carlos Barreto de. *Ciência & Arte: Euclides da Cunha e as ciências naturais*. Rio de Janeiro: Hucitec, 2001.

SANTOS, Luís Cláudio Villafañe G. *O evangelho do Barão*. São Paulo: Unesp, 2012.

_____. *O dia em que adiaram o Carnaval: a política externa e a construção do Brasil*. São Paulo: Unesp, 2010.

SANTOS, Maria José Ferreira dos. *La revue du monde latin et le Brésil (1883-1896)*. Paris: Cahiers du Brésil Conteporain, n° 23-24, 1994, p. 77-92.

SCHWARCZ, Lilian Moritz (Dir.), *A abertura para o mundo (1889-1930)*. Madrid; Rio de Janeiro: Fundación Mapfre; Objetiva, 2012.

SILVA, Gutemberg de V; RÜCKERT, Aldomar A. "A fronteira Brasil-França". *Confins: Revista Franco-Brasileira de Geografia* [online], n. 7, 2009. Disponível em: <http://confins.revues.org/6040>; Acesso em: 23 abr. 2013.

SMITH, Neil; GODLEWSKA, Anne (Orgs.). *Geography and empire*. Londres: Institute of British Geographers, 1994.

SOBEL, Dava. *Longitude: a verdadeira história do gênio solitário que resolveu o maior problema do século XVIII*. São Paulo: Companhia das Letras, 2008.

SOUSA NETO, Manoel Fernandes de. *Planos para o Império: os planos de viação do Segundo Reinado (1869-1889)*. São Paulo: Alameda, 2012.

TELLES, Pedro Carlos da Silva. *História da Engenharia no Brasil (séculos XVI a XIX)*. Rio de Janeiro: Clavero, 1994.

TOCANTINS, Leandro. *Formação Histórica do Acre*. Rio de Janeiro: Conquista, 1973.

TORRES, Miguel Gustavo de Paiva. *O visconde de Uruguai e sua atuação diplomática para a consolidação da política externa do Império*. Brasília: Fundação Alexandre Gusmão, 2011.

TRINDADE, Antônio Augusto Cançado. *Repertório da Prática Brasileira do Direito Internacional Público (Período 1889-1898)*. Brasília: Ministério das Relações Exteriores. 1988.

VAINFAS, Ronaldo (Org.). *Dicionário do Brasil Imperial (1822-1889)*. Rio de Janeiro: Objetiva, 2002.

VERGARA, Moema de Resende. "Luiz Cruls e a delimitação de fronteiras na Primeira República: o caso Brasil-Bolívia". In: FAULHABER, Priscila; DOMINGUES, Heloísa M. B; BORGES, Luiz (Orgs.). *Ciências e fronteiras*. Rio de Janeiro: Museu de Astronomia e Ciências Afins, 2012, p. 131-146.

_____. "Ciência, fronteiras e nação: comissões mistas Brasil-Bolívia na Primeira República (1895-1901)". *Boletim do Museu Paraense Emílio Goeldi*, Belém, n. 2, v. 5, 2010. Disponível em: <http://www.scielo.br/scielo.php?script=sci_arttext&pid=S1981-81222010000200009&lng=en&nrm=iso>. Acesso em: 20 maio 2013.

VLACH, Vânia R. Farias; COSTA, Paulo Sérgio Monteiro da. "Brasil: Geopolítica de expansão territorial, poder perceptível e consolidação do território." Disponível em: <http://www.observatoriogeograficoamericalatina.org.mx/egal11/Geografiasocioeconomica/Geopolitica/04.pdf>. Acesso em: 10 jan. 2012.

# Agradecimentos

Agradecer a todos que apoiaram o desenvolvimento dessa pesquisa é uma tarefa difícil. Deixo aqui registrada uma nota especial de agradecimento ao saudoso professor, geógrafo e cientista social Antonio Carlos Robert Moraes pelo convite realizado, ainda sem me conhecer oficialmente em 2010, para desenvolver o estágio pós-doutoral sob sua supervisão no âmbito do Laboratório de Geografia Política, da Faculdade de Filosofia, Letras e Ciências Humanas da Universidade de São Paulo entre 2011 e 2013.

Carinhosamente chamado de Tonico pelos alunos, orientandos e demais colegas de profissão, ele deixou sua marca registrada na História da Geografia Brasileira com pesquisas originais, somada à sua dedicação ao magistério superior na Universidade de São Paulo. A ele, agradeço à confiança em mim depositada, às sugestões e ao apoio constante. O trabalho apresentado se inspira em muita das ideias discutidas durante as aulas e reuniões realizadas, aliás, o tema abordado foi um dos objetos de suas investigações ao longo de sua trajetória acadêmica. Levarei comigo as lembranças desse breve momento do nosso encontro na Universidade de São Paulo.

Agradeço aos funcionários da Universidade de São Paulo, aos colegas do Laboratório e do Departamento de Geografia, em especial Orlando Silva, Íris Kantor, Manoel Fernandes, Leandro Janke e Júlia Andrade. Aos queridos professores Lúcia Maria Paschoal Guimarães, Antonio Edmilson Martins Rodrigues e Agnello Avella da Universidade do Estado do Rio de Janeiro, sou grata pela leitura do texto em sua versão original como parte do relatório de pesquisa. Às professoras Alda Heizer do Instituto de Pesquisa do Jardim Botânico do Rio de Janeiro e Cristina Mary do Departamento de Geografia da Universidade Federal Fluminense, pelas palavras de incentivo. À Fapesp, pela bolsa de pós-doutorado concedida.

Ao Conselho Editorial da Alameda, pela aceitação da publicação do corrente trabalho. Ao diplomata e historiador Luís Cláudio Villafañe G. Santos, agradeço à leitura crítica realizada e à redação da apresentação desta obra, os seus comentários e as suas sugestões que foram acrescidos ao texto. Ao diplomata Antonio da Costa e Silva, sou grata pela doação da coleção das obras do Barão do Rio Branco, reeditadas em 2012, bem aproveitadas nesse estudo. Aos funcionários das instituições pesquisadas, especialmente ao Arquivo Histórico do Museu Imperial de Petrópolis e ao Arquivo Histórico do Itamaraty do Centro do Rio de Janeiro, especialmente Rosiane Martins e Seu Miranda. Agradeço ao apoio de meus familiares e amigos, em especial Camilla, Flávio, Luzimar, Michael e Monike.

Aproveito a ocasião para dedicar o presente livro ao meu querido filho Gabriel e ao professor Tonico *in memoriam.*